✆esafios da sexualidade

Solicite nosso catálogo completo, com mais de 350 títulos, onde você encontra as melhores opções do bom livro espírita: literatura infantojuvenil, contos, obras biográficas e de autoajuda, mensagens espirituais, romances, estudos doutrinários, obras básicas de Allan Kardec, e mais os esclarecedores cursos e estudos para aplicação no centro espírita – iniciação, mediunidade, reuniões mediúnicas, oratória, desobsessão, fluidos e passes.

E caso não encontre os nossos livros na livraria de sua preferência, solicite o endereço de nosso distribuidor mais próximo de você.

Edição e distribuição

EDITORA EME
Caixa Postal 1820 – CEP 13360-000 – Capivari-SP
Telefones: (19) 3491-7000 | 3491-5449
Vivo (19) 99983-2575 ● | Claro (19) 99317-2800 | Tim (19) 98335-4094
vendas@editoraeme.com.br – www.editoraeme.com.br

Alexandre Perez

Desafios da sexualidade

Capivari-SP
– 2016 –

Os direitos autorais desta obra foram cedidos pelo autor para a Editora EME, o que propicia a venda dos livros com preços mais acessíveis e a manutenção de campanhas com preços especiais a Clubes do Livro de todo o Brasil.

A Editora EME mantém, ainda, o Centro Espírita "Mensagem de Esperança", e patrocina, junto com outras empresas, a Central de Educação e Atendimento da Criança (Casa da Criança), em Capivari-SP.

2ª reimpressão – dezembro/2016 – de 5.001 ao 5.500 exemplares

CAPA | Marco Melo
DIAGRAMAÇÃO | Marco Melo
REVISÃO | Cristina Florez

Ficha catalográfica

Perez, Alexandre, 1972
    Desafios da sexualidade/ Alexandre Perez – 2º reimp. dez. 2016 –
Capivari-SP: Editora EME.
    352 p.

    1ª ed. mar/2015
    ISBN 978-85-66805-54-3

1. Espiritismo e sexualidade. 2. Estudo da libido.
3. Influência do sexo na vida imortal. 4. Desafios da sexualidade.
I. TÍTULO.

                                                    CDD 133.9

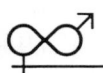

SUMÁRIO

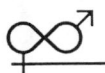

É, é para você mesmo, caro companheiro, para você que está manuseando este livro neste exato momento.

Afinal de contas, ninguém folheia um livro sobre sexualidade, se não tiver interesse, ou alguma necessidade significativa nessa área, não é mesmo?

É a você, querido companheiro de jornada terrestre, que se viu levado a buscar esclarecimentos na área da sexualidade, que este livro se destina. Nossos esforços, aqui condensados sob a forma de informações, focalizam aspectos diversos relativos aos desafios da sexualidade que todos, de uma forma ou de outra, vivenciamos.

Aqui você irá encontrar análises que fizemos acerca dos mais importantes aspectos da sexualidade humana, da história da libido e de seu desenvolvimento. Este trabalho encerra pontos de vista e dados novos ou renovados, que, esperamos, haverão de contribuir para a resolução de nossos conflitos mais íntimos.

Todos sabemos quão poderoso é o sexo entre nós, humanos, e não ignoramos que ele muito tem sido utilizado, tanto como instrumento de felicidade, quanto de perdição para as civilizações ao longo da história de nosso planeta. Com raríssimas exceções, estamos em pleno estágio de desenvolvimento da sexualidade, ensaiando as expressões da libido e vivenciando suas consequências.

Só agora, nos momentos críticos da transição planetária, é que nos livramos suficientemente da ignorância que nos toldava a percepção dos mais nobres objetivos da libido, capacitando-nos a reavaliar antigos posicionamentos, libertando-nos de conceitos e valores que antes nos prendiam a comportamentos comprometedores e às consequências de antigas formas de ser.

Por outro lado, contudo, nunca antes fomos tão assediados e convidados ao desequilíbrio da sexualidade, uma vez que, como poderoso instrumento de envolvimento mental, o sexo tem sido usado, de todas as formas possíveis, pela coletividade dos espíritos desencarnados ainda equivocados, com a finalidade de implantar na Terra a manutenção do império dos sentidos, da brutalidade e da irracionalidade, característica de seu modo de ser.

Mergulhados no atual cenário conflituoso do planeta, encontramo-nos expostos a muitos riscos: somos alvo de todos os estímulos que partem, impiedosos e impudicos, dos variados centros de disseminação de desequilíbrio. Nesse aspecto, a coletividade dos espíritos que promovem o assédio não respeita idade, nem fragilidade, indiferente às consequências, limites e dignidade de seus irmãos encarnados no orbe.

É provável que tal estado de coisas nos venha congregando neste momento, a nós e a você, querido companheiro leitor, em nossos anseios comuns em face da profunda angústia que vimos experimentando. Afinal, nada é obra do acaso! Seja você quem for, esteja você curioso, interessado ou angustiado, sofrendo ou enfrentando momentos emergenciais no tocante à sexualidade, é a você que as informações contidas nos estudos que empreendemos se destina, a fim de que possam servir-lhe de escudo e defesa contra as investidas desleais da atualidade. É também para você que acredita não precisar de defesas, para que possa servir-lhe como um elemento a mais na orientação quanto aos desafios da sexualidade. É nosso desejo que você aceite este nosso oferecimento de alma para alma. Não temos a pretensão de comunicar-lhe qualquer verdade suprema, mas apenas uma lembrança de irmão.

E é para você, também.

Alexandre Perez

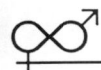
Lado a lado com aqueles que experimentam a frustração, a revolta, a inconsciência, a ignorância e a imprudência, somos daqueles que suportam em si mesmos as angústias inerentes à nossa condição.

Beneficiados que fomos pelo bendito entendimento que a doutrina dos espíritos nos trouxe, tivemos o espírito aliviado pela esperança renovada e pelos caminhos novos, que antes não divisáramos.

Muito embora a paciência e a resignação sejam ainda remédios que precisamos tomar em grandes doses, dado nossa rebeldia e ignorância, pudemos, ao menos, saber que, apesar dos atos que ainda hoje nos envergonham, poderemos ser considerados espíritos bem-intencionados, à medida que nos esforçarmos por proceder aos ajustes necessários à nossa conduta tortuosa.

E, se nós que erramos no passado, podemos no presente contar com este consolo, por que não levá-lo aos irmãos encarnados, em jornada terrestre, ao lado dos quais estamos?

Assim sendo, rogamos recebas de nós, ó companheiro tolerante, o resultado de nossa conscientização, sob a forma de estudos que realizamos acerca de nossas próprias mazelas, pois que os ofertamos na certeza de que haverão de ser, também para ti, o farol que iluminará a sombra ou a escuridão, que porventura estejas trilhando.

E, ao despertares para o amor incondicional do Pai que nos protege, enxergarás, tu também, novos motivos para sorrir, uma vez que o sofrimento – compreenderemos mais tarde –, não é mais do que cortina escura, que podemos levantar com nosso próprio esforço. Afinal, a mão d'Aquele que nos protege está sempre disposta a puxar o cordel.

Então..., seja feliz!

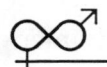

B em, o sexo surgiu, mesmo, de uma necessidade puramente funcional e, infelizmente para alguns, nada romântica. E surgiu muito antes do que muitos pensam, embora fosse feito de maneira completamente diferente da que hoje conhecemos. Aliás, aquela ideia de que o sexo surgiu com os animais também não é muito exata, sobretudo do ponto de vista espírita. Portanto, convido você a uma recapitulação, uma vez que precisaremos entender muito bem a história do sexo, se quisermos resolver alguns probleminhas que ele vem causando na atualidade.

As raízes do sexo

Antes de tudo, será preciso reduzir as funções sexuais às suas mais simples expressões e razões, já que, de início, ele estava destituído das particularidades emocionais, que hoje o enriquecem.

E este início do qual falamos é realmente bem inicial, quer dizer, teremos de retroceder no tempo até a era em que, na Terra, os seres mais complexos (desenvolvidos) eram as bactérias.

Para quem não se lembra, ou ainda não estudou o assunto, vale a pena recordar que o elemento imaterial inteligente predominante naquele momento ainda era o princípio inteligente, visto que espíritos como nós ainda demorariam muito para aparecer no cenário material do planeta.

A doutrina espírita nos informa que o princípio inteligente não possui individualidade, como a que nós temos:

Nós, seres humanos, somos espíritos individualizados, que sobrevivem à morte do corpo, etc., etc. O princípio inteligente não é individualizado como nós; ele dirige espécies como um todo.

Assim sendo, de maneira bem simplificada, ao falarmos em bactérias, teremos que considerar que cada espécie delas, com seus milhões de indivíduos, é regida por um determinado grau de desenvolvimento do princípio inteligente.

O que importa sabermos é que um determinado grau de desenvolvimento do princípio inteligente 'cuida' de todos os indivíduos de uma mesma espécie como um todo, em massa, levando-os a um aperfeiçoamento contínuo.

Sabemos que muitas questões surgirão após este parágrafo, o que é ótimo! Porém, elas serão objeto de estudos posteriores. De qualquer modo, não nos será possível tratar de todas elas no presente estudo. O importante, por hora, é que fiquemos cientes do comportamento coletivo dos seres mais primitivos, regidos por uma inteligência ainda não individualizada.

Então, vamos lá:

Um dos 'problemas' que o princípio inteligente enfrentou, e que nos interessa, foi decorrente da grande disseminação das espécies de bactérias sobre as imensas extensões de nosso planeta.

Em virtude de tal ocorrência, os indivíduos de uma mesma espécie passaram a encontrar condições de vida muito diferentes entre si, uma vez que alguns desses seres viviam em climas secos, outros em climas úmidos, outros, ainda, em frio intenso, ou em temperaturas elevadas.

Com o passar do tempo, a necessidade de sobreviver fez com que esses indivíduos se adaptassem aos diferentes meios, desenvolvendo características diferentes entre si.

Assim sendo, para manter sua manifestação material, o princípio inteligente teve de adaptar grupos que viviam em locais diferentes, aprendendo com o meio e aperfeiçoando suas estruturas.

Cada vez que uma nova adaptação surgia nos corpos bacterianos, novos genes surgiam, igualmente, dentro do DNA destas bactérias.

Vamos explicar melhor:

Para vencer os desafios do meio, uma bactéria precisa, por exemplo, fabricar enzimas que possibilitem digerir alimentos, que só existem no local em que ela vive; precisa produzir substâncias, que evitem seu congelamento, se for o caso; precisa criar novas estruturas que ajudem na locomoção, como cílios e flagelos, que permitam procurar 'comida'. Em outras palavras, uma série de modificações internas se fazem necessárias, para que as bactérias sobrevivam aos desafios externos.

Acontece que cada uma dessas operações, que causam mudanças, precisam de moléculas e reações químicas específicas que as realizem. E cada molécula funcional, que existe dentro do corpo da cada ser vivo, é construída a partir de um 'molde', ou 'receita', que está contida em seu DNA.

Um gene nada mais é do que uma 'receita' específica, para a criação de uma molécula. Genes são pedaços de DNA, que ajudam a fabricar somente um tipo de molécula.

Então, nos contínuos processos de modificação que o princípio inteligente determina para suas células bacterianas, no sentido de aperfeiçoá-las, está incluído o surgimento de novos genes no conjunto de seu DNA.

Agora surge o fato crucial:

Naturalmente, nem todos os indivíduos de uma espécie conseguirão desenvolver os melhores genes. Por isso, o princípio inteligente tentará 'socializar', para toda a espécie, as conquistas de cada indivíduo, na medida do possível.

É preciso encontrar maneiras de compartilhar os diferentes genes, para que um maior número possível de indivíduos seja continuamente melhorado.

Acontece, que uma simples adaptação leva milhares de anos para ser feita!

É necessário identificar os estímulos do meio, compreender seu significado, ajustar inúmeras reações químicas, passar por muitas tentativas e erros, até que se estabilizem, finalmente, as melhores modificações internas e o(s) respectivo(s) gene(s) que as possibilitem materialmente.

A esta altura, pode ser que alguém se esteja perguntando: se o princípio inteligente já aprendeu alguma coisa, com ajuda de apenas um grupo de bactérias, que já foi modificado geneticamente dentro de sua espécie, por que é que ele mesmo não provoca as modificações nas outras bactérias, logo de uma vez, e sem ajuda dos genes?

A resposta a esta questão é que nem todas as modificações serviriam para a espécie como um todo: as que vivem no frio, não precisam aprender a se adaptar ao calor, não é mesmo?

Mas, alguns poderiam argumentar, existem modificações que haveriam de fortalecer a espécie como um todo, como, por exemplo, uma melhor capacidade de locomoção, de digestão ou de aproveitamento de novas substâncias alimentares.

Certo! Contudo, em segundo lugar, como dissemos, estas modificações levam em média milhares de anos para acontecer, incluindo ajustes fluídicos e materiais, e seria contraproducente que o princípio inteligente se dedicasse a isso somente junto a um grupo, depois a outro, depois a mais outro, e assim por diante, o que implicaria a utilização de tempo imenso na execução de pequenos passos evolutivos. Em outras palavras, um tempo muito maior do que este já emprega na atualidade.

A solução encontrada foi 'compartilhar' os genes entre indivíduos interessados. Doar, receber ou trocar. Desse modo, somente indivíduos que estivessem relativamente próximos, enfrentando condições ambientais praticamente idênticas, seriam os envolvidos no processo de aperfeiçoamento, sem desperdício de tempo, e com uma maior eficiência.

TROCANDO FIGURINHAS

As bactérias foram os primeiros seres a demonstrar mecanismos de troca ou compartilhamento efetivo de genes, visando à contínua evolução de suas espécies. E elas ficaram muito boas nisso! De tal forma que, até hoje, ainda são elas que conseguem o compartilhamento genético mais eficiente.

Uma das maneiras que as bactérias encontraram para fazê-lo foi a chamada conjugação, ou seja: duas bactérias se aproximam e criam uma verdadeira 'ponte', ou pequeno túnel, que liga os dois indivíduos muito intimamente, de tal forma que seus próprios citoplasmas ficam unidos, como se fossem uma coisa só! É o mesmo que dizer que quase se fundem, transformando-se, momentaneamente, num mesmo indivíduo.

Se me permitem fazer uma comparação um pouco exagerada, seria algo como a ligação corpo a corpo que acontece entre os gêmeos xifópagos.

Durante esta ligação, que dura somente alguns momentos, uma cópia de todo o conjunto de DNA passa de uma bactéria, doadora, para outra, receptora. Pode também haver uma verdadeira 'troca de figurinhas'. Daí para frente, teremos dois indivíduos com um conjunto genético melhorado.

Esse processo vai se repetindo numa velocidade muito rápida, até que todas as bactérias a terem contato mútuo estejam com o conjunto de genes praticamente homogêneo.

Outro modo ainda mais espantoso de compartilhamento de genes entre as bactérias é a troca de plasmídeos. Os plasmídeos são, literalmente, pedaços de DNA, contendo um ou mais genes, que as bactérias liberam no meio externo. Os plasmídeos 'flutuam', livres, até que sejam absorvidos por outro indivíduo. Uma vez dentro desse outro indivíduo, eles serão incorporados ao DNA, passando a fazer parte do conjunto genético dele!

Agora, imagine milhões de bactérias, nadando próximas umas às outras, num meio aquoso, cheio de plasmídeos das mais diferentes composições, e você terá uma vaga ideia do que é o sexo entre as bactérias.

Outra comparação fantástica: seria como se nós, seres humanos, nos encontrássemos casualmente e, de repente, quiséssemos trocar, uns com os outros, a cor dos olhos, dos cabelos, da pele, a altura, as tendências corpóreas variadas, e daí por diante.

Poderíamos imaginar, também, que diversos 'plasmídeos humanos' pudessem ser adquiridos em lojas ou centros de distribuição, possibilitando-nos escolher uma série de características convenientes para o momento: num dia quero ser loiro, de olhos verdes, de pele clara, resistente ao frio; no outro, prefiro ser moreno, de pele vermelha, olhos amendoados, resistente ao calor; e assim por diante.

Muito conveniente não é?

Pois essa é a rotina para as bactérias, tal o domínio que conseguiram sobre o compartilhamento genético!

SEXO PRIMITIVO

Este subtítulo, naturalmente, não faz referência a certos hábitos sexuais em voga hoje em dia. Todavia, logo mais veremos por que nos tornamos tão... 'criativos' nesse departamento.

Como vimos, a função primordial do sexo primitivo é a manutenção do aprimoramento genético de uma espécie, na medida em que permite a troca e a variação de genes de indivíduo para indivíduo.

Convenhamos, isso nada tem de romântico.

Se falarmos da reprodução das espécies dessa época, então, a coisa é ainda menos romântica!

Notem que até agora não tocamos no assunto 'reprodução'. Limitamo-nos a falar sobre aprimoramento genético. Isso porque a reprodução, em si, nunca foi um grande problema para os seres mais primitivos. Tanto que o sexo, para eles ao menos, não tinha nada a ver com a reprodução. Pasmem!

Isso mesmo. Já ouviram falar na tal 'reprodução assexuada'? Pois é, foi uma maneira que o princípio inteligente encontrou para multiplicar seus corpos físicos, sem ter que trocar o DNA.

Nas bactérias, por exemplo, a reprodução assexuada ocorre com tal naturalidade, que se colocássemos uma única bactéria dentro de um tubo de ensaio, no dia seguinte teríamos milhares delas. E todas provindas de um só indivíduo!

Como? É que as bactérias podem se dividir por um processo assexuado, denominado cissiparidade, ou divisão binária. Ou seja: à medida que uma bactéria vai se alimentando, cresce até um determinado ponto para, então, simplesmente dividir-se em duas outras idênticas. Então, essas duas bactérias se dividem e originam outras quatro e assim, sucessivamente.

Só que, nesse processo, todos os indivíduos são clones uns dos outros, isto é, todos possuem o mesmíssimo conjunto de genes, o DNA idêntico.

Por um lado, a reprodução assexuada é ótima para aumentar o número de indivíduos de uma mesma espécie. Por outro, contudo, não possibilita que esses indivíduos troquem novos genes entre si. Caso não houvessem encontrado um meio de trocar seus genes, levariam muito mais tempo para evoluir.

Temos que compreender o seguinte:

Primitivamente, a reprodução, ou multiplicação dos indivíduos, era feita por vias assexuadas, para a expansão da espécie.

Já o sexo, constituído primitivamente pelos mecanismos que possibilitavam a troca de genes, tinha a exclusiva função de aprimorar uma espécie no aspecto da evolução como um todo, e não possibilitava, por si só, a multiplicação dos indivíduos.

Estranho, não é ?! É... mas foi assim por um bom tempo.

O PRIMEIRO CASAMENTO QUE DEU CERTO

Durante milhões de anos, a reprodução e o sexo mantiveram um 'namoro', sempre próximos, um do outro.

As espécies que foram surgindo no planeta alternavam, ora a reprodução assexuada, com a finalidade de expandir seus domínios, ora os mecanismos sexuais, para compartilhamento genético, sempre migrando entre eles.

As plantas, por exemplo, especializaram-se particularmente nessa prática, e esse seu modo de existir ficou conhecido como metagênese.

A metagênese é um processo, um ciclo de existência e reprodução, que possui uma fase assexuada, seguida, imediatamente, por outra sexuada, que constantemente se alternam.

Ainda hoje, a metagênese é adotada pelos musgos, samambaias e alguns outros vegetais mais simples.

Com o tempo, esse 'namoro' deslanchou, e transformou-se num 'noivado'.

Os seres mais adiantados, que foram surgindo no planeta, já possuíam um modo de existência, no qual a reprodução e o sexo foram se tornando cada vez mais próximos e interdependentes.

Por fim, o sexo e a reprodução acabaram se 'casando', de tal forma que os seres mais evoluídos da Terra de hoje adotam a 'reprodução sexuada', mecanismo através do qual os dois – sexo e reprodução – se fundiram de vez, num casamento que deu certo.

Os animais vertebrados de nosso planeta – peixes, anfíbios, répteis, aves e mamíferos – adotaram exclusivamente esta maneira de perpetuar a espécie, tornando-se os campeões de adaptação e resistência às adversidades, vindo a ser os seres mais diversificados e geneticamente evoluídos do planeta.

Masculino e feminino

– Tudo bem até aqui, mas...quando foi que o sexo começou a se tornar romântico, hein?

Espere aí, meu amigo! Vamos com calma! Falta ainda uma porção de ingredientes, para que ele fique um pouco mais parecido com o velho sexo que conhecemos.

Por exemplo: sabia que a distinção entre masculino e feminino, machos e fêmeas, só apareceu muito mais tarde do que o próprio sexo?

– Ôpa! Como assim?

Pois é, naquele mundo primitivo, os seres mais simples apenas trocavam entre si suas cargas genéticas de igual para igual. Não havia nada que os diferenciasse como gênero.

A primeira coisa que separou os seres em masculino e feminino foram os gametas.

Gametas são as chamadas células sexuais ou reprodutivas. Elas são especializadas em carregar somente metade do DNA do indivíduo que a produziu com seus respectivos genes.

A função de um gameta é encontrar outro gameta, com mais metade do DNA de outro indivíduo da mesma espécie.

Quando se juntarem, irão se fundir, no processo conhecido como fecundação. As duas metades formarão novamente uma célula com DNA inteiro, só que, agora, misturado, contendo genes dos dois indivíduos que lhes deram origem.

Esta nova célula é chamada de célula ovo e vai crescer, transformando-se, logo, num embrião, que por sua vez também crescerá e se transformará num novo indivíduo, da mesma espécie dos pais.

Entre os seres mais primitivos, os gametas não possuíam qualquer diferença. Com o passar do tempo, entretanto, eles passaram a se comportar de maneira distinta, acabando por se tornarem bastante diferentes.

De modo geral, cada espécie, entre os seres vivos, produz apenas dois tipos de gametas: um deles, denominado masculino, comporta-se de maneira mais ativa, possuindo, em geral, meios de se locomover em substâncias líquidas, ou de ser levado pelo vento, chuva, correntes de água, etc. É geralmente menor que o outro tipo e tem a missão de encontrá-lo, a fim de que aconteça a fecundação.

O segundo tipo, o gameta feminino, é, em geral, bem maior. Permanece estático, ou simplesmente flutua em meios aquosos, até que ocorra a fecundação.

A opção por chamar o mais ativo de masculino e o mais passivo de feminino foi puramente convencional, e os motivos para isso incorrem em profundas discussões filosóficas, que fogem aos objetivos deste nosso estudo. (Boa saída, não?)

Igualmente por convenção, os indivíduos adultos que produzem os gametas masculinos são chamados de machos da espécie, enquanto que os adultos que produzem gametas femininos são chamados de fêmeas.

Nos dias atuais, sobretudo entre os mamíferos, os gametas masculinos são chamados de espermatozoides, e os femininos são denominados óvulos.

Machos e fêmeas

Por incrível que pareça, as características de machos e fêmeas foram, quase todas, determinadas em função dos gametas masculinos e femininos, que os indivíduos carregam consigo.

A necessidade do encontro entre os gametas e seu futuro desenvolvimento foi o que determinou o comportamento geral, que caracteriza os dois gêneros.

De forma bastante primitiva, e ainda nada romântica, diremos que os indivíduos machos se foram desenvolvendo de maneira a imitar, macroscopicamente, o comportamento microscópio de seus gametas masculinos.

Do mesmo modo, as fêmeas passaram a imitar, junto ao meio externo, o comportamento interno de seus gametas femininos.

Habitualmente, os machos, assim como seus gametas, são os que se deslocarão mais, disputando o encontro com as fêmeas. Por essa razão ganharam massa muscular mais avantajada, esqueleto equipado para maiores embates e uma série de outras características físicas, adaptadas para suas funções sexuais.

De maneira geral, as fêmeas, assim como seus gametas, selecionarão os machos cujas características genéticas são mais importantes. Para tal, foram equipadas com órgãos sensoriais mais desenvolvidos, metabolismo mais capaz de armazenar reservas energéticas, além de outras características físicas, igualmente adaptadas para suas funções sexuais.

Finalmente, com o passar dos milênios, características bastante distintivas foram aparecendo, e o comportamento de machos e fêmeas passou a definir-se de maneira cada vez mais acentuada.

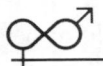

D o ponto de vista espírita, uma das noções primordiais que devemos ter conosco a respeito da sexualidade, é a diferença entre o sexo corporal e o comportamento sexual.

Acabamos de ver que o sexo corporal, ou melhor dizendo, o sexo fisiológico, do ponto de vista material, diz respeito ao aperfeiçoamento genético, à reprodução e às adaptações corporais necessárias ao desempenho das funções sexuais de machos e fêmeas de uma espécie.

Todavia, é preciso que se compreenda que ser macho ou fêmea é uma coisa, e ser masculino ou feminino, outra. E muita gente sabe que estas coisas podem estar 'desencontradas' de vez em quando, principalmente em nós, seres humanos.

Vamos entender o seguinte:

Para nosso estudo, macho e fêmea serão condições meramente corporais. Portanto, sempre que empregarmos esses termos, estaremos nos referindo aos corpos de indivíduos machos ou fêmeas de uma espécie, com características físicas sexuais bem definidas. Os termos masculino e feminino, por sua vez, serão utilizados para caracterizar atitudes, comportamentos e valores ligados às polaridades sexuais.

Então notem que, como se costuma dizer, "uma coisa é uma coisa, outra coisa é outra coisa!"

Ao nos referirmos a machos e fêmeas, portanto, estaremos falando de corpos, enquanto que ao utilizarmos os termos masculino e feminino estaremos designando emoções, sensibilidades, reações inteligentes, comportamentos, etc.: em outras palavras, coisas que só podem surgir em decorrência do aprendizado do princípio inteligente ou das atitudes do espírito, no caso dos humanos.

Bem, falar de comportamento sexual entre os seres humanos é fácil, mas como compreendê-lo com relação ao princípio inteligente?

O fato é que, muito antes do ser humano surgir no planeta, o comportamento sexual já vinha sendo definido, vagarosamente, há milhões de anos. Num primeiro momento, esse comportamento apareceu mais como "polaridades sexuais" dentro da estrutura psíquica do princípio inteligente.

De uma maneira simplificada, diremos que o próprio princípio inteligente desenvolveu duas formas complementares de comandar os indivíduos corporais de sua espécie.

Uma forma mais adequada aos indivíduos que produziam gametas masculinos, ou machos, e uma forma mais adequada aos que produziam gametas femininos, ou fêmeas.

Vamos dizer que para levar os indivíduos machos a cumprirem sua função sexual, o princípio inteligente adotava atitudes e comandos mais... hum ... 'ativos', enquanto que para os indivíduos fêmeas, atitudes e comandos mais... 'intuitivos'. Para evitar protestos e mal-entendidos, devo esclarecer que estou apenas seguindo a convenção, tudo bem? É isso.

Dentro de pouco tempo, então, já estavam definidos padrões de atitudes e reações psíquicas próprias para serem utilizadas junto a indivíduos machos ou fêmeas. Tais padrões constituíam as duas polaridades do psiquismo sexual do princípio inteligente.

Estas duas polaridades, que passaram a caracterizar os padrões de comportamento dos diferentes gêneros, foram, pouco a pouco, sendo aperfeiçoadas e enriquecidas pelas emoções e sentimentos, à medida que o princípio inteligente evoluía. Hoje em dia, que já somos espíritos individualizados, essas polaridades são conhecidas como comportamento masculino e feminino.

Vamos entender o seguinte: os comportamentos masculino e feminino foram desenvolvidos, originalmente, para reger, de maneira adequada, os corpos físicos de machos e fêmeas, respectivamente, a fim de que desempenhassem a contento suas funções sexuais, com vistas à manutenção da conservação das espécies.

– Está bem! Então é agora que vai entrar o comportamento romântico, certo?

Não, ainda não. Esses comportamentos sexuais primitivos eram, ainda, regidos por um raciocínio absolutamente instintivo, incapaz de incorporar noções mais elaboradas de conquista, partilha e confiança, uma vez que continuavam dependendo muito de mecanismos fisiológicos automáticos, regidos, sobretudo, pelos hormônios sexuais.

"Liquidozinhos fortes, hein?"

Certa vez, durante uma orientação sexual para pré-adolescentes, tivemos a ideia de explicar o funcionamento dos hormônios sexuais de maneira figurada, dizendo que esses hormônios poderiam ser comparados a um tipo de líquido, que certos órgãos do corpo produzem em pequeníssima quantidade. Dissemos, também, que essas pequeníssimas quantidades davam surgimento a este e aquele efeito, que passamos a enumerar.

A certa altura, uma jovenzinha muito simpática nos brindou com o seguinte comentário:

– "Poxa tio! eta liquidozinhos fortes, hein?"

Pois é... Mas, acreditem que até hoje há muita confusão, quando tentamos responder à questão: "Somos controlados pelos hormônios, ou nós é que os controlamos?"

A bem da verdade, o que poucos conseguem perceber é que os hormônios são as 'pontes', os fatores de ligação entre o comportamento sexual, psíquico, e a fisiologia sexual, orgânica. São importantes elos entre o espírito e o corpo físico. Se não tivermos essa noção bem clara, acabaremos por nos confundir muito.

De vez em quando, aparecem dignas senhoras indignadas, reclamando que, mesmo após a menopausa, o desejo sexual não diminui:

– Doutor, não era para isso já ter desaparecido, com a diminuição dos hormônios? Mas que constrangimento!

Outras vezes, aparecem rapagões ansiosos, porque não conseguem o desempenho que esperavam:

– Doutor, me disseram que meus hormônios estão a mil por hora, mas acontece que, quando chega a hora 'H', não acontece o que era para acontecer! O que há de errado comigo?

Lembram-se de quando dissemos que o princípio inteligente precisa de certas moléculas funcionais, para poder adaptar o corpo material, e que estas moléculas são fabricadas com ajuda dos genes?

Pois então: hormônios não são mais do que moléculas funcionais, produzidas com ajuda dos genes. Eles simplesmente ajudam a ajustar o corpo ao comando do princípio inteligente – ou o espírito, no caso dos humanos –, a fim de que trabalhem em uníssono.

Via de regra, os hormônios provocam a adaptação corporal para a respectiva polaridade do comportamento sexual das entidades inteligentes que os comandam.

Precocemente, pouco antes da fecundação, o próprio princípio inteligente – ou espírito – seleciona automaticamente, por afinidade vibratória com seus campos fluídicos, os gametas adequados para a formação de um indivíduo macho ou fêmea, de acordo com sua polaridade sexual psíquica.

Nos embriões formados, os genes responsáveis pela síntese dos hormônios masculinos e femininos já estão presentes, e começarão a funcionar na época adequada, transformando e conservando os futuros corpos adultos, como sendo autênticos machos ou fêmeas da espécie.

Estes hormônios farão surgir, não somente os órgãos sexuais específicos, como também uma série de outras características secundárias, tais como pelos, músculos, distribuição de gorduras, crescimento ósseo, mamas, glândulas diversas, etc..

Certo, certo... já podemos deduzir que perguntas estão surgindo na mente de alguns de nossos leitores, pela segunda ou terceira vez desde que iniciaram a leitura!

"Mas e na homossexualidade? Como é que ficam tais acontecimentos?" deverão estar perguntando.

Está bem, está bem... As dúvidas estão registradas, podem estar certos. Não deixaremos de abordar essa questão, só que mais pra frente. Combinado?

Então, já temos estabelecido que uma das funções mais básicas dos hormônios é preparar o corpo físico para receber a entidade inteligente, que irá comandá-lo e combiná-lo, de maneira adequada, com a polaridade sexual psíquica da entidade em questão.

A outra função dos hormônios está diretamente ligada à capacidade, que eles possuem, de manter constantemente em contato os estímulos, as atitudes e as reações de natureza sexual que ocorrem entre o corpo físico e seu comando inteligente, nas ocorrências do dia a dia, num "timing" perfeito. As coisas ocorrem mais ou menos assim:

Vamos supor que, por qualquer motivo de ordem psíquica, como lembranças, sentimentos, vontades, etc., o desejo sexual de um indivíduo seja despertado. A atividade psíquica, neste sentido, estimulará determinadas áreas do sistema nervoso central, sobretudo o sistema límbico, tálamo e hipotálamo, que, por sua vez, estimularão diretamente os órgãos sexuais, através dos nervos. Ao mesmo tempo, essa atividade psíquica provocará, a curto e médio prazo, uma descarga hormonal, que atingirá também os órgãos sexuais, preparando-os para uma possível atividade sexual. Isto é possível, porque as principais glândulas produtoras de hormônios estão intimamente relacionadas com nosso sistema nervoso e são sensíveis, de maneira indireta, à mesma atividade psíquica.

Note que os hormônios, assim como o próprio sistema nervoso, foram os intermediários entre o estímulo psíquico e a reação corporal.

Agora, imaginemos, de maneira inversa, que o mesmo indivíduo seja submetido a qualquer estimulação direta, de conotação sexual, sobre seu corpo físico. Depressa tais estímulos estarão correndo, por seus nervos, indo atingir o sistema nervoso central. Os nervos que conduzem os estímulos físicos também chegarão às glândulas sexuais, que, por sua vez, produzirão descargas hormonais, que irão atuar, igualmente, sobre o sistema límbico, tálamo e hipotálamo.

Uma vez que o princípio inteligente, ou espírito, mantém contato constante com o sistema nervoso, por meio de variadas pontes fluídicas, perceberá, quase de imediato, o estímulo físico de natureza sexual, o que, via de regra, desencadeará o desejo sexual psíquico.

Note que, tanto os hormônios, quanto o sistema nervoso foram os intermediários entre o estímulo físico e a reação psíquica.

E é assim que se dá nossa relação com os tais "liquidozinhos fortes", de que falou nossa aluna: se recebermos estímulos físicos, eles rapidamente adaptarão nosso corpo e estimularão nosso psiquismo, a fim de que estes respondam de maneira adequada. E se estivermos psiquicamente estimulados, os "liquidozinhos" depressa prepararão o corpo, para que responda, também, de forma adequada.

"Do contra"

Esta relação aparentemente harmônica e eficiente entre corpo, psiquismo e hormônios é realizada de maneira mais ou menos simples nos seres mais primitivos, ainda privados do colorido emocional dos humanos.

Todavia, nos seres humanos, as coisas nem sempre são assim. Isto porque este sistema 'automático' foi criado para um funcionamento praticamente inconsciente da sexualidade primitiva.

Nós, humanos, utilizamos, com frequência, o tal livre-arbítrio, que às vezes complica bastante as coisas, embora as torne sempre mais criativas. Podemos escolher dar, ou não, atenção ou sequência aos estímulos sexuais que iniciaram no corpo físico. Podemos, também, graduar a intensidade com a qual queremos senti-los. Podemos, ainda, interromper o processo, quando tivermos razões suficientes para fazê-lo.

É possível, ainda, desfrutarmos apenas de estímulos psíquicos variados, de acordo com nossa imaginação, sem nunca experimentarmos grandes alterações físicas. Além disso, é possível nos fixarmos num determinado tipo de ideia, que nos estimule mais. Podemos associar a qualquer lembrança, cheiro, imagem, som, etc., uma conotação sexual de nossa preferência.

Em outras palavras, chegamos a ponto de podermos decidir se vale a pena, ou não, respondermos um estímulo sexual, ou iniciar uma atividade sexual, libertos do raciocínio puramente instintivo do processo original.

Do ponto de vista coletivo, para a conservação da espécie, isso pode ser bom ou ruim. O fato é que o ser humano poderá ser meio 'do contra', quando quiser.

Todo mundo sabe que comer é muito bom, não é mesmo? Mas de vez em quando, sobretudo entre as crianças, comer pode 'dar muito trabalho'. Aí, simplesmente não comemos, ou deixamos para outra hora.

Quase todo mundo sabe que dormir cerca de oito horas por dia, para um adulto jovem, seria o ideal. Contudo, por motivos de trabalho, diversão e outras preocupações, podemos reduzir o número de horas de sono, até nos adaptarmos à situação particular.

Na verdade, na verdade mesmo, comemos porque é gostoso. Se não fosse por isso, cremos que seria muito chato perder tempo no supermercado, na cozinha e na mesa, o que acabaria pondo em risco nossa própria saúde e a existência coletiva.

Com o sono, não é diferente. Dormimos porque é gostoso e, se assim não fosse, poderíamos nos colocar, igualmente, em risco, por conta da ideia de 'perda de tempo' em relação a todas aquelas horas que passamos deitados.

Mas por que é gostoso comer e dormir?

– Ué rapaz, tá na cara, né? É ótimo sentir o gosto bom das coisas, assim como é maravilhoso curtir aquele soninho aconchegante.

É verdade, mas isso não responde, de fato, a pergunta. Vamos perguntar de outro jeito, então:

Por que é que gostamos de sentir sabores diferentes e ter momentos de descanso?

– Porque temos fome e ficamos cansados, é óbvio! Mas, afinal, o que é que isso tem a ver com sexo?

Pois é, minha gente, se não fosse o incômodo provocado pela fome e pela falta de repouso, além das sensações ruins que eles provocam, jamais experimentaríamos prazer nos atos de comer e dormir, e nos deixaríamos definhar.

Assim, podemos dizer que fome e sono são tipos de 'apetites' do corpo físico, ou seja, incômodos surgidos toda vez que as células estão carentes de alimentação e o cérebro de repouso.

Tais 'apetites' garantem que nossos interesses momentâneos sejam suplantados pelo interesse em comer ou dormir.

Com o sexo não é muito diferente, mas existem certas particularidades.

O ato sexual dá muito mais trabalho que comer e dormir, uma vez que uma enorme quantidade de energias físicas são despendidas ao longo de sua execução. Assim sendo, seria lógico que animais e homens se abstivessem de praticá-lo. Todavia, isso colocaria em risco a existência de toda a espécie.

Mas o fato é que todos nós sabemos que a prática do sexo também traz boas recompensas. Em outras palavras, o sexo é gostoso, assim como o comer e o dormir.

Bem, pelo menos para a maioria. É claro que podem surgir problemas. E é por essa razão que estamos realizando o presente estudo.

Por enquanto, vamos seguir um raciocínio baseado no ideal, combinado?

APETITE SEXUAL

– Bem, se o sexo é gostoso, é porque deve também existir um 'apetite sexual' a ser satisfeito, não é mesmo?

Correto. Esse apetite é o que chamamos de libido.

Agora, alguém poderá pensar:

– Ah, eu sabia! É mesmo o corpo que pede! Eu sabia que essa 'necessidade' não é algo que possamos domar.

Olhe, não é bem assim. As células físicas pedem alimento para sobreviver; as células cerebrais pedem repouso para se refazer. Contudo, não há células que precisem pedir sexo. Elas não morrerão por falta dele.

– Ué..? Então, de onde é que parte o apetite sexual, essa tal de libido?

Pois é... Por falar em "pois é", ele vai ser tornar bem comum por aqui, vocês vão ver!

Diferente do que muitos de nós acreditamos, a libido é incentivada por um comportamento instintivo, aprendido pelo princípio inteligente nos primórdios da evolução. Esse comportamento é que garante a manutenção da atividade sexual, responsável pela conservação e aperfeiçoamento da espécie.

Ele, o princípio inteligente, logo compreendeu a enorme importância, a urgência da manutenção constante do ato reprodutivo. Ao longo de milhões de anos, a grande necessidade de sobrevivência e atenção constantes, direcionadas a tal fato, acabou por gerar um anseio realmente crônico e permanente. Um verdadeiro 'stress' por necessidades evolutivas.

E essa 'ansiedade' em garantir a manutenção da espécie, sempre em reprodução e conservação adequadas – que passaremos a chamar mais adequadamente de libido –, quando satisfeita, proporcionava forte sensação de alívio, o que passou a ser compreendido como valiosa recompensa psíquica.

Ao perceber que também atendia, com perfeição, aos impulsos evolutivos incentivados pelas Leis Divinas, sempre que organizava a reprodução sexual de sua espécie, o princípio inteligente passou a aperfeiçoar, cada vez mais, os mecanismos que mantinham esta reprodução em funcionamento, tanto os físicos quanto os psíquicos.

E a libido passa a ser o mecanismo psíquico, através do qual o impulso evolutivo provoca o desejo sexual.

Assim sendo, temos que a libido é realmente o apetite do sexo, gerado, todavia, exclusivamente por imposições evolutivas, não associadas, de maneira direta, às necessidades celulares. Em outras palavras: a libido não nasce no corpo, mas na inteligência que comanda esse corpo.

Outro aspecto, que precisamos estudar, é o modo como a libido se manifesta.

Nos animais, de maneira geral, ela somente se manifesta em períodos adequados, coincidentes com as condições mais favoráveis do meio ambiente. São os chamados períodos reprodutivos, de caráter sazonal, ou seja, só se apresentam em momentos anuais definidos.

Do ponto de vista físico, encontraremos altas doses hormonais tanto em machos quanto em fêmeas, o que irá ocasionar mudanças corporais externas bastante notáveis em algumas espécies, além de preparar os órgãos sexuais para a produção de gametas e para a atividade sexual.

Num olhar tipicamente materialista, poderíamos dizer que foram as condições favoráveis do meio que levaram à produção de níveis mais elevados de hormônios, que, por sua vez, acabaram por despertar a libido necessária para o período reprodutivo.

E, se querem saber, não discordaremos dessa conclusão, mesmo como espíritas que somos! Sabemos, porém, que ela não está completa.

O fato é que nossos colegas materialistas analisam somente os efeitos, surgidos após séculos de planejamento e adaptação psíquica e corporal, conseguidos pelo princípio inteligente. No momento em que esses homens de ciência observam o fato, os mecanismos já foram, de há muito, automatizados, funcionando quase por si mesmos, obedecendo a critérios e fatores desencadeantes bem estabelecidos.

Não podem, por essa razão, desconhecendo o paradigma espírita, que propõe informação e a crítica diferentes, deduzir, ou sequer perceber, uma inteligência imaterial como sendo a verdadeira determinante e construtora do mecanismo, que hoje funciona por automatismo.

Bem, cada qual no seu momento, certo?

Nos humanos, contudo, essa paisagem muda completamente. Primeiro, porque fomos tão bem-sucedidos na adaptabilidade de nossa espécie ao planeta, que a enorme necessidade de manter a reprodução já não é tão premente. Segundo, porque nosso espírito racional colecionou, ao longo do tempo uma série de valores, impressões e experiências pessoais, que acabaram por tornar a manifestação da libido um fenômeno todo específico e particular.

Aliás, quase todos os assuntos de que trataremos neste estudo são pertinentes aos diferentes modos de manifestação da libido humana e suas consequências. Por isso, se por um lado não há como generalizar a maneira como esta se manifesta entre nós, existem princípios e mecanismos que poderemos investigar, a fim de melhor compreendê-la e analisá-la.

É o que faremos mais adiante.

Quanto às recompensas propiciadas pela atividade sexual, em resposta ao apelo da libido, iremos considerar tanto aquelas de natureza física, quanto as de natureza psíquica.

As de natureza física culminam no chamado orgasmo, que, diferente do que muitos pensam, é tanto um mecanismo de defesa, quanto uma recompensa. Pasmem!

É isso mesmo. No ato sexual, logo após as sensações orgásticas, que percebemos como algo magnífico, advém verdadeira prostração dos sentidos e da vontade, o que evidencia que mecanismos inibitórios, tanto físicos, quanto psíquicos, entraram em ação de maneira repentina.

O fato é que a corte e o ato sexual demandam tamanho trabalho e dispêndio de energia, que a libido tem que ser diminuída logo após a ocorrência do orgasmo. Do contrário, ficaríamos rapidamente esgotados.

O fato é que a libido é uma indução tão poderosa, que é capaz de conseguir que coloquemos nossos demais interesses de lado. Quando nos entregamos a ela, esquecemo-nos de comer, de beber e até mesmo de viver.

Sob essa perspectiva, podemos dizer que o orgasmo é também um grande 'engodo', um convite para que deixemos de lado nossas demais preocupações e nos entreguemos às atividades sexuais que, por si só, seriam muito estafantes e enfadonhas. Uma vez ocorrida a liberação dos gametas masculinos e seu acolhimento no organismo feminino, cessam, de imediato, os interesses sexuais exacerbados.

Se não fosse isso, acabaríamos por nos entregar de maneira alucinada aos apelos da libido, exaurindo-nos, facilmente, em todos os sentidos.

Sabemos, por exemplo, que, em certas espécies de roedores, os mecanismos inibitórios não ocorrem após a ejaculação dos machos, que mantêm uma atividade sexual frenética até a morte, o que acontece em poucos dias.

Não ignoramos, igualmente, que esse é um distúrbio muito comum entre os humanos, o qual acarreta inúmeros comprometimentos psíquicos.

Mas, vejamos, que interessante:

Muitos 'humanos' procuram, por todos os meios, até mesmo medicamentosos, livrarem-se justamente destes mecanismos inibitórios, com o objetivo de alcançarem o que denominariam um 'ótimo desempenho sexual'.

Passam grande parte da vida entregando-se à fixação mental dirigida pela libido, em busca do prazer temporário que o orgasmo propicia.

Sem perceber, desgastam-se de maneira alarmante, decaindo sempre mais, adentrando processos que provocam a atrofia da mente, impedida de exercer uma atividade normal, para manutenção dos outros campos da existência.

Resumindo:

A atividade sexual é realmente um processo trabalhoso e desgastante, que exige uma boa parcela de atenção e vontade psíquica. Portanto, se não houvesse uma necessidade evolutiva muito grande, que lhe justificasse a realização, jamais nos entregaríamos a ela.

Essa necessidade evolutiva desperta a libido, poderosa o bastante para fazer com que nos entreguemos aos seus apelos, a ponto de nos esquecermos de nossas outras necessidades particulares.

A recompensa física, que sabemos obter mediante o ato sexual, ou seja, as sensações agradáveis, que culminam no orgasmo, acabam por nos convencer de que o ato sexual vale a pena.

O caso é, todavia, que embora seja um forte apelo pelas sensações prazerosas que propicia, o orgasmo é, também, um mecanismo que, uma vez disparado, recompensa, de fato, mas depressa nos 'desliga' dos domínios da libido, liberando a mente para continuar percebendo suas demais necessidades.

Se não fosse isso, acabaríamos por nos entregar, continuamente, às atividades sexuais, como já comentamos.

Entre os humanos, existe, ainda, outra forma de gratificação, recebida durante e após a atividade sexual: as recompensas de natureza psíquica. Uma boa parte da humanidade já se deu conta de que entregar-se, periodicamente, às exigências da libido, satisfazendo-se, por um momento, com as sensações físicas, já não é suficiente.

– Vejam só que interessante! Será que somos muito mais difíceis de contentar?

Pois é isso mesmo! Realmente, acabamos nos tornando mais exigentes, no tocante à satisfação. E sabem por quê? Porque fomos percebendo que temos outras necessidades ligadas ao sexo, que dispomos da possibilidade de encontrar compensações mais profundas e duradouras que meras e efêmeras sensações.

Há muito tempo, nos primórdios das sociedades organizadas, alguns seres humanos mais arrojados, provavelmente já insatisfeitos com as fugazes recompensas do sexo e 'enjoados' da rotina, aventuraram-se e experimentaram sensações muito mais agradáveis.

Dessa forma, foram se libertando, pouco a pouco, da condição puramente instintiva e começaram a moldar, por si mesmos, uma forma nova de se relacionarem sexualmente. Em assim procedendo, distanciaram-se dos animais irracionais. Uma vez que o apetite sexual existia, de fato, passaram a desejar uma 'refeição' mais completa e saudável.

E isto dá pano para outra história!

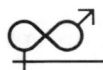
J á discorremos sobre as principais razões e motivos da existência da libido, cuja existência gerou efeitos, que tiveram influência muito mais abrangente do que meras necessidades reprodutivas.

Para compreender isso, propomos lançarmos um olhar além, de maneira a alcançar uma realidade mais ampla do que a da esfera sexual.

Um olhar diferente

Não nos esqueçamos de que, desde os primórdios da vida no planeta, espíritos superiores sempre acompanharam e dirigiram o aprendizado do princípio inteligente, conduzindo-o por experiências, que visavam o despertar de suas potencialidades.

Assim sendo, é compreensível que, sob o olhar dessas entidades mais elevadas, qualquer aprendizado, comportamento ou condicionamento que o princípio inteligente conseguisse, ao longo da evolução, haveria de ter suas facetas mais interessantes sempre mais exploradas.

Com a libido não foi diferente. Apesar de ela ter surgido a partir de um comportamento desenvolvido pelo próprio princípio inteligente, com o propósito de administrar a necessidade de reprodução das espécies e tendo sido aproveitada somente nesse sentido, ao longo de milhões de anos, os espíritos superiores percebiam, para ela, aplicações e efeitos muito mais abrangentes.

Para início de conversa, eles tinham em conta que a libido era, praticamente, o único fator que mantinha dois ou mais indivíduos unidos, ainda que temporariamente, em torno de um objetivo em comum.

E isso já era muito significativo, uma vez que o que predominava no comportamento instintivo eram necessidades absolutamente individuais.

Por essa razão, a libido tornou-se instrumento de muito maior interesse para as esferas superiores, responsáveis por organizar a vida em nossa Terra primitiva.

A libido foi, assim, o primeiro canal, através do qual, as noções de ordem moral começaram a ser apresentadas aos seres viventes daqui.

– Mas o que podem ter de comum a libido e as noções de moralidade?

De fato. Num sentido restrito, elas não possuem nada em comum. Uma coisa existe, perfeitamente, sem a outra.

Mas o fato é que os efeitos do exercício da libido, sobretudo a proximidade dos indivíduos e os interesses comuns, ainda que temporários, representavam ocasiões muito propícias, para que se pudesse 'enxertar', pela primeira vez no planeta, as noções morais, com vistas a um maior desenvolvimento da essência espiritual.

É isso: o ato sexual, que pode, sim, atender a uma necessidade de caráter meramente fisiológico, com recompensas psíquicas intensas, muito embora temporárias, passa a ser, também, um momento facilitador, passível de conduzir a novas experiências e aprendizados.

– E como se deu isso?

Bem, imaginem se tivéssemos que encontrar uma 'brecha' adequada, para a introdução de 'noções de cidadania e decência moral', em meio às vivências, ainda muito brutalizadas, dos seres vivos mais primitivos, que praticamente sobreviviam, dominando pela força e pela agressividade... O que faríamos?

– Ora..! Trataríamos de domesticar os bichos, é claro!

Está bem... Mas, acontece, que não queremos 'bichos de estimação'; queremos que esses tais "bichos" se transformem em criaturas melhores. Que venham a ter, eles mesmos, noções de espiritualidade e moral!

Por aí, dá para perceber que a coisa não foi muito fácil, nem muito rápida.

A espiritualidade superior fez o que todo bom pedagogo faria: partiu do já conhecido, para chegar ao novo, introduzindo elementos dentro da própria rotina do princípio inteligente, a fim de modificar, pouco a pouco, seu comportamento e melhorar seu aprendizado.

Muito bem. Se, então, a prática sexual é o que possibilita as melhores condições para o aprendizado, será junto dela, por hora, que as modificações propícias acontecerão.

– Que tipo de modificações?

As principais delas foram realizadas no modo de reprodução das espécies, culminando com a gestação intrauterina dos mamíferos.

Procuremos, adiante, compreender.

Preparando o terreno

As dificuldades e imposições do meio ambiente, aliadas às necessidades do corpo material, sempre foram os 'recursos didáticos' mais utilizados pela sabedoria divina no burilamento das capacidades do princípio inteligente. Esta sempre foi uma forma muito eficaz de apresentar desafios, sem interferir, de maneira abusiva, no livre-arbítrio.

Com base nisso, podemos notar que as diferentes espécies animais adotam comportamentos e adquirem aprendizado e adaptações, que acabarão por levá-las à superação de dificuldades e necessidades impostas pelo meio, passando a evoluir, de maneira gradativa, por seu próprio mérito.

Os primeiros animais a surgirem na Terra, no interior dos oceanos – as esponjas, depois os corais, águas vivas e anêmonas –, atendiam às necessidades reprodutivas, apenas espalhando seus gametas na água, em grande número.

Estes gametas acabavam por se encontrar no meio líquido, dando origem a novos embriões, que permaneciam nas correntezas, ou se fixavam no fundo do oceano, vindo a se desenvolver sem qualquer ajuda.

Entre os moluscos e artrópodes – crustáceos, insetos, aracnídeos, etc. –, já podemos notar a presença da cópula, ou seja, de um ato sexual para troca de gametas, no qual os indivíduos veem-se forçados a uma aproximação.

Em épocas sazonais adequadas, certas espécies deixam inteiramente de lado seus interesses outros, e iniciam verdadeiras jornadas coletivas, que reúnem milhões de indivíduos, que se dirigem, em marcha, até as áreas de reprodução.

É importante que se perceba a grande importância que está sendo dada, agora, à aproximação entre os indivíduos.

Essa aproximação, no entanto, é ainda puramente funcional, e os vínculos entre os indivíduos são muito frágeis. Após a cópula, tais vínculos são imediatamente desfeitos e necessidades outras passam a ter prioridade.

Vejamos, por exemplo, o caso de algumas espécies de aracnídeos, em que, uma vez finda a cópula, a fêmea, muito maior que o macho, devora-o de imediato, a fim de conseguir reservas alimentares para a produção dos ovos.

A fecundação entre os gametas é normalmente interna, ou seja, dá-se no interior do corpo da fêmea. Isso é o que acontece, na maioria dos casos, exceção feita às espécies hermafroditas, que são, ao mesmo tempo, macho e fêmea. Nesse grupo, inclui-se a maioria dos moluscos de uma concha só: os caracóis.

Os embriões surgem, então, no interior de ovos, que são depositados no meio ambiente e, muitas vezes, abandonados à própria sorte.

Em certas espécies, contudo, já se pode observar um comportamento mais protetor. É o caso de polvos, caranguejos e siris, que normalmente cuidam de seus ovos até que estes eclodam. Depois que isso ocorre, os filhotes são, também, abandonados à própria sorte.

Os aracnídeos cuidam igualmente de seus ovos, abandonando as crias depois que nascem.

Se alguém estiver pensando que essa atitude implica grande crueldade, devemos esclarecer, sem demora, que os filhotes dessas espécies já nascem autossuficientes. Não precisam dos pais para viver.

Falando já dos vertebrados, diremos que a reprodução ainda não mudou muito, do ponto de vista psicoafetivo, entre os peixes, anfíbios e répteis.

No entanto, podemos citar espécies de peixes, os ciclídeos, que demonstram significativos avanços. A corte entre o casal é bastante complexa e demorada, e permanecem juntos durante muito tempo.

Quando depositam seus ovos, fazem-nos em ninhos previamente preparados, revezando-se, continuamente, em soprar água sobre os mesmos, a fim de limpá-los repetidas vezes.

Após saírem dos ovos, os filhotes se alojam dentro da boca dos pais, de onde saem apenas para se alimentar, ali permanecendo até que adquiram tamanho suficiente para sobreviver às ameaças do meio ambiente.

Os pais não podem se alimentar corretamente ao longo desse período, dedicando seu tempo, quase que exclusivamente, à defesa da prole.

Podemos citar, também, algumas espécies de diminutos sapos da Amazônia – aqueles mesmos, dos quais os índios tiram poderoso veneno para suas flechas –, hoje em dia conhecidos por enfeitarem terrários domésticos.

A fêmea deposita os ovos em pequenas poças de água, ou na água acumulada dentro das bromélias que crescem em árvores. Logo nascem os girinos, que ficam restritos a estes pequenos espaços, sem alimentação adequada. Assim, a fêmea encarrega-se de transportar cada um deles, em separado, para outras bromélias, a fim de que tenham um espaço individual, sem necessidade de competição. De tempos em tempos, ela visita cada girino e põe um ovo não fecundado dentro de sua pequena poça particular. O girino, então, se alimenta desse ovo. Se, por ventura, a poça secar, a fêmea carrega o girino nas costas, até encontrar outra poça mais adequada.

E não devemos nos esquecer dos crocodilos, cujas fêmeas de certas espécies montam guarda junto aos seus ninhos, no chão, defendendo-os ferozmente. Assim que os filhotes nascem, muito frágeis, ficam ao redor da mãe, abrigando-se, não raro, no interior de sua boca, até que tenham tamanho suficiente para sobreviver por si sós.

Deu para notar a mudança?

Isso foi conseguido, basicamente, com alterações provocadas nas características corporais e ambientais, que acabaram por 'forçar' a readaptação melhorada.

Um meio ambiente mais competitivo, com maior número de indivíduos e menos oferta de alimentos, leva as espécies a desenvolverem maneiras de melhor garantir a sobrevivência de seus descendentes.

Ovos mais frágeis, em quantidades menores, a presença de bactérias e fungos, variações grandes e bruscas de temperatura, a presença de predadores competitivos, todos esses fatores, enfim, acabam por 'forçar' a readaptação das espécies.

As forças superiores selecionam e provocam as condições mais adequadas, sempre obedecendo às leis divinas, estimulando e ajudando a distribuir os indivíduos e as espécies, a fim de dirigirem as readaptações para uma finalidade bem definida. Em outras palavras, a evolução das espécies nunca foi obra do acaso!

Mas ela não é, tampouco, obra de um determinismo ferrenho.

O mérito do aprendizado continua cabendo ao princípio inteligente, que faz uso de livre-arbítrio, ainda relativo, aprendendo, por si mesmo, como sobreviver diante dos desafios encontrados.

Filhotes mais frágeis e dependentes, corpos que demoram mais para adquirir independência, necessidades protetivas mais imperiosas, tudo isso colaborou para as mudanças desejadas, e que preparariam o terreno para a assimilação de noções de moralidade.

Vejam que o comportamento estritamente individualista está sendo pouco a pouco modificado, com ajuda do exercício da libido e suas consequências reprodutivas.

Os indivíduos estão criando laços mais estáveis, ao se ocuparem da reprodução, estão permanecendo mais tempo juntos, tolerando-se, agora, quando antes se consideravam concorrentes em potencial.

As necessidades da prole estão começando a superar as necessidades dos pais, que as deixam de lado, momentaneamente, para garantir a proteção e a alimentação dos filhotes. É claro que o afeto verdadeiro está ainda longe de existir, mas já podemos ver, aí, os pródromos da futura convivência social e familiar, da tolerância e da renúncia.

Nas aves, já encontramos ligações permanentes entre casais. Há espécies, dentro das quais, os indivíduos escolhem seu parceiro e ao seu lado permanecem ao longo de toda vida.

Os ovos, com raras exceções, são cuidados dentro dos ninhos, com o revezamento dos pais na tarefa de mantê-los aquecidos e protegidos.

Após o nascimento dos filhotes, os mesmos serão alimentados pelos pais durante muito tempo ainda, e com eles aprenderão a prática da própria sobrevivência.

É interessante notar que, nas aves, comportamentos gregários permanentes começam a aparecer, ou seja, algumas espécies formam bandos, que permanecem sempre juntos, como uma extensão do casal com seus filhotes.

Em certos casos, como entre os grandes pássaros carniceiros, já existem esboços de hierarquias sociais, com machos dominantes e divisão de papéis subalternos.

Notem que a proximidade e os vínculos entre indivíduos tornaram-se mais fortes e estáveis por diversas razões, que trazem vantagens quanto à sobrevivência.

O importante é que, com a estabilidade dos vínculos, a convivência vagarosamente fará com que surjam os primeiros campos de experiência para o afeto.

Nos mamíferos, uma mudança importantíssima aparece, impulsionando, de maneira decisiva, os ensaios afetivos: sua forma de gestação intrauterina, combinada à necessidade da amamentação.

Se, por acaso, alguém já nos havia rotulado de 'machista', estarão prestes a mudar de opinião.

A fêmea, nos mamíferos, foi a grande privilegiada, com o surgimento das mamas e do útero. Bem, bem,..., sei que muitas mulheres ainda vão discordar.

Isso porque as características sexuais dos mamíferos, particularmente as das fêmeas, podem ser consideradas como dos mais altos investimentos evolutivos, para a facilitação do surgimento das noções de afeto e moralidade entre os seres da Terra.

A gestação é acompanhada de mudanças bastante marcantes no comportamento das fêmeas, no sentido de preservarem a segurança da prole. E, em alguns casos, o período gestacional da fêmea gera mudanças no comportamento do macho também.

Além disso, os filhotes de mamíferos nascem extremamente dependentes em comparação às demais espécies, o que exige atenção redobrada dos pais. E notem que, quanto mais superior é a espécie, mais dependentes nascem seus filhotes. Os bebês humanos, portanto, são os seres com maior grau de dependência ao nascerem.

A proximidade entre dois indivíduos, mãe e filho, atinge seu grau máximo durante o período de gestação e de amamentação, possibilitando vínculos antes impossíveis de serem alcançados. Os filhotes permanecem com a mãe, ou com um de seus pais, por períodos muito mais longos. E os pais, por sua vez, são submetidos a preocupações outras, que não exclusivamente as suas.

Como resultado de tudo isso, começaram a surgir as primeiras e verdadeiras associações familiares, na forma de matilhas, alcateias, bandos, manadas, etc.. De início, essas associações restringiam-se aos indivíduos pais e filhos, sendo, depois, ampliadas, com o número de gerações posteriores e agregações de indivíduos novos ao bando.

Em outras palavras, é o comportamento individualista, finalmente, cedendo espaço ao comportamento gregário permanente e organizado.

Não tardou muito para que o aprimoramento das relações sociais tivesse que se dar naturalmente, transformando-se o bando em sociedade hierarquizada, estruturada sobre capacidades, vínculos afetivos e características comportamentais particulares de seus componentes.

'Pratas da casa'

Só então conseguiremos entender o olhar diferente que a espiritualidade superior reservou à libido, prevendo e organizando caminhos e desafios que levassem, paulatinamente, aos melhores resultados esperados.

Entre os primatas não humanos, tais como lêmures, macacos, gorilas, orangotangos, chipanzés, bonobos, e outros, já identificamos, facilmente, os comportamentos de natureza emocional e afetiva. Identificamos, igualmente, estruturas sociais complexas e, muito amiúde, uma ética comportamental.

E, finalmente, quando os primeiros hominídeos aparecem na Terra, organizando-se em verdadeiras famílias e clãs, sustentados por noções e vínculos afetivos bem caracterizados, aparecem as 'pratas da casa'.

Por 'pratas da casa' entenderemos: a gradual substituição do orgulho e egoísmo pelo altruísmo e renúncia; o surgimento da convivência coletiva em substituição ao individualismo selvagem; as primeiras manifestações do afeto; o surgimento dos vínculos familiares; as primeiras práticas da ética social; a organização das primeiras sociedades; enfim, a lenta transição da barbárie para a civilidade moralizada e espiritualizada.

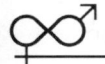
As conquistas atuais

Somente comparando o comportamento sexual dos seres menos evoluídos com o dos humanos, é que teremos uma ideia mais completa do quanto já conseguimos conquistar, em termos de moralidade e afeto, na expressão de nossa sexualidade.

Hoje, a libido é para nós, humanos, um instrumento bastante diferente do que é para o princípio inteligente, graças à intervenção das inteligências superiores.

Por causa da libido, os diferentes seres aprenderam a se aproximar, uns dos outros, e, entre os humanos, essa aproximação ganhou bastante complexidade. Conseguimos adotar graus variados de aproximação, e aprendemos a lidar, de maneiras diversas, com estes graus.

Passamos a nos reunir em populações diferenciadas e a criar leis de conduta e comportamento relativamente aceitáveis, a fim de manter a ordem. Surgiram, daí, as noções de direito, dever e posse, respeito e tolerância, cidadania e vivência social.

Estreitando a aproximação, constituímos clãs familiares, através do cultivo do trabalho em conjunto, das realizações compartilhadas, da permuta de bens, da solicitude frente às necessidades e da proteção comum às posses, à segurança, à saúde, etc.

Ainda mais próximas estão as relações da família direta, do núcleo familiar e seus descendentes imediatos. No núcleo familiar, conseguimos as mais belas expressões da moralidade e da espiritualidade, até o momento.

É aí, no núcleo familiar, que aprendemos a renúncia, o desinteresse, o amor incondicional, o desprendimento. É aí que erradicamos o orgulho e o egoísmo de maneira mais eficiente. É aí que desfrutamos, normalmente, o grau máximo da aproximação espiritual entre seres humanos.

Fisicamente falando, os relacionamentos sexuais permanecem sendo o grau máximo da aproximação entre pessoas, fruto direto da libido.

No entanto, criamos o casamento como instituição legal e social, onde a aproximação física e espiritual se encontram, dando os frutos que hoje conhecemos.

Se bem alicerçado, o casamento é o cenário mais propício ao amadurecimento da libido, à educação sexual, às demonstrações profundas do afeto, à materialização dos mais duradouros e profundos laços espirituais. Enfim, é um curso intensivo de 'des-bestialização'.

Por esta razão, os espíritos da falange do Espírito de Verdade disseram a Kardec que o fim do casamento significaria, igualmente, um retorno à vida primitiva e a conservação da animalidade.

Contudo, é possível que, mesmo a esta altura, alguém ainda possa perguntar:

– Mas o que tem em comum a libido e a sexualidade com as sociedades, o direito e o dever, o trabalho em conjunto, a permuta de bens, a solicitude e a fraternidade, a erradicação do orgulho e do egoísmo, entre outras coisas? O que estas coisas têm em comum com sexo?

Pelo que nos podemos lembrar, a única coisa em comum é que estas 'coisas' são derivadas, são consequências da vivência sexual dos animais e dos seres humanos.

– Não falei? Então não tem nada a ver!

É isso que você pensa, mesmo? Pois bem: então tente imaginar um instrumento melhor que a libido, e a consequente vivência sexual que ela provoca, que melhor se preste ao surgimento das noções de sociedade, direito, dever, partilha, afeto, moralidade, renúncia, e outras, em meio à bestialidade dos animais mais primitivos, a ponto de transformá-los na humanidade de hoje.

– ...!

Pois é...

É muito provável que, se não fosse pela libido, a maioria dos seres humanos deixaria de se aproximar de seu semelhante, e voltaria a viver isolado. É possível que as necessidades da sobrevivência também os levassem a se aproximar, mas seria muito mais difícil desenvolverem laços de afeto e noções de moralidade simplesmente por isso.

Poderiam permanecer, talvez, unidos em 'bandos', cujos interesses fossem, às vezes, comuns. Mas, dificilmente se disporiam a partilhar suas necessidades mais íntimas, ou mesmo a renunciar aos seus interesses em benefício de outros.

A LIBIDO EVOLUIU?

Certamente que a libido evoluiu conosco.

Hoje somos fisicamente, psiquicamente e espiritualmente diferentes, de forma que percebemos e nos conscientizamos da libido de forma diversa.

Para começar, até mesmo no exercício da libido, nós nos impusemos certas regras e uma ética de comportamento socialmente adequada. De tal modo que, segundo os costumes, temos uma liberdade 'relativa' no exercício da sexualidade.

Pelo menos é isso que deveria acontecer com os seres humanos mais evoluídos.

Sabemos bem que alguns partidários do movimento pela 'liberdade sexual' procuram 'resgatar' o 'sexo livre', isento de vínculos de afeto e responsabilidade.

É um movimento aparentemente contrário ao progresso da libido, que merece uma análise mais acurada de nossa parte, fruto da conduta coletiva de milhares de espíritos ainda bastante ligados às reações instintivas da vivência sexual.

Mas será que é só isso?

Está claro que seus adeptos procuram justificar-se, referindo-se aos anos de repressão e ignorância, impostas pela dominação religiosa e pelas conveniências das sociedades hipócritas. Justificam-se pelo combate ao conservadorismo exagerado e aos preconceitos monstruosos, que acabaram por gerar sectarismos graves.

Por isso, partiram para a retomada da vivência sexual plena – pelo menos assim a ela se referem – e das sensações longamente reprimidas, transformando a libido numa fonte de perigosos conflitos, antes que num instrumento de realização íntima.

Não há dúvida de que a culpa, o remorso e a sensação de 'pecado' geraram muitas individualidades desequilibradas, que encontramos nas expressões do suicídio, do crime passional, das neuroses e psicoses.

Mas a experiência coletada, após a assim denominada 'liberação sexual', mostra que a vivência indisciplinada das relações sexuais é, igualmente, fonte de perturbação moral muito grave, levando, também, à escravidão dos sentidos, a fortes processos obsessivos, à exploração animalesca da mulher e do homem, ao comércio sórdido da pureza e da inocência infantil.

Quem estará com a razão?

Sim, a libido evoluiu

Nesta questão, somos partidários da própria libido.

Sim, acreditamos que se ela própria fosse respeitada e sentida de maneira legítima, seria depressa identificada como instrumento de evolução pessoal e social, nos termos e aspectos com os quais a descrevemos anteriormente.

A libido deixou de ser um impulso meramente instintivo, como nos animais, para tornar-se um complexo convite à evolução. Foi, aos poucos, complementada com o afeto e com noções morais e sociais de equilíbrio, que convidam à responsabilidade e à reforma íntima.

A dificuldade, porém, está em quem a percebe e em como a percebe.

A libido 'fala' diferentes línguas evolutivas, para o entendimento de diferentes capacidades espirituais. Portanto, quem a escuta, escuta o que está preparado para compreender.

Na análise que nos propusemos fazer da trajetória da libido, pudemos perceber, sem dificuldade, que ela pôde ser utilizada pela Providência Divina como fonte de estímulos despertadores, reguladores e disciplinadores das capacidades afetivas, morais e espirituais dos seres inteligentes.

A libido, em si, pode ser utilizada, com sabedoria, como caminho para o autodespertamento e para o autoconhecimento, desde que seja compreendida em seu aspecto mais evoluído.

No entanto, como todos podemos perceber na atualidade, cada qual a utiliza como quer, de acordo com as necessidades mais urgentes que elegeu para si.

Assim procedendo, cada um 'veste' a libido com a roupagem que melhor lhe parece ou que mais lhe pode oferecer.

A LIBIDO EM FESTA DE GALA

Estamos tentando mostrar a libido em 'roupa de gala'. Se não fosse assim, não haveria sentido em estudá-la no âmbito espírita.

Com certeza, alguém aí vai pensar:

– Você está é maquiando a verdade! Quer complicar uma coisa natural, à qual não se pode pretender dominar.

Ou:

– Não é mais certo deixarmos acontecer? Isso de querer controlar a libido está se parecendo, muito mais, com aquelas fórmulas 'castradoras' das sociedades hipócritas.

Ou, ainda:

– Não é muito mais 'natural' deixarmos as coisas 'naturais' se expressarem 'naturalmente'? É o que dizem os psicólogos e psicanalistas mais modernos. Nada de culpa e conflitos exagerados!

Muito bem, é legítimo que queiramos evitar as mutilações emocionais, provocadas pela ignorância nesse campo da vida. Mas quem é mais ignorante? E onde está a sabedoria? Em nossas próprias deduções e observações? Poderíamos adotar nosso juízo como sendo o absoluto? Qual padrão utilizar? Seguindo pela via oposta aos cometidos erros do passado, estaremos acertando?

A realidade mostra que não.

Temos de admitir que estamos realmente tentando acertar, mas até agora o conhecimento acerca da libido tem apenas tocado em suas manifestações superficiais, desconsiderando suas verdadeiras funções.

Quando dizemos que estamos querendo mostrar a libido em 'roupa de gala', não a estamos querendo disfarçar, mas, sim, mostrá-la como, de fato, é. Nossa intenção é deixar bem claro que, até agora, estamos longe de perceber toda sua beleza.

Estamos nos apoiando no paradigma da doutrina espírita, para compreender a beleza da libido. Certamente que existem outros paradigmas igualmente respeitáveis, mas cremos nos guiar pela lógica e observação, ao tomarmos por base as informações de caráter universal, que a doutrina espírita oferece. Com isso, estaremos tentando não restringir a libido às visões sistemáticas, criadas por uns poucos observadores ocasionais.

É claro que também não dispomos de uma fonte absoluta, porque a verdade absoluta ainda nos escapa. Acreditamos, contudo, que nossa fonte é boa e confiável.

Assim, a maneira 'natural' de ser da libido é um pouco diferente do que se pensa. Ao falar da libido, muitos tomam o natural, como sendo relativo às manifestações de uma libido sem as restrições 'inventadas' pelos seres humanos e suas convenções.

Acertam, em parte, ao dizer que os seres humanos complicaram a libido. No entanto, considerá-la sem limites afetivos, sociais, morais e espirituais adequados aos humanos, é desejá-la em sua forma primitiva e brutalizada.

O fato é que a libido instintiva, primitiva e brutalizada é igualmente inadequada aos seres humanos. Ainda assim, há quem discorde! E..., bem, respeitemos o livre-arbítrio.

Enfim, 'natural' não quer dizer sem direção, sem sentido, ao acaso, sem razão.

Pode ser também que queiram associar o termo 'natural' às condições originais da natureza e da Criação, sem intervenções humanas. Com isso podemos concordar.

E o que é a natureza e a criação em seu estado natural? Nada mais que a organização do cenário material pelo princípio inteligente e pelas potências superiores, nos seus diferentes graus evolutivos. 'Natural' é a constante intervenção da inteligência sobre a matéria que, sem a primeira, não poderia sequer ser organizada.

E qual seria então 'a cara', a roupagem da libido verdadeiramente natural para os seres humanos?

Ela é o que já dissemos: o instrumento com o qual os seres humanos fortalecem suas relações de aproximação, nos diferentes graus em que estas se podem dar, facultando o surgimento de uma série de fenômenos sociais, resultantes de sua vivência.

Tais fenômenos, que também já relacionamos anteriormente, iniciam pela família, passando pelas civilizações organizadas, terminando, por enquanto, no advento das leis sociais, da cidadania, e de todas as aplicações do afeto, do dever e do direito.

Se não fosse o surgimento da família, jamais teríamos desenvolvido o afeto. A partir da família, vieram os grandes agrupamentos humanos. Com esses agrupamentos, surgiu a necessidade de organizá-los e discipliná-los. Um fenômeno levou, naturalmente, a outro, correspondendo às propostas evolutivas organizadas pela Providência Divina.

Enfim, esta é a 'roupa de gala' da libido, é a forma natural com que ela se apresenta aos humanos de nossos dias, sentida, inicialmente, nos afetos da primeira infância, para depois ser percebida nos impulsos sexuais da adolescência, nos valores da amizade, da afinidade e do respeito vividos no tálamo conjugal.

Uma vez que o homem passe a sentir e viver adequadamente a libido, sem opor-lhe resistência, será conduzido às construções morais sólidas, e suas reações instintivas serão aprimoradas. Desse modo, o ser humano irá transformar-se, transferindo sua vivência familiar sadia para os demais indivíduos mais próximos, dentro de sua convivência cotidiana. A partir daí, então, juntos, os seres humanos acabarão por levar noções de respeito, direito, dever, e cidadania às lides sociais comuns.

Por fim, a humanidade toda evoluirá, lentamente.

Isso é o que podemos ter o intuito de alcançar, se obedecermos ao impulso evolutivo, que a libido atual nos apresenta.

– Mas, espere aí! Sempre ouvi dizer que, se nos entregássemos aos apelos da libido, acabaríamos por nos transformar em verdadeiros animais!

Sim, isso seria verdadeiro, se nos entregássemos à vivência da libido dos animais.

O que vemos em boa parte dos movimentos de liberação sexual é justamente isto: a proposta de obedecer ao impulso da libido de forma absolutamente indisciplinada, sem regras, sem compromissos, sem responsabilidades.

Isso não é evoluir, é regredir. É querer manter uma forma de proceder entregue aos instintos primitivos, ainda presentes conosco. É querer ouvir a linguagem mais tosca da libido, falando ao bruto que possa ainda existir em nós.

Procedendo assim, sem dúvida, nos animalizaríamos novamente.

O convite da libido evoluída, enriquecida pela Providência Divina e elaborada pelos conceitos afetivos e espiritualizantes, todavia, concentra-se nos desafios apresentados à consciência humana, já capaz de entendê-los.

Tais desafios consistem no entendimento, cada vez mais refinado, das funções sexuais, levando em conta suas consequências morais, espirituais e sociais da vivência sexual.

Esses desafios convidam a aprender que essas consequências são, via de regra, muito mais importantes do que o sexo e a simples reprodução em si mesmos.

A libido evoluída continua a nos burilar através dos sacrifícios do orgulho e do egoísmo, exercitando-nos na renúncia, no perdão, na responsabilidade, na partilha e no desinteresse. Com isso, a libido transcende o sexo em sua manifestação mais primitiva.

A libido, portanto, está sendo sublimada, e nós somos convidados a acompanhá-la.

A SUBLIMAÇÃO DA LIBIDO

– Lá vem você, querendo falar do 'sexo dos anjos'! Libido sublimada é para espíritos superiores, não pra mim!

Será mesmo?

Não há dúvida de que o conceito de libido para os espíritos superiores deve, ainda, ser inatingível para nós. Todavia, a sublimação da libido não está condicionada a noções tão difíceis de serem alcançadas. Aliás, se fossem assim tão difíceis, ou até impossíveis, os processos de sublimação da libido não seriam apresentados aos humanos pelos espíritos superiores.

O que ocorre é, justamente, o contrário!

Veja só:

Todos os dias, na vivência sexual ou afetiva comuns, estamos sendo convidados a enfrentar problemas e frustrações de todos os tipos. A insatisfação, a frustração, a dúvida e o medo são, muitas vezes, nossos companheiros no transcurso das relações pessoais e coletivas.

Ocorre que o ser humano continua buscando as mesmas soluções antigas para os problemas que se repetem. A grande maioria de nós, frente aos distúrbios da libido e do afeto, deixa-se conduzir pelo instinto, quando isso já não é o mais adequado.

Entregamo-nos a paixões desenfreadas, ou à revolta. Desenvolvemos nossas ideias próprias de 'liberdade', que não são, de fato, mais do que um retorno às condições primitivas da humanidade.

Concluímos, equivocadamente, que as 'complicações' das relações humanas acabaram com o prazer simples do sexo. Muitos argumentam que as relações legalmente estáveis do casamento atrapalham nossa busca contínua pela 'alma gêmea'.

O relacionamento conjugal que 'surpreendentemente' acabou por se transformar numa prisão, numa ligação forçada a alguém indesejado, contraria nosso desejo de vivência sexual plena, justificando nossa irresponsabilidade nos caminhos da infidelidade.

Tendências difíceis de serem controladas, manifestações inabituais da libido, conflitos internos importantes, todos mantidos sem resposta por tanto tempo, ajudaram a concluir, de maneira equivocada, que nosso comportamento social estava errado, e que, por isso, deveríamos lançar por terra todas as velhas convenções, que não nos servem mais.

Contudo, a verdade é que, para nós, humanos, é muito mais fácil viver a libido descompromissada dos períodos mais primitivos da humanidade. Disfarçando, de maneira hipócrita, nossa fraqueza, resolvemos viver a libido mais sexualmente do que moralmente, criando novas doutrinas, sistemas filosóficos e terapêuticos 'mais modernos', que justificam este proceder.

Mas o que estamos fazendo, de fato, é recusar o convite diário para a sublimação da libido.

E como atenderíamos a este convite?

Sublimar a libido não é 'desviá-la' para atividades esportivas ou artísticas. Muito menos, reprimi-la pura e simplesmente. Não há como ignorá-la, pois, uma vez desperta, a libido passa a ser presença constante em nossa vida, e seu despertar ocorre, muitas vezes, logo nos primeiros meses de vida material.

Fingir que ela não existe, evitar o chamado 'desejo', ocupar-se com outras coisas, com o objetivo de tirá-la da cabeça, etc., são formas imaturas de lidar com a libido.

O que devemos fazer, pelo contrário, é buscar conhecê-la cada vez melhor, compreender sua forma de manifestação em nosso íntimo e identificar os vícios e as irregularidades com os quais a revestimos, ao longo de nossas reencarnações.

Devemos acompanhá-la, desde suas primeiras manifestações na vida do bebê, depois, na primeira infância e na adolescência, percebendo as necessidades e momentos adequados para aperfeiçoá-la, ajudando nossas crianças a lidar com suas sensações e estímulos de maneira correta e moralmente acertada.

No adulto jovem, no ser maduro, e na terceira idade, a libido continua a se manifestar de formas particulares. Devemos, portanto, procurar compreendê-la em suas mudanças, a fim de manter o processo de aperfeiçoamento.

Para que possamos orientar nossa libido, a fim de que se manifeste de maneira construtiva, precisaremos obter parâmetros, medidas de correção, objetivos claros a serem conseguidos.

Infelizmente, nossas ideias acerca da libido são, ainda, bastante precárias.

Primeiramente, porque achamos que 'isso' não é assunto para crianças. Depois porque, muitas vezes, sequer saberíamos como abordar o assunto 'libido', de maneira adequada, junto às crianças. Some-se a isso o fato de que temos, também, nossos próprios conflitos, que não foram resolvidos e, por essa razão, não saberíamos oferecer orientações adequadas aos nossos jovens. É melhor 'deixar quieto'... Acreditamos que 'essa idade vai passar' e que as perguntas inoportunas haverão de desaparecer.

O que acontece, contudo, é que essas perguntas serão inevitavelmente colocadas e, se não apresentarmos respostas aos nossos filhos, outras pessoas o farão. Este é fato que não ignoramos. Na verdade, não poucos de nós chegam mesmo a desejar que isso aconteça, tal o receio que temos de enfrentar 'esses assuntos'.

Por essa razão, transferimos a tarefa de fornecer as orientações relativas à libido às escolas, aos psicólogos e psiquiatras, aos 'educadores mais modernos', ou a livros sobre o assunto.

"Ainda bem que esses livros existem!", alguém poderá pensar. Sim, mas o problema é que nem todos são confiáveis. E, de qualquer modo, ainda que o fossem, não poderiam substituir, completamente, nossos próprios esforços.

Por sua vez, quando o problema são nossas próprias dificuldades, como adultos, com relação à libido, nossa atitude mais corriqueira é tratá-las como tabus. Preferimos desconversar, ou esperar que os outros, muitas vezes o parceiro, as percebam; preferimos levar a questão como um espinho oculto, um 'pecado', acerca do qual escolhemos calar, uma inconfessável 'fraqueza' da alma, que merece permanecer desconhecida dos demais.

Como consequências comuns de tal conduta, temos a revolta, a frustração, o ódio e, sobretudo, o ressentimento.

Então, perguntamos:

– Como podemos pretender sublimar a libido, se sequer a conhecemos e se, nem ao menos, damo-nos ao trabalho de conhecê-la?

É claro que fica muito mais fácil dizer que sublimar a libido é evitá-la a todo custo, uma vez que só nos acarreta problemas. Bom mesmo seria esquecê-la, ou fingir que não existe...

Contudo, como já dissemos, sublimar a libido não é ignorá-la. Antes de tudo, temos que entendê-la, trazê-la para perto, onde sempre esteve, olhá-la nos olhos, encará-la, conhecê-la. Inadequado é tratá-la como se fosse um obsessor, sempre presente, mas invisível. Uma presença incômoda.

Quando fizermos isso, haveremos de despertar, finalmente, para a compreensão de uma das principais induções evolutivas, que modela nossas poderosas forças íntimas, originárias do emprego da vontade. E entenderemos para onde esta indução quer direcionar nossa vontade, para onde quer nos conduzir, quais as modificações que deseja impulsionar em nossa personalidade.

Assim sendo, sublimar a libido significa tirar dela o melhor, expressá-la da maneira mais nobre e desfrutar do progresso espiritual, que ela pode proporcionar. Isso vai implicar modificações íntimas dos valores a ela relacionados e, consequentemente, alterações na maneira de agir dentro da vivência sexual. Isso vai implicar perceber que as mudanças pessoais levarão, com certeza, a novas maneiras de vivenciar as relações com nossos entes mais próximos, modificando nossa família e amizades. Implicará perceber o quanto tudo isso é benéfico, a ponto de nos levar à conscientização de que as sensações físicas foram ultrapassadas pelas construções morais.

O resultado disso tudo, será a própria vivência dessa melhora, que nos levará a prosseguir no esforço para entender, ainda melhor, nossa forma de expressar a libido, progredindo sempre. Isso fecha um ciclo, que se repete continuamente, em perene evolução.

Sublimar a libido, em suma, é permitir que nossa vivência sexual amadureça, afastando-se, pouco a pouco, de suas expressões meramente físicas, para englobar também, e cada vez mais, as expressões afetivas e morais, melhorando nossas relações interpessoais, fortificando nossos laços familiares, civilizando e espiritualizando a sociedade, à medida que espiritualiza os seres individualmente.

– Ok. Muito bonita essa 'fala'! Mas dá pra traduzir na prática?

Muito bem, vamos falar da prática, então. Mas vamos falar direito, quer dizer, vamos falar um pouco das coisas principais que acontecem em nossas vidas, no campo sexual.

À prática da libido, ou seja, às formas de expressão que a ela emprestamos, chamaremos, no presente estudo, 'Vivência sexual'.

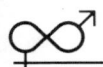
D izer que a vivência sexual é a expressão da libido é a forma mais básica de defini-la.

Contudo, como será que vivemos, de fato, nossas experiências de natureza sexual?

Uma verdade, bem conhecida, é que as pessoas sentem e reagem de maneiras diferentes, quando submetidas às mesmas situações. Logo, a vivência sexual é algo muito individual, particular, sendo essa vivência específica e caracteristicamente estruturada, segundo o aprendizado de cada espírito.

Mas, de onde surgem tais diferenças, se temos, todos os humanos da Terra, o mesmo tipo de corpo físico?

Se a expressão da sexualidade humana dependesse somente de nossos corpos, certamente teríamos reações previsíveis e homogêneas, como ocorre nas espécies menos evoluídas. O fato de assim não ser, prova que a vivência sexual dos seres humanos possui raízes profundas no psiquismo humano, fora dos domínios da matéria.

Nem mesmo os estudiosos da mente humana obtiveram, até agora, respostas para todas as questões que envolvem o comportamento sexual.

A maioria das teorias psicanalíticas e afins leva em conta, tão somente, as experiências de uma única existência, esforçando-se para explicar a miríade de expressões sexuais, com base nos acontecimentos da infância e nas relações com os pais, ou em traumas e acontecimentos pontuais.

Aqui, portanto, a doutrina espírita exerce um papel esclarecedor fundamental, à medida que nos abre o leque da existência espiritual para muito além de uma única encarnação.

Desse modo, no paradigma espírita, consideraremos a vivência sexual do presente, como resultado das inúmeras vivências sexuais de encarnações passadas, o que irá torná-la muito mais complexa do que comumente se acredita.

Os ingredientes da vivência sexual

Sob uma perspectiva simplista, dir-se-ia que as experiências sexuais envolvem apenas estímulos específicos e suas reações correspondentes. Ou seja, os indivíduos seriam estimulados, de alguma maneira, e responderiam a tal estímulo. Suas respostas levariam a novos acontecimentos, que poderiam ou não levar a novos estímulos. E assim o processo se daria, até que viesse a cessar por si mesmo.

Muitos de nós diremos que esta forma de considerar nosso comportamento sexual é reducionista demais:

– Afinal, somos muito mais sofisticados do que isso!

Pois isso é o que nós, também, gostamos de pensar.

Todavia, o fato é que temos visto que, por trás de disfarces requintados, a esmagadora maioria da humanidade continua agindo como se fosse conduzida pelo mecanismo automático acima descrito, mais característico dos seres inferiores da Criação.

Com isto, queremos dizer que a maioria dos indivíduos pauta sua vivência sexual pelo comportamento instintivo, pouco se dando ao trabalho de avaliar seu próprio proceder e as consequências dele advindas.

Diremos de antemão que, neste capítulo, procuraremos analisar, de preferência, as manifestações habituais da vivência sexual, deixando os desvios, distúrbios e patologias para os capítulos adiante.

Nem por isso deixaremos de nos referir ao atraso relativo em que nos encontramos, com relação à compreensão de nossa sexualidade, e apontaremos o sofrimento que enfrentamos em consequência do mesmo, no que diz respeito a vivências sexuais que nos são habituais e que, portanto, não poderiam ser consideradas como sendo desvios, distúrbios ou patologias.

Como dissemos, ainda há pouco, gostaríamos de pensar que já somos, de fato, seres sofisticados, livres do automatismo estímulo-reação do campo sexual. No entanto, estamos ainda muito presos às necessidades do prazer, ignorantes demais para suplantar as imposições do ganho psíquico imediato, sob a forma de sensações físicas.

Portanto, proponho que tomemos os estímulos e as reações correspondentes como nossos primeiros ingredientes da vivência sexual.

E, vamos deixar claro, que não estamos nos referindo, aqui, somente aos estímulos que falam à nossa natureza física, tais como o tato, o olfato, a visão, o paladar e a audição, mas, sobretudo, aos que se dirigem às nossas faculdades espirituais, ou seja, aos sentimentos, ideias, vontades, deduções, aprendizados, memória e raciocínio.

Muito bem. Mas, acontece que as atividades conscientes mais intensas dos seres humanos são o aprendizado, a reflexão sobre este, e as consequentes deduções, que se seguirão. E a matéria prima exclusiva para esses elementos são, justamente, os estímulos. Portanto, os estímulos são essenciais para nossa educação, inclusive para a de cunho sexual.

Frente aos estímulos, nossos espíritos iniciam um processo de 'sondagem', de busca, até que estejam familiarizados com os mesmos. O mais importante, aqui, é que neste processo sempre associamos um 'significado' a cada um dos estímulos.

A partir disso, já podemos perceber a importância desses significados, aos quais chamaremos de 'valores' por nós adotados, ao longo do processo de aprendizado. O conjunto dos estímulos vivenciados e seus respectivos significados constitui a estrutura básica desse processo.

Vamos adotar, então, os valores, ou seja, os significados dos estímulos que conhecemos, como outro ingrediente da vivência sexual. É interessante saber que os significados dos estímulos, quando se tornam conscientes, dão origem aos nossos sentimentos.

Calma, calma, já vamos explicar!

Quando nos deparamos, pela primeira vez, com um estímulo qualquer, não sabemos o que ele significa, não conhecemos seu 'valor', seu conteúdo. Depois de muitas experiências, captando e analisando, repetidas vezes, esse estímulo, acabamos por conhecer seu significado para nós. Estes significados podem conter um conjunto de constatações, que podem ser de natureza física e psíquica.

Por exemplo: quando somos bebês, e encontramos pela primeira vez o sorriso no rosto de outra pessoa, não sabemos o que aquilo significa. Com o passar do tempo, aprendemos que o sorriso é acompanhado da presença da mãe e por reconfortantes demonstrações de afeto e de segurança.

Assim, aprendemos que o sorriso é uma modificação física da expressão facial e que é algo desejável, pelo fato de acompanhar, em geral, outros elementos que trazem conforto e segurança psíquica. Dessa forma, quando nos tornamos conscientes do significado do sorriso (estímulo), estamos, na verdade, experimentando sentimentos (afeto, segurança, etc.) a ele relacionados.

Muito bem, já compreendemos, então, que os 'valores' que adotamos para os estímulos, que encontramos em nossos processos de aprendizado, correspondem, quase sempre, a algum tipo de sentimento.

Era isso que queríamos dizer.

Cada ser humano, em sua vivência sexual, é uma coleção, toda particular, de estímulos analisados, de seus correspondentes significados e de sentimentos a eles associados. A isto poderíamos chamar de 'nosso aprendizado' a respeito da sexualidade.

E o que faz este aprendizado ser tão particular? Será que não existe um 'padrão' de certo ou errado?

Pois é. O fato é que os valores e sentimentos, que envolvem a vivência sexual, são diferentes, porque cada um de nós passa por estímulos diferentes e por padrões de interpretação igualmente diversos.

Isto não quer dizer que não exista um padrão, ou aprendizado sexual ideal a ser alcançado. Todavia, até que consigamos compreender todas as experiências e valores para podermos atingir este padrão ideal, cada qual vai trilhando por seu próprio caminho.

Este, aliás, é o mecanismo em todos os campos do aprendizado.

Surgem, então, outros ingredientes na vivência sexual: nossos padrões de interpretação dos estímulos.

Em geral, padrões são eventos que mostram a conduta ou orientação moral que julgamos correta. Assim sendo, eles podem vir das mais diversas fontes e assumir os mais diferentes aspectos.

Na infância, via de regra, adotamos os padrões sexuais de nossos pais; na adolescência, o de nossos amigos; quando adultos, o padrão da moda, ou aquele que é mais socialmente aceito; quando idosos, deixamos de lado esse 'negócio de padrão', e adotamos o nosso 'jeito próprio'. Mas, de forma alguma, poderemos generalizar.

A principal importância dos padrões, que resolveremos adotar, consiste no fato de que são eles que nos orientarão quanto ao significado que associaremos aos estímulos de natureza sexual. Em outras palavras, por nossos padrões, somos induzidos a adotar os valores e sentimentos correspondentes para cada experiência que vivenciarmos.

É pelos padrões que iremos nos pautar para entender o certo e o errado, o aceitável e o condenável, o bom e o ruim, nos campos da vivência sexual.

– Esses tais padrões são poderosos, não?

Sim, são os padrões que determinam o progresso e a evolução, assim como os preconceitos, atavismos e segregações. Ou seja, no final, eles é que ditarão nossas noções de felicidade ou de autocondenação.

Na maioria das vezes, os tratamentos, que visam o reajuste de nossa conduta sexual, têm no reajuste de padrões, igualmente, seu mais eficaz mecanismo.

Tudo vai depender do padrão que iremos adotar.

O mais interessante, contudo, é que, apesar de às vezes nos escravizarmos ao padrão que adotamos, somos livres para escolhê-lo e continuamos livres para mudar de padrão.

O livre-arbítrio está aqui presente, e é por isso mesmo que estudos como este continuam valendo a pena.

– E o que nos leva a escolher um padrão?

São vários os fatores envolvidos nessa escolha.

Quando crianças, geralmente não temos autonomia para discernir, e acabamos assimilando o mesmo padrão de nossos pais ou cuidadores. Mesmo assim, trazemos algumas tendências de reencarnações passadas, que acabarão por se manifestar, tão logo tenham oportunidade para tal. Essas oportunidades aparecem no momento em que a criança mais velha, ou adolescente, começa a ter opinião própria e a comparar comportamentos.

Deste momento em diante, por toda a vida, estaremos sempre observando comportamentos alheios, que nos chegam pelo exemplo dos outros, ou por determinados 'modismos', por propostas terapêuticas, etc. Aquele que nos parecer mais interessante, será o que iremos buscar copiar, adotar.

Para que um comportamento nos pareça interessante na área sexual, não se deve chocar negativamente com os valores que já possuímos, trazidos das reencarnações passadas.

Sendo diferente, um novo padrão de comportamento sexual só será adotado se nos sentirmos seguros com ele ou, mesmo, se experimentarmos comodidade em vivenciá-lo. E essa segurança só vai aparecer se nossa razão e nossa consciência aprovarem essa atitude. Este o ponto chave de nossas escolhas!

O que acontece, normalmente, no dia a dia, é que acabamos por escolher o que nos parece simpático. Em outras palavras, escolhemos por afinidade.

Se não formos conduzidos de maneira adequada às novas experiências e estímulos ainda desconhecidos, nossa tendência será sempre continuarmos a repetir o que já é seguro, o que está em nossa zona de conforto.

Seguindo a proposta da doutrina espírita, nosso estudo tem por objetivo colaborar com novos raciocínios e deduções, mostrando novas formas de conceber a sexualidade e demonstrando, da maneira mais lógica possível, esses novos conceitos, que podem, até mesmo, já ser familiares a algumas pessoas.

Com isso, objetivamos ajudar a desenvolver a tão conhecida e desejada fé raciocinada, que pode encarar a própria razão, sem agredi-la, sendo capaz de mudar, em profundidade, nossos valores mais arraigados.

Esperamos conseguir fazê-lo...

Desse modo, a educação sexual, assim como qualquer outro campo da educação, exige que novos padrões sejam propostos da maneira mais clara possível, para aquele que assume a posição de aprendiz. De qualquer modo, tais padrões só virão a ser adotados mediante o uso do livre-arbítrio do interessado.

Temos ainda outro ingrediente a considerar na vivência sexual: os símbolos.

O conceito de símbolo já foi muito analisado e elaborado, mas para nossos estudos, iremos resumi-los, de maneira que se tornem bem compreensíveis.

Para nós, aqui, os símbolos serão os elementos da vida material, que puderem representar, relembrar ou estimular nossos valores.

Vamos refletir:

Por que será que algumas pessoas consideram 'sexy' um determinado par de sapatos? Ou meias? Ou, até mesmo, o cheiro ruim do suor? Por que será que o que é atraente para uns, não é para outros? Por que será que um estímulo particular é capaz de gerar excitação em determinadas pessoas e não em outras?

– Ora! É porque os valores de cada um são diferentes!

Sim, é verdade.

E por que será que determinadas pessoas procuram alguns elementos específicos para se sentirem excitadas? Uma roupa, um objeto, uma simulação qualquer, uma figura, ilustração ou imagem?

– Não é por causa de seus valores? Não é porque ela interpreta isso como interessante?

Sim, é. Contudo, o que queremos que você perceba é que as pessoas, às vezes, buscam, primeiramente, determinadas situações ou objetos, para somente depois se sentirem excitadas, como se já soubessem, de antemão, o resultado que irão obter. O caminho aqui, então, é diferente, ou seja, o objeto ou situação vai despertar um estímulo, cujo significado ou valor, nós já conhecemos e esperamos sentir de maneira consciente.

Tais objetos ou situações, são o que, no presente trabalho, escolhemos denominar símbolos. Trata-se de representações já 'marcadas' por nós mesmos. São elementos, ou coisas variadas, aos quais já associamos, seguramente, algum tipo de estímulo, além de seu respectivo valor e do sentimento que ele suscita. Sempre que desejarmos, poderemos usar o símbolo, para resgatar as sensações que procuramos. É isso!

É óbvio que nós, agora, poderemos imaginar a diversidade e especificidade de símbolos que existem por aí, adotados por cada indivíduo.

No entanto, da mesma maneira que muitos padrões são copiados uns dos outros, os símbolos sexuais também o são. Dessa maneira, também não é difícil conhecermos aqueles símbolos, cuja significação seja comum a muitas pessoas. Afinal, não é comum ouvirmos falar que tal ou qual ator famoso se tornou símbolo sexual? Não sabemos que vestir-se desta ou daquela maneira é símbolo de 'disponibilidade' ou não? Não temos, para conosco, muito bem definido, o que é ser 'sexy' em nossa cultura? Não sabe, cada cultura, definir o que considera 'sexy'?

Pois é...

Dessa forma, vemos que realmente existem símbolos sexuais comuns a grupos e sociedades, que despertam estímulos específicos, que todos conhecem e desejam, ávidos por sentirem, de maneira consciente, os valores e sentimentos que eles despertam.

A "culinária sexual"

Muito bem: já temos os ingredientes necessários para a vivência sexual: estímulos e suas correspondentes reações; significados de tais estímulos, assim como os valores e sentimentos que eles conscientemente despertam, caracterizando o aprendizado no campo sexual; padrões de valores; símbolos de natureza sexual.

A mistura desses ingredientes é que nos trará uma "culinária sexual" muito variada, muito ao gosto criativo dos seres humanos.

Cada espírito humano pode ser comparado a uma 'cozinha', de onde partem 'tendências alimentares' especiais, que chamaremos de comportamento sexual. E a cada 'receita' produzida nessa cozinha chamaremos de hábito sexual.

Assim, cada um de nós mistura a seu modo os ingredientes da vivência sexual, construindo, para si, um comportamento sexual particular. Dentro desse comportamento estarão inseridos os hábitos sexuais que a cada um caracterizam.

É por esta razão que encontramos as variações observadas no dia a dia de nossa sociedade. As opções sexuais tão variadas de hoje são resultado da vivência sexual embasada em nossos estímulos, aprendizados e padrões escolhidos.

Cada ser humano é, portanto, um ente especial e único e deve ser considerado na totalidade de seus componentes de vivência sexual, se quisermos estar abalizados para analisá-lo e aconselhá-lo.

Para cada ser, a experiência vivenciada no presente, somada àquela que carrega de outras encarnações, cada sensação, cada reação, e as consequências que cada vivência particular acarreta, são determinadas por toda uma complexidade de fatores muito maior do que se costuma acreditar. E aquilo que deixamos entrever no cotidiano é apenas a 'ponta do iceberg'. Sim, isso mesmo, uma vez que já estamos 'cozinhando' há um tempão! Há muitas encarnações.

Assim sendo, concluímos que, na verdade, a educação sexual não 'forma' o comportamento sexual de um indivíduo, mas, sim 'reforma' aquilo que já vinha de longo tempo.

Constatamos, desse modo, que a educação sexual infantil, por exemplo, não irá fornecer aprendizado novo, mas, antes, buscará corrigir e orientar o que se manifestará, pouco mais tarde, na adolescência. Assim sendo, pensar que "é melhor não dizer nada", para ver se 'isso' fica dormente, constitui ledo engano, uma vez que a libido irá despertar, de qualquer modo, e passará a induzir o adolescente, de imediato, a buscar os 'ingredientes' que imprimirão um comportamento sexual ao corpo.

Desse modo, se não cuidarmos de fornecer os melhores 'ingredientes' possíveis aos nossos jovens, eles próprios selecionarão, automaticamente, aqueles que forem necessários para repetir a 'receita' das reencarnações passadas, que pode, ou não, estar adequada para o momento presente.

Cada época de nossas vidas apresenta um colorido sexual diferente, correspondente ao grau de atividade da libido, assim como à intensidade da busca de experiências e significados em que nos encontrarmos ao longo desses diferentes momentos.

É claro que os padrões irão mudar de acordo com a idade; contudo, o que mais determinará essas mudanças não será o tempo em si, mas o número e o nível dos estímulos que vivenciarmos, além da qualidade do aprendizado que advirá disso.

Devemos estar atentos, igualmente, ao fato de que nossa vivência sexual trará, sem dúvida, os resultados colhidos de acordo com os atos que praticarmos, segundo nossos hábitos sexuais. As consequências desses atos, sujeitos à lei de causa e efeito ou à Justiça Divina, haverão de nos dar a oportunidade de refletir sobre nossas escolhas.

Este é, assim, um fator importante, que impedirá que nossa vivência sexual permaneça inalterada: ou melhoramos, a fim de evitar o sofrimento, consequente de nossas escolhas equivocadas do passado, ou escolhemos nos tornar melhores, para colher bons resultados.

Todos estamos em meio a esse processo e, vez por outra, acabamos por nos encontrar; uns, oferecendo novos conceitos e padrões, enquanto outros os buscam. Assim sendo, consideramos a doutrina espírita, no presente estudo, como fonte de argumentos e noções básicas muito úteis à concepção de nosso futuro padrão de valores no campo sexual, podendo regular nossos hábitos e tendências, melhorando, se for o caso, nossa vivência sexual.

Convidamos você, agora, a analisar conosco, brevemente, algumas das diferentes fases da vida material pelas quais passamos, a fim de 'pinçar' e estudar os fatores de manifestação e definição da vivência sexual.

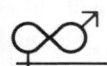

I nfância, adolescência, juventude, idade adulta, madureza e senilidade são nomes que damos às fases da vida material do ser humano. Dentro delas, comportamo-nos como alunos em progressão, como numa escola. Assim sendo, amadurecemos, passando por estágios que caracterizam nosso desenvolvimento mental, emocional, moral e espiritual.

Na esfera sexual não poderia ser diferente. Damos mostras de nossa sexualidade de maneira geralmente característica, facilmente identificável por certos padrões, que se repetem, coletivamente, nessas diferentes fases. A isso, chamaremos de manifestações sexuais. Elas representam a parte visível de nosso comportamento sexual, definidas pelos 'ingredientes' de nossa vivência sexual.

GOSTOSAS SENSAÇÕES

– Os bebês manifestam uma sexualidade?
Certamente.
– Isso não choca um pouco? Não vai contra a noção de inocência que lhes atribuímos?
Não vai, não. Eles continuam sendo 'inocentes'.
Se considerarmos que o contrário dessa inocência seja o que chamamos de 'malícia', em outras palavras, noções 'avançadas' demais para a idade, veremos que não é desse modo que os bebês manifestam sua sexualidade.
– Olha só que safadinho! Teve uma ereção, enquanto a mamãe estava trocando suas fraldas e limpando seu 'pipi'!
– Ah, que beleza! – diz o pai. – Vai 'pegar' todas!
Pois é... Mas, não é bem assim. Por mais que o papai fique orgulhoso, seu

bebê não ficou sexualmente estimulado. Na verdade, nada mais fez do que apresentar um reflexo muito comum: a ereção pela estimulação mecânica.

Embora tal reflexo faça parte das funções sexuais orgânicas, ainda não desperta uma estimulação psíquica de natureza verdadeiramente sexual. Apenas prova que seu 'equipamento' vai funcionar muito bem.

Para que esse fenômeno fizesse parte da vivência sexual, seria necessário que o bebê já estivesse consciente e acessando normalmente seus valores e significados relativos aos estímulos de natureza sexual. No entanto, sabemos, que bebês ainda não apresentam, com raríssimas exceções, consciência desperta o suficiente para resgatar tais aprendizados da memória espiritual.

Percebam que estamos fazendo questão de separar muito bem o funcionamento puramente orgânico dos órgãos sexuais, das noções verdadeiramente morais e emocionais da vivência sexual.

– Mas, então, os bebês não sentem nada? Não manifestam nada?

Sentem sim, e manifestam sua sexualidade de maneira bem característica.

Lembrem-se de que a libido já está presente nessa fase, induzindo o espírito recém-encarnado a buscar relações inter-humanas.

Para entender a sexualidade do bebê, teremos que retomar as noções mais naturais da libido, separando suas manifestações originais, do comportamento sexualizado dos adultos.

Lembremo-nos de que, em suas formas mais simples, a libido é um instrumento de conservação da espécie, dos indivíduos e de sua carga genética. Logo, o próprio instinto de conservação está muito relacionado com a libido, e tal instinto, como todos os pais bem sabem, é muito presente nos bebês.

O instinto de conservação está ligado à satisfação de outros apetites, também, tais como a fome, o sono e a autodefesa pelo choro agressivo ou medroso. O prazer de comer, assim como o de dormir, é muito intenso para o bebê.

O toque e a aproximação corporal são igualmente essenciais, sentidos de maneira também muito intensa.

Colocar objetos na boca, por exemplo, é uma maneira que os bebês encontram de unir o tato, a fome e a aproximação com vistas ao conhecimento, tudo de uma vez.

Sabemos que as mais famosas teorias psicanalíticas, sobretudo a freudiana, definem, nessa tenra idade, a chamada 'fase oral', na qual a sexualidade do bebê manifesta-se, basicamente, pela compulsão de colocar tudo na boca, com a finalidade de sentir o prazer do toque, do gosto e da aproximação.

Além disso, não nos podemos esquecer de que é através da boca, dos reflexos de sugar e deglutir, que o bebê garante sua sobrevivência, obtendo alimento.

É através da voz que pode expressar seu contentamento ou necessidades, reconhecíveis, sem dificuldade, pela mãe.

O ato de amamentar é o fenômeno que atende à libido do bebê por excelência, de maneira natural e sadia, contribuindo não somente para sua saúde física, como também para sua saúde emocional.

Reparem que a libido do bebê está relacionada à sua própria conservação, como representante da espécie, e orienta a busca do prazer nas fontes que garantirão justamente esta sobrevivência.

Por isso, as gostosas sensações que o bebê busca junto à mãe, embora atendam ao impulso da libido, não possuem conotação sexual semelhante à dos adultos, que já podem desempenhar as funções reprodutivas, pelo fato de apresentarem órgãos sexuais plenamente amadurecidos.

Tudo isso, somente considerando as manifestações exclusivamente instintivas da libido.

Conforme já dissemos, a libido evoluiu, e também conduz aos processos mais espiritualizados de aproximação dos seres, com vistas ao seu desenvolvimento emocional e moral.

Os bebês possuem induções neste sentido, igualmente, ou seja, buscam não apenas a satisfação de seus apetites físicos, como também, a segurança emocional e psíquica, cuja fonte principal é sua relação muito próxima com a mãe, ou com quem desempenha o papel de mãe.

Não muito tempo após o nascimento, ainda na primeira infância, veremos a libido manifestar-se de formas mais abrangentes, ainda não sexualizada, mas induzindo a uma vivência sexual imatura, concentrada principalmente em laços psíquicos ideais ou platônicos, se assim preferirem chamar. Estamos nos referindo aos conhecidos complexos de Édipo e Electra, nos quais o menino elege a mãe como objeto da satisfação dos laços psíquicos ideais para si, enquanto a menina elege a figura paterna como tal.

Como pais, precisamos compreender essa manifestação especial da libido ao longo das primeiras fases da existência do espírito encarnado, manifestação esta ainda não propriamente sexual, mas, com certeza, de caráter evolutivo.

Nosso mal é ficar procurando sinais compatíveis com a sexualidade do adulto em nossos bebês e, em nada encontrando, concluirmos que os pequenos são seres destituídos de libido.

– Mas, vem cá, e aquela história de que os órgãos sexuais só despertam na puberdade? Como é que bebês vão ter libido se tudo está ainda 'dormente' neles?

Pois é isso mesmo! Os órgãos sexuais do bebê não estão em pleno funcionamento, uma vez que o funcionamento hormonal também não está. Isso só irá ocorrer na puberdade. Por enquanto, a libido se manifesta de maneira a iniciar os vínculos emocionais e garantir a busca da sobrevivência, através dos apetites básicos. E isso já é muito importante!

Nem sempre valorizamos de maneira adequada essas necessidades de nossos bebês e impedimos um desenvolvimento normal da manifestação da libido e dos laços emocionais neles. Sem querer, impondo limitações a essas necessidades, estamos, na verdade, despertando frustrações, que terão de ser consideradas no futuro. Insegurança, medo, indiferença emocional, limitações de afeto, etc., são manifestações do adulto, que podem ter sido reforçadas na primeira infância, dado às condições inadequadas de expressão da libido.

Dizemos "reforçadas" porque, quase sempre, o espírito reencarnante traz suas tendências morais e emocionais ao novo corpo, e pode tê-las despertadas ou reforçadas pelas vivências que venha a ter.

Não temos a intenção de afirmar que 'não seguir a regra exatamente como deve ser' irá acarretar problemas para o futuro: muitas mães veem-se impedidas de amamentar por diversas razões, outras não podem estar presentes como gostariam junto aos filhos.

O importante, porém, é que deixemos garantidas as "sensações gostosas", de que os bebês tanto necessitam, para se sentirem seguros. É possível que não consigamos satisfazê-los da maneira convencional, mas certamente teremos que encontrar uma maneira alternativa de fazê-lo.

Os problemas aparecem quando, de fato, os vínculos emocionais e a libido não podem ser exercidos e nem satisfeitos, devido à indiferença, ausência ou ignorância dos pais.

Por outro lado, se estivermos atentos a essas formas especiais da manifestação da libido e da sexualidade do bebê, poderemos contribuir para um desenvolvimento futuro mais saudável. Estaremos incentivando e diversificando os vínculos emocionais, contribuindo para uma riqueza de estímulos prazerosos, e demonstrando, pelo exemplo, a expressão sadia do afeto. Em outras palavras: estaremos colaborando na construção moral e espiritual de um ser humano que está, por agora, na condição de filho inocente, mas que será, mais tarde, um novo membro da família humana, tão necessitada de bons integrantes.

PRIMEIROS PADRÕES IDEAIS

Dissemos que a libido vai continuar se manifestando, de maneiras diversas, ao longo de nosso processo de desenvolvimento. É na primeira infância, então, que surgem os conhecidos complexos de Édipo e Electra.

Para quem ainda não sabe, ou se esqueceu, Édipo e Electra são personagens da mitologia, que se apaixonaram por seus próprios genitores. São usados, como exemplo, para denominar a conhecida fase em que os meninos 'querem casar' com a mamãe e, as meninas, com o papai.

Quem de nós, pais, ao ouvir de nossos filhos pequenos, do sexo oposto, que "querem se casar conosco", ou que querem ser "nossos namorados" ou "nossas namoradas", não achou bonitinho e enternecedor? Ou, por outro lado, preocupante: "Nossa! Serão essas ideias incestuosas?".

Outras variantes, no entanto, podem se apresentar como "quero morar com você para sempre" ou "por favor, nunca saia de perto de mim". E quem nunca ouviu falar daquelas situações em que o menino quer dormir na cama dos pais e pede para o pai dormir em outro lugar, enquanto a menina pede para a mãe sair da cama, para que ela durma com o papai?

Expressões como "Eu amo mais você e não amo ele (ou ela)", são bastante comuns. Manifestações de ciúmes, toda vez que os pais se abraçam, ou ficam próximos um do outro, são igualmente comuns.

Será que os pequenos estão, de fato, querendo tomar posse de um dos cônjuges? Na verdade, é a libido que está modificando sua forma de expressar-se, pois a criança já tem consciência das relações afetivas e possui ideias mais aproximadas de família e grupos sociais, bem como das relações próximas e perenes de seus pais.

Na vasta maioria dos casos, não há, ainda, nessa fase, consciência da vivência sexual propriamente dita, nem existe a sexualização que ocorre nos adultos. Acontece, contudo, que já existe a necessidade de estabelecer laços afetivos importantes, pois os pequenos percebem que disso precisam para uma vida feliz e saudável. Experimentam, desde cedo, as boas sensações de segurança e prazer, que o relacionamento com os pais pode proporcionar, e procuram, com mais intensidade, continuar desfrutando desse prazer.

Elegem para si um relacionamento ideal, baseado naqueles sentimentos mais prazerosos, que envolvam segurança e felicidade. Assim sendo, acabam, naturalmente, escolhendo um dos pais para obter aquilo que desejam, já que são estes que representam, por enquanto, o padrão ideal de ligação afetiva.

Na maioria dos casos, o fato de elegerem o representante familiar do sexo oposto mostra que já estão parcialmente conscientes da ligação homem--mulher, induzidos pelos padrões que observam e pelas tendências que trazem do passado reencarnatório.

Aqueles indivíduos que virão a manifestar, mais tarde, preferência ou tendência homossexual, costumam escolher, igualmente, o genitor do sexo oposto, pois, como dissemos, tal escolha ainda tem pouca relação com a sexualidade propriamente dita e, mais, com a necessidade de estabelecer relações e vínculos psicoafetivos, imprescindíveis para a saúde espiritual, moral e social.

Portanto, nesta fase os pais devem estar, também, preparados para uma boa orientação e incentivar nas crianças uma vivência adequada, rica e sadia, corrigindo, desde o início, os desvios de conduta e desajustes, que poderiam advir desta fase.

É importante salientar que é incabível que o genitor preterido venha a manifestar ciúme dos filhos, pelo fato da preferência do mesmo pelo cônjuge. Não há justificativa para pensarmos que "estamos perdendo terreno".

No entanto, sabemos que em muitas famílias reencarnam espíritos reciprocamente endividados, com comprometimentos morais bastante complicados no campo sexual. Também não é raro que muitas dessas tendências e ligações passionais do passado sejam revividas logo na primeira infância, quando da ocorrência dos complexos de Édipo ou Electra.

Veremos nesses casos, desde logo, que os limites saudáveis do relacionamento, assim como os sinais de normalidade não serão vivenciados com equilíbrio.

E quais seriam esses sinais?

O fruto maduro desses relacionamentos é a criança segura de suas opiniões e atitudes, dentro dos parâmetros esperados, com a confiança estabelecida acerca de seus vínculos familiares, e que, ao final do processo, compreende que seus pais são seus melhores amigos e protetores, adotando-os como padrões ideais – mesmo que transitórios – de valores e aprendizado.

Cabe aos pais compreender e proteger a criança, bem como orientar as ansiedades que ela venha a exteriorizar, demonstrando que os vínculos afetivos exclusivistas que ela tão ansiosamente deseja, impulsionada pela libido, são autênticos e naturais, embora desnecessários, uma vez que terá afeto, proteção e orientação garantidos.

A responsabilidade dos pais é justamente garantir essa proteção, o afeto e a orientação, que farão calar as ansiedades egoísticas da personalidade, uma vez que as necessidades básicas da criança tenham sido atendidas.

Todavia, vemos dramas diversos se desenrolarem na intimidade dos lares, motivados por conflitos de interesses, que se enfrentam diretamente, sem que a parte mais esclarecida proteja e oriente a mais frágil, com a finalidade de sanar esses mesmos conflitos.

Devido a essas relações conflitantes do passado, em quase todas essas situações, os pais se veem ameaçados em sua segurança emocional, e deduzem que seus laços afetivos serão desfeitos, assim como seu espaço e direitos cassados. Tais deduções são resultantes, na maioria das vezes, da fragilidade dos laços que já vinham sendo mantidos na família, e que acabam por desestabilizar-se, ainda mais, nestas situações.

Conclusão: se não sedimentarmos os laços afetivos dentro da família e, pelo contrário, mantivermos relações conflituosas no ambiente doméstico, sobretudo no que diz respeito às relações conjugais, será muito difícil orientarmos adequadamente nossos filhos.

Amigos e heróis

Na fase seguinte, uma vez garantidas ou sanadas, de alguma forma, as necessidades emocionais básicas, a libido manifesta-se novamente modificada, e a criança passará a determinar quais serão as relações mais adequadas, para se posicionar dentro da realidade social-familiar.

Tal realidade não engloba mais apenas os pais, mas também os parentes mais diretos, os amigos da família, os colegas da escola e suas famílias, além das pessoas que participam mais comumente do convívio com o núcleo familiar.

A esta altura, o espírito já está apto a perceber relacionamentos afetivos mais complexos e começa a querer perquirir acerca dos diferentes sexos. Ao mesmo tempo, o corpo físico se prepara para a puberdade, e o psiquismo, induzido pela libido, começa uma busca pelos primeiros estímulos de natureza verdadeiramente sexual.

O surgimento precoce de tais estímulos, frequentemente determina, também, a precocidade do desenvolvimento hormonal e corporal.

Vamos explicar melhor:

A criança, agora, está procurando situar-se dentro dos padrões sexuais que já consegue perceber, e uma das primeiras metas a que se propõe é a de identificar-se como pertencente ao gênero masculino ou feminino.

Nesse momento começam a surgir, com mais intensidade, as perguntas a respeito dos órgãos sexuais que vê em si mesma e nos indivíduos do sexo oposto. A criança quer saber por que é diferente de outras pessoas, daquelas que possuem órgãos genitais diferentes. Não é raro perguntarem, também, para que servem tais órgãos e como são usados.

É interessante notar que ainda não estão interessadas em saber sobre o relacionamento sexual. Basta-lhes, por enquanto, obter informações suficientes para que se situem dentro de um ou de outro gênero. Uma vez conseguido seu intento, passam a querer se comportar como seus iguais e com eles se relacionar.

É aqui que o pai, que antes era considerado intruso pelo menino, passa a ser herói, enquanto a mãe, antes tida como rival pela menina, passa a ser amiga.

As crianças necessitam estar entre seus pares, reconhecer-se como homens ou mulheres. A ideia de pertencer a um gênero sexual específico é muito importante para a fase seguinte, na qual a criança irá, aos poucos, achar-se competente para realmente ser 'homem' ou 'mulher'.

O momento em que seu psiquismo é capaz de adotar uma posição coincide, normalmente, com o amadurecimento hormonal, que já vinha acontecendo.

Sabemos que os determinantes principais da regulação hormonal são os fatores psíquicos e, uma vez que as crianças nesta fase se achem aptas ou desejosas de conhecer as experiências particulares de seu sexo e do sexo oposto, seus comandos mentais logo despertarão as reações físicas em cadeia, que caracterizam a puberdade.

Portanto, é importante compreender que, quanto mais precoces e intensos os estímulos, mais precoce será a puberdade.

É claro que, como sempre, as tendências que trazemos do passado colaboram para a escolha dos estímulos que procuraremos mais, assim como para o interesse em permanecer buscando-os.

Cabe principalmente aos pais a responsabilidade de proteger ou expor os filhos aos estímulos que julgarem mais saudáveis e necessários.

Ninguém há de negar, porém, que estamos mergulhados, hoje em dia, numa verdadeira 'overdose' de estímulos psíquicos de natureza sexual. As escolas, os programas dito infantis, as brincadeiras em voga e a mídia, de maneira geral, não fogem à regra. São inúmeras imagens, valores e metas, transmitidos às crianças como se fossem os mais desejáveis, conectando-as à moda e à maneira provocante e adulta de vestir, ao jeito 'descolado' de falar e agir.

Tomemos, por exemplo, a moda que dita danças sensuais e roupas provocantes, que veste a menina como uma mulher em miniatura e o menino como um homenzinho.

– Poxa! Aí você já está sendo careta demais, não acha? Qual é o problema de vestir as crianças de um jeito tão 'bonitinho'?

Não temos nada contra ensinar as crianças a se vestirem bem! O problema é achar conveniente que elas se comportem de maneira maliciosa, que rebolem para divertir os adultos e que cultivem hábitos, cujas consequências são o despertar de estímulos que a inocência, em que ainda se encontram, não é capaz de administrar adequadamente. E o pior, por vezes, é a 'inocência' dos próprios pais, que não veem em tudo isso senão um divertimento comum.

A realidade é que, para a criança, essa não é uma experiência comum. Nada comum, para sermos exatos. Estando em plena fase de se autorreconhecer e de adotar seus próprios padrões e valores, a criança precisa da aprovação ou da desaprovação, a fim de se situar e saber como agir no presente e no futuro.

Desse modo, quando aprovamos insinuações maliciosas, estamos dizendo à criança que aquela é a maneira correta de se portar.

– Ora! Mas elas não sabem sequer o que há de malicioso no rebolado, e nem poderiam identificar conotações sexuais na maneira de se comportar dos adultos! Esse seu modo de pensar é típico dos que possuem o julgamento contaminado pelas ideias de que há impureza em tudo!

Queridos companheiros, pais como nós próprios, é óbvio que nossas crianças não sabem, num primeiro momento, identificar as conotações sexuais da dança, das notícias, da moda e do comportamento dos adultos. Nem estamos querendo dizer, tampouco, que devemos 'proteger' nossas crianças, a todo custo, dos estímulos sexuais do mundo.

Todavia, o que muitas vezes esquecemos é que, para a criança, cada experiência é uma vivência carregada de aprendizado, que nada tem em comum com nossa rotina de adultos. Enquanto acreditamos estar nos divertindo, como em um dia como outro qualquer, a criança está vivenciando uma experiência única e notando, com extrema acuidade, a aprovação ou a desaprovação que atribuímos aos seus atos. Isso significa que ela está em franco processo de elaboração de seus valores mais básicos, que serão permanentes um dia e, possivelmente, determinantes de outros padrões de comportamento.

Mais cedo ou mais tarde, a criança irá descobrir exatamente o porquê de sua maneira de dançar ou vestir ser considerada "engraçadinha", e saberá usar e abusar de conceitos que os adultos conhecem como sedução, malícia e sensualidade, sem saber, contudo, como utilizá-los com bom-senso e propriedade, com oportunidade e maturidade. Em outras palavras, estaremos dando instrumentos de forte apelo sexual a quem ainda não os sabe usar e, pior ainda, a quem não se sabe defender de quem os usa desregradamente.

A dança, a música, a expressão corporal, a moda, são todos elementos muito necessários à formação e afirmação do caráter infantil, jamais negaríamos isso. O problema está no uso que fazemos desses instrumentos de relacionamento social, apresentando-os de maneira adulterada às nossas crianças.

A verdade é que acreditamos que o real problema, aqui enfocado, não possui raízes nos instrumentos sociais em si e nem mesmo em sua adulteração, mas nos pais, que permitem ou facilitam à criança acesso a tal apresentação adulterada.

Bem, para bom entendedor, meia palavra basta!

O que importa é que prossigamos vigilantes e atentos a cada fase de expressão da libido infantil, e que possamos estar presentes, como referências do que é ser homem ou mulher com dignidade, na fase específica que agora comentamos. Que possamos ser, realmente, na medida do possível, os heróis e amigos de nossos filhos, exemplos de padrões a serem seguidos, pelo tempo que eles necessitarem e permitirem que o sejamos.

– E no caso das tendências homossexuais? Será que elas podem ter sido definidas neste momento? E os espíritos que já trazem estados psíquicos diferentes de suas respectivas conformações físicas? Como é que a gente resolve o problema?

Desde já, informamos que dedicaremos um capítulo inteiro para falar sobre o importante tema da homossexualidade. Por essa razão, não vamos entrar em grandes detalhes ainda sobre o assunto. Certos conceitos, contudo, serão primordiais para nosso bom entendimento.

Temos três fenômenos diferentes a considerar: a transexualidade verdadeira, a tendência homossexual e a homossexualidade propriamente dita.

Os conceitos que desenvolveremos, a seguir, estão adequados às nossas necessidades para este estudo, e não corresponderão sempre às definições que encontramos em outros sistemas especializados.

Diremos que, do ponto de vista espiritual, o fenômeno da transexualidade verdadeira acontece, quando um espírito que possui o psiquismo polarizado sexualmente em um gênero, encontra-se encarnado num corpo que caracteriza fisicamente o do gênero oposto. Ou seja, na transexualidade verdadeira existe um espírito masculino, encarnado em um corpo feminino, ou vice-versa.

Adiantamos que a transexualidade verdadeira, que já se manifesta espontaneamente no período infantil, antes mesmo das reais noções da vivência sexualizada, não é uma questão de opção, mas, sim, fruto de uma condição especial da atual reencarnação, a que chamaremos distonia transitória de polaridades sexuais, e que, mais à frente, será melhor estudada.

Tais casos são relativamente frequentes na atualidade, momento em que abordamos o assunto sem o mesmo preconceito de outrora, e em que os pais buscam melhores aconselhamentos.

Existindo a distonia transitória de polaridades sexuais, a tendência homossexual pode aparecer.

A tendência homossexual, fenômeno que resulta da distonia transitória de polaridades sexuais, pode ser notada quando a criança passa a identificar--se, comportar-se e situar-se dentro do gênero oposto ao esperado, levando-a a formar noções e valores, que a induzirão a buscar complementaridade em indivíduos do mesmo sexo corporal.

Em outras palavras, a tendência homossexual leva a criança a procurar satisfação psíquica em relacionamentos com os indivíduos do mesmo sexo corporal. Ela mesma ainda não saberia explicar o porquê e sente-se bastante confusa com a ocorrência, sobretudo se for cobrada em relação a isso.

O fato é que a libido, que é de natureza psíquica, está agindo normalmente, impulsionando a criança a estabelecer relacionamentos adequados ao seu estado psíquico e não à sua aparência corporal, externa.

A distonia transitória de polaridades sexuais e a tendência homossexual, nestas primeiras fases, são fenômenos totalmente psíquicos, independentes, ainda, da vivência sexual corporal.

Já a homossexualidade propriamente dita, envolve relacionamento sexual, de fato, com indivíduos do mesmo gênero corporal, o que, via de regra, ainda está distante das crianças na fase que agora analisamos.

Assim como todo sinal diferente do habitual, a distonia transitória de polaridade sexual na infância merece muita atenção, a fim de receber direcionamento adequado, a fim de que conflitos graves sejam evitados no futuro.

Pais desinformados ou preconceituosos tendem a agir de maneira repressiva, sem atingir, contudo, o resultado que desejam.

Como já dissemos, muitos de nós, pais, carregamos nossos próprios desajustes pessoais, e nos sentimos despreparados para enfrentar esse tipo de situação. Não raro, chegamos a complicar ainda mais o quadro, por si só já doloroso, e acabamos por ferir afetos e relações tão importantes.

Outras tantas vezes, preferimos deixar a questão por conta de 'experts' no assunto, que nem sempre são confiáveis, como já tivemos a oportunidade de comentar.

Insistiremos em dizer aos pais interessados, que a educação de nossos filhos é tarefa sobretudo nossa, e que não devemos transferi-la para terceiros.

Professores, amigos, médicos, psicólogos, livros, televisão, etc., podem ser ótimos adjuvantes, quando aproveitados com bom-senso, mas estão longe de poder exercer a função dos pais.

Por outro lado, é importante lembrar que para bem instruir e direcionar a criança, neste aspecto tão delicado, devemos buscar criteriosamente pessoas e informações adequadas, que nos possam preparar para lidar com essa questão. E isso não significa passar o bastão para o primeiro que aparecer, dizendo-se capaz de nos tirar da 'saia justa' em que nos encontramos.

Devemos estar conscientes de que qualquer resultado que pretendamos alcançar virá, primeiramente, de nossas próprias iniciativas e resoluções. A omissão, no que diz respeito à orientação sexual de nossos filhos, é erro muito comum, uma vez que proceder de maneira adequada exigirá de nós mesmos, os pais, uma adequação simultânea, que quase nunca estamos dispostos a realizar.

No entanto, se nos entregarmos com determinação e vontade aos demorados e enriquecedores processos da autoeducação, estaremos aptos a orientar nossos filhos em questões, cujos resultados poderiam ser desastrosos.

Conhecer a manifestação saudável da libido e as causas mais profundas dos sinais de comportamento habitual nas diferentes fases do desenvolvimento das crianças pode salvar famílias e reencarnações, pode modificar nossa noção de 'pecado', de certo e errado. Em outras palavras, pode nos fazer evoluir.

Por fim, diremos que, ao invés de nos afastar de nossos filhos e da situação incômoda nesses casos, deveríamos, pelo contrário, nos aproximar definitivamente deles, a fim de conhecer todas as particularidades possíveis daquilo que não nos parece habitual. Deste modo, haveremos de crescer aos olhos deles, tornando-nos exemplos de padrões genuínos de segurança, direção e moralidade.

Há, decerto, caminhos a seguir, soluções a encontrar, obstáculos a vencer e maneiras mais adequadas e acertadas de conduzir o processo de nossa educação.

Não podemos abandonar nossos filhos justamente nos momentos em que mais precisam de nós, mesmo que às vezes não o saibam, ou ainda que não o admitam.

Não temos a pretensão de pregar metas e estabelecer rotinas e técnicas terapêuticas neste estudo. Mas tampouco desejamos simplesmente levantar a questão acima e deixar o assunto sem soluções mais consistentes.

É óbvio que não poderemos prever as necessidades específicas de cada caso individual, mas certamente deixaremos aqui registrados informações e princípios, que poderão modificar e melhorar nosso entendimento acerca dos diferentes problemas que enfrentaremos no campo sexual da alma.

O DESPERTAR DO CORPO FÍSICO

Bem, o espírito reencarnante, a esta altura, já conseguiu estabelecer suas relações humanas mais urgentes e importantes, de maneira a garantir sua sobrevivência, descobrindo a assistência de seus cuidadores que, normalmente, são seus pais, e estabelecendo relações de proximidade bastante significativas. Conseguiu, além disso, adquirir consciência do gênero masculino e feminino, identificando-se psiquicamente com um dos dois. Já está estabelecendo relações familiares e sociais, com base nesta consciência, buscando cada vez mais informações, que irão conferir significado ao que lhe parece importante nos estímulos novos que encontra.

Como dissemos, a libido é o impulso que instiga o ser a buscar essas diferentes informações no campo sexual. Tal interesse, porém, é específico em cada fase do desenvolvimento, o que nos permite concluir que as necessidades de cada fase são igualmente específicas.

Na análise da fase seguinte, veremos que o corpo físico está maduro o suficiente para permitir o início do funcionamento de seus órgãos reprodutivos, ao mesmo tempo em que o espírito já conseguiu estabelecer certo domínio e consciência a respeito de sua sexualidade.

– Ah, bom! Eu já estava me perguntando quando é que iríamos, finalmente, falar sobre sexo na infância. Porque até agora, nada!

Ora, essa! Pois preste atenção, querido amigo! Desde o início estamos falando acerca de sexo. Não sobre as manifestações sexuais encontradas nos adultos, é claro, mas das manifestações da libido propriamente dita, que é a raiz do impulso sexual.

Só para relembrar e fixar nossa análise: não vamos nos esquecer de que as manifestações sexuais da infância não envolvem os atos de cunho sexual reprodutivo, mesmo porque os hormônios e órgãos reprodutores ainda não entraram em funcionamento. Lembremo-nos, mais uma vez, das funções da libido e todos entenderemos o que ela pode fazer, mesmo sem os instrumentos reprodutivos à disposição.

As funções mais sublimadas da libido nos induzem a relações de proximidade, às noções do afeto e ao abandono dos hábitos instintivos, onde imperam o orgulho e o egoísmo.

Assim sendo, para podermos enxergar e compreender a sexualidade do bebê e da criança, ao longo da primeira infância, temos que estar preparados para identificá-la por seus sinais particulares de manifestação.

Quase todos os mamíferos da Terra, principalmente os humanos, passam por um período de 'dormência' dos órgãos reprodutivos. Este período permite a gradual recordação, reconstrução e fixação dos alicerces da sexualidade psíquica. E, a cada reencarnação, eles se renovam, pois estamos constantemente aprendendo.

Esse período representa uma oportunidade para que as manifestações psíquicas da libido apareçam primeiro, permitindo ao reencarnante uma chance de corrigir e aperfeiçoar suas tendências, à medida que experimenta, mais uma vez, os estímulos e necessidades do corpo, ainda em meio às noções de afeto e moralidade da família, na qual agora se insere.

Quanto mais adiantada a espécie a que pertence o ser vivo, mais dilatado é esse período de maturação. Da mesma forma, quanto mais espiritualizadas as manifestações da libido, mais elevadas suas funções e mais distantes do primitivo instinto reprodutivo.

Desse modo, espera-se que o convívio familiar na primeira infância possa preparar e educar os impulsos do espírito, pouco a pouco, a cada reencarnação, levando-o das manifestações puramente instintivas às mais sublimadas noções do amor.

E nós, pais, ainda padecemos muito em nossa tarefa de educadores no campo sexual, porque não estamos totalmente conscientes das diferentes necessidades e manifestações da libido infantil e juvenil. Ficamos esperando que as evidências mais explícitas da sexualidade apareçam sob a forma de perguntas e modificações corporais óbvias. Todavia, quando chegam esses momentos, nossas crianças já terão passado por um longo processo de alicerçamento moral, que quase sempre nos passa despercebido.

A questão então é: teremos nós colaborado na construção desse alicerce, ou terão nossas crianças levado a efeito tal construção sozinhas, com base, tão somente, nas observações que fizeram? Nesse caso, terão elas tido contato com bons estímulos e exemplos?

Portanto, as manifestações físicas da puberdade só ocorrem após um período de formação e direcionamento da sexualidade psíquica.

É claro que não poderemos dilatar este período de forma indefinida, visto que a puberdade se manifestará de qualquer maneira, despertada por mecanismos hormonais automáticos.

Notaremos também, contudo, que esse despertar sofre influência concomitante do psiquismo do adolescente. Assim sendo, quanto mais cedo ficar estabelecido um alicerce psíquico para a puberdade, mais depressa esta se manifestará, e o contrário também é verdadeiro, dentro de um limite esperado de elasticidade.

Desse modo, como já dissemos, estímulos precoces ou exagerados provocarão, certamente, a recordação da vivência sexual de existências passadas, que surgirão na forma de outros impulsos, que alimentarão a libido já existente. Valores adormecidos no inconsciente serão resgatados antes do tempo adequado e útil, exercendo ação imediata sobre o psiquismo do adolescente, induzindo-o a buscar precocemente determinadas experiências.

A ingenuidade, a inocência e a insegurança características do pré-adolescente são, na verdade, defesas mentais muito úteis, que impedem ações excessivamente precoces no campo sexual.

Quando tendências de existências passadas aparecem cedo demais, acabam por fornecer uma noção inadequada de segurança, como se o pré-adolescente já conhecesse, de antemão, o terreno da vivência sexual em que está pisando. Nesse estado psíquico, ele mesmo não se impõe qualquer impedimento para o desenvolvimento sexual e, se o corpo físico estiver em condições, a puberdade despertará em seguida.

Os estímulos mentais amadurecidos precocemente forçarão, dentro dos limites orgânicos, o funcionamento adiantado dos mecanismos de produção hormonal, cujas principais células diretoras estão localizadas no hipotálamo, em relação muito próxima com a mente.

O ideal seria que acompanhássemos o desenvolvimento mental da criança e as manifestações particulares da libido, de maneira a observarmos suas características particulares, fornecendo informações adequadas, para um aprendizado seguro.

Antes que as tendências e recordações do passado surjam, teremos a oportunidade de apresentar conceitos justos, moralizantes e mais evoluídos. Assim, quando a mínima maturidade sexual psíquica necessária for atingida, a puberdade será despertada e a vivência sexual futura poderá ser regida por uma conduta mais saudável.

– Então quer dizer que aquela 'menina precoce', que a gente tanto elogia, ou aquele 'menino esperto', que o pai tanto admira, podem trazer problemas?

Nem sempre. Quem garante que não sejam espíritos realmente mais evoluídos? No entanto, a grande massa humana não se encontra nessa condição e pode ser que esses adolescentes precoces estejam, na verdade, sendo estimulados cedo demais, privando-se de uma inocência, que poderia lhes ter dado tempo de seguir caminhos melhores.

– Quer saber de uma coisa? Eu, como pai, prefiro que a minha filha abra os olhos mais cedo. Sei lá o que ela vai encontrar neste mundo tão cruel!

Essa é, de certa forma, uma preocupação justa. Afinal, para enfrentarmos um mundo assim, nada melhor do que a informação antecipada do que vamos encontrar, é claro. No entanto, perguntemos a nós mesmos, se informação antecipada não implica estímulo antecipado.

– Como assim?

Queremos dizer que, para nos adaptarmos de maneira adequada ao mundo lá fora, não precisamos, necessariamente, sair de casa mais cedo, nem, muito menos, sermos jogados na rua. Em outras palavras: não precisamos fornecer detalhes do que ocorre durante um ato sexual às crianças, uma vez que não possuem maturidade para assimilar esse tipo de informação. Muito menos devemos possibilitar que presenciem ou vivenciem uma relação sexual, por receio de que venham a ser enganadas por pessoas mais velhas. Não devemos acreditar que aprenderão a 'se virar' mais depressa, se iniciarem a vida sexual mais cedo. Não. Desse modo, estaremos expondo uma planta tenra à tempestade! Se ela não morrer, certamente ficará com o caule torto. Mas, só se ela não morrer...

Quanto mais adverso o mundo lá fora, mais importante o papel dos pais ou cuidadores junto às crianças e mais cuidadoso deve ser nosso envolvimento no processo educacional de nossos filhos.

Todavia, o que mais comumente se evidencia é o medo que temos deste mundo e a ignorância quanto à melhor forma de enfrentá-lo. Ao medo e ao preconceito, que já são inerentes a nós, soma-se a fragilidade das orientações sexuais que possuímos, para transmitir aos nossos pequenos. E tudo isso nos leva, com frequência, a delegar a responsabilidade pela orientação sexual de nossos filhos às circunstâncias e às experiências do mundo.

– Mas não dizem que o mundo é a melhor escola?

Sim, certamente é uma escola, mas não traz em si a proteção do lar, nem o afeto específico que dele advém, nem as informações bem dosadas, nem a misericórdia, nem a assistência personalizada, nem os vínculos pessoais afetivos. É um perfeito 'quebra galho' para quem não quer ter trabalho.

Pois é...

Bem, vamos falar um pouco acerca das mudanças corporais que acontecem na puberdade.

O início das mudanças é provocado pela produção dos hormônios sexuais.

O mecanismo exato do despertar da puberdade é objeto de estudo constante e, a cada dia, a ciência descobre novos fatores ou substâncias envolvidas no processo. Mesmo assim, já podemos ter uma boa ideia do fenômeno e dos mecanismos envolvidos.

Antes de tudo, hormônios ativadores primários começam a ser produzidos no hipotálamo, que é uma área central do sistema nervoso, muito ligada tanto aos núcleos de funções automáticas do corpo físico, como ao sistema límbico.

O sistema límbico é outro conjunto de estruturas centrais do sistema nervoso, por onde transitam do corpo à mente, assim como da mente ao corpo, as emoções e vontades mais instintivas do espírito encarnado – como a libido, por exemplo. O fato de estarem ligados explica a relativa influência psíquica no despertar e no controle da produção hormonal geral.

Alguns dos hormônios ativadores primários do hipotálamo começam a agir sobre a conhecida glândula denominada epífise, ou pineal, e, simultaneamente, sobre a glândula hipófise. Tanto a epífise quanto a hipófise estão localizadas, também, no sistema nervoso central.

Essas duas importantes glândulas encefálicas, por sua vez, iniciam a síntese de alguns hormônios, que irão atuar e ativar as glândulas sexuais específicas: os testículos, no homem, e os ovários, na mulher.

Os testículos irão produzir a testosterona, hormônio sexual masculino, além dos espermatozoides, que são os gametas sexuais masculinos.

Os ovários irão produzir o estrógeno e a progesterona, hormônios sexuais femininos, assim como, também, os óvulos, que são os gametas sexuais femininos.

Os hormônios sexuais, por sua vez, desempenham várias funções metabólicas. São eles que 'esculpem' o corpo da criança, transformando-o, definitivamente, em um corpo masculino ou feminino. Músculos e ossos mais desenvolvidos, voz mais grave, crescimento de barba e distribuição característica dos pelos masculinos, desenvolvimento de glândulas da pele, maturação final de pênis e testículos, etc., são efeitos gerais dos hormônios masculinos. Tecido gorduroso distribuído caracteristicamente, crescimento das mamas, voz mais aguda, distribuição feminina dos pelos, maturação final da vagina, útero e ovários, etc., são efeitos gerais dos hormônios femininos.

Por fim, os mesmos hormônios sexuais irão agir diretamente sobre a hipófise, epífise e hipotálamo, provocando a diminuição de sua estimulação. Desse modo, completa-se um sistema de 'feedback': quando os hormônios sexuais aumentam de quantidade no sangue, acabam inibindo sua própria produção. Por outro lado, quando estes diminuem no sangue, os outros hormônios estimuladores provocam, outra vez, sua produção. Assim, um equilíbrio mais ou menos estável se mantém razoavelmente constante.

Então, é desse modo que a puberdade vai transformando, aos poucos, os corpos infantis em corpos masculinos ou femininos mais maduros.

Nem sempre a maturidade sexual psíquica acompanha a maturidade sexual corporal, pela série de fatores que já comentamos. No entanto, após a puberdade, homens e mulheres já estão aptos a identificar e responder aos estímulos de natureza sexual, bem como a se reproduzirem. Isso quer dizer que, do ponto de vista puramente material, já podem concorrer para a preservação da espécie, dando vazão à libido nas suas manifestações mais simples.

Mas, será que, hoje em dia, não estamos incentivando nossos jovens a se reproduzirem indiscriminadamente, assim que se encontram fisicamente aptos para tal?

– Ah! Nós, pais, não! Mas eles bem que tentam.

– E eu já vi muitas pessoas que querem que seus filhos tenham seus próprios filhos logo!

– E eu também sei de alguns povos, para os quais isso é comum, e os jovens são deixados à vontade.

Sim, tudo isso é verdade. Mas, quem está com a razão?

TUDO PRONTO PARA 'VOAR'

Antes de tudo, teremos que considerar, novamente, que a libido possui várias formas de se manifestar, e que essas formas trazem vivências e consequências diferentes.

Cada sociedade, cada cultura e cada família prezam ou desprezam, mais, ou menos, esses diferentes tipos de manifestações.

Algumas valorizam a capacidade de procriação acima de tudo, desejando famílias grandes. O que lhes interessa mais, neste caso, são as faculdades reprodutivas e a prole numerosa, sinal de saúde e prosperidade.

Outras se interessam pela potência sexual e incentivam a promiscuidade, principalmente a masculina, como sinal de virilidade. Para estas, interessa a sensação sexual acima do vínculo e das consequências dos atos sexuais.

Há outras, ainda, que primam pela seleção correta dos parceiros, pela segurança econômica e social da família. Aqui, importa mais o resultado do que a ação sexual em si, razão pela qual vale a pena esperar mais tempo, se as condições adequadas não surgirem.

Por fim, existem também aquelas que se preocupam com os vínculos afetivos mais duradouros e com a maturidade psíquica suficiente para lidar com as consequências de uma vivência sexual ativa: filhos, família, relações permanentes, obrigações e renúncias.

Muito bem! Agora basta, então, que nos posicionemos mais, ou menos, dentro das opções mencionadas, a fim de que possamos justificar o pensamento e a conduta de cada sociedade, família e indivíduo.

– Então, quer dizer que cada um procura fazer o que acha certo, e tudo bem?

Tudo bem, sem nunca esquecer de que todos sempre colhem o fruto de suas ações e escolhas.

Sabemos bem que todas as sociedades são fadadas ao progresso, e que todos os indivíduos que as compõem são convidados a evoluir, seguindo as Leis Divinas.

Portanto, as opções que melhor se adaptarem, ou se aproximarem mais das propostas evolutivas das Leis Divinas, serão logicamente as mais acertadas. Ocorre que todos possuem o livre-arbítrio e levarão mais ou menos tempo para perceber este fato. Enquanto isso, irão vivendo e colhendo os resultados de sua vivência.

Tomando por molde a doutrina espírita, não é difícil identificar que a opção orientada pelas manifestações mais evoluídas da libido será a que tem maior chance de ter sucesso. Portanto, é a que devemos ter por meta a atingir.

Mas cada qual possui sua crença...

Então, quando nossos jovens estiverem 'prontos para voar', isto é, quando seus corpos e mentes já estiverem totalmente aptos para uma vivência sexual propriamente dita, deverão tomar como conduta de ação o que lhes parecer melhor.

Naturalmente que seus padrões serão aqueles que os pais, familiares, parentes, amigos e sociedade lhes mostrarão, modulados e ajustados pelo seu próprio livre-arbítrio.

Pode ser que a puberdade não coincida exatamente com o início da vida sexualmente ativa.

Aliás, quanto mais adiantadas são as noções de moralidade, vínculos, afetividade e espiritualidade associadas à vivência sexual dentro de uma sociedade, mais dilatado é o período que vai da puberdade à vivência sexual propriamente dita.

É que neste período prossegue o aprendizado moral necessário para bem conduzir-se no campo sexual ativo, o que pode demandar mais tempo.

Evidentemente, existem infinitas variações dentro de uma mesma população, e, nem sempre, a demora excessiva para o início da vivência sexual significa aprendizado mais dilatado, podendo esconder, na realidade, dificuldades, distúrbios, desajustes e inibições de toda espécie.

– É, sabe que uma das maiores dificuldades é lidar com estes jovens e adolescentes, que estão despertando para a sexualidade, não é? Quantos problemas a gente vê por aí!

– Como é que a gente pode acertar mais?

Com certeza, não é fácil lidar com esse período, a não ser para aqueles pais que já tenham uma boa educação sexual, fruto de seu aprendizado pessoal. E olha que mesmo assim dá bastante trabalho! Pode até ser mais fácil para eles, mas sempre demanda esforço e atenção.

E é assim mesmo que tem que ser! Educando nossos filhos, nós também nos educamos. Permanentemente.

Bem, é provável que muita gente já esteja esperando que forneçamos 'receitas' infalíveis para uma boa educação sexual na infância e adolescência... Mas, olha, pessoal, nós não sabemos como fazer isso não. Contudo, tivemos o trabalho de pesquisar a doutrina espírita e vivenciar nossa própria experiência paternal. Desse modo, descobrimos que existem certos procedimentos que facilitam muito a nossa vida, ao mesmo tempo em que ajudam muito nossos jovens neste período tão rico e delicado.

Quem sabe essas dicas poderão ajudar, hein?

∞♂ 'ETIQUETA' NA EDUCAÇÃO SEXUAL NA INFÂNCIA E ADOLESCÊNCIA

VOCÊ É CAPAZ?

Antes de querer educar a alguém, é preciso que nos eduquemos a nós mesmos.

Com isso, queremos dizer que é essencial que nos preparemos para a educação sexual de nossos filhos, preparação essa que implicará um processo de introspecção. Em outras palavras, deveremos analisar nossas próprias condições e nossas próprias informações nesse campo.

Quem se propõe a realizar tal preparação acabará por voltar, inevitavelmente, ao passado, e relembrará seus próprios conflitos, dificuldades, conquistas e aprendizado. É isso mesmo que se espera que aconteça!

Por mais que tenhamos a responsabilidade e a boa vontade de educar nossos filhos, nem sempre possuímos as melhores referências para fazê-lo. É claro que o exemplo dos pais, por mais deficiente que seja, é sempre a fonte mais autorizada, do ponto de vista dos filhos, mesmo quando os vínculos afetivos não sejam tão bons.

Em outras palavras, os filhos sempre procurarão nos próprios pais os padrões de conduta a assumir no futuro. Ah, sim! E podem contar com a crítica, caso eles descubram que falhamos nessa missão, ainda que tenhamos feito tudo que éramos capazes de fazer...

– Então, quer dizer que mesmo educando sexualmente com a maior boa vontade, nós, pais, podemos ser criticados? Isso não é ingratidão dos filhos?

O fato é que seremos criticados, sim, ainda que somente em pensamentos. Nossos filhos, quando adultos, poderão, é claro, adquirir o bom-senso de perceber que fizemos o melhor com o que tínhamos, mas mesmo assim lamentarão não poderem ter recebido algo melhor.

Será que não fizemos o mesmo com relação aos nossos pais? Não os condenamos, quando os compreendemos, mas, mesmo assim, lamentamos as falhas de nossa educação.

É por esta razão que, agora, estamos chamando a atenção para o nosso papel de educadores dentro da missão da paternidade ou da maternidade. O campo sexual não é diferente e é aquele em que os pais mais deixam a desejar.

Então, queridos companheiros de luta na Terra, o momento de educar sexualmente nossos filhos pode ser mais uma oportunidade para aperfeiçoarmos nossa própria educação sexual. Isso não é positivo?

É claro que caberá à nossa consciência julgar se fizemos tudo o que está ao nosso alcance e, aos nossos filhos, julgar depois o que fizemos.

Portanto, ninguém espere sanar todos os problemas dos educandos, mas, pelo menos, prepará-los e informá-los, enquanto ainda não estiverem maduros o suficiente para fazê-lo por si mesmos.

Então, vejamos: será que estamos bem informados, pelo menos no que diz respeito aos princípios da moralidade e da afetividade, relacionadas à vivência sexual? Saberemos responder às perguntas referentes ao funcionamento físico dos órgãos sexuais? Somos um bom exemplo de conduta e de valores relacionados ao sexo? Saberemos responder às críticas sobre dificuldades ou erros, que nós mesmos cometemos? Será que conservamos, ainda, conflitos não resolvidos, que irão interferir nos nossos valores saudáveis que queremos transmitir e ensinar? Estaremos prontos para usar nossa própria conduta como exemplo do que é bom e do que é ruim?

Outras tantas perguntas e desafios surgirão.

Já dissemos que um grande fator de desinformação de nossos jovens é a incapacidade que nós, pais, temos para educar, seja por nossa própria falta de informações adequadas, seja por vergonha ou preconceito, seja por conflitos, que ainda carregamos e não queremos enfrentar, etc.

E, como já dissemos, também fica mais fácil delegar essa tarefa para o professor, o 'tio', o 'amigo', o psiquiatra ou o psicólogo. É verdade que essas podem ser ótimas soluções, desde que sejam fontes comprovadas e confiáveis de informações.

O grande problema dessas soluções tangenciais é que elas nos tiram do caminho, justamente nós, os pais, que poderíamos aproveitar tanto deste momento educativo, tanto nosso quanto de nossos filhos, construindo, juntos, um alicerce moral para nosso futuro.

Então, caros irmãos e irmãs, pensemos em nós e em nossas necessidades, antes de querer apontar e corrigir as necessidades de nossos filhos.

Façamos o que der para fazer, da melhor maneira que pudermos, buscando sempre o melhor preparo e nos dispondo a corrigir a nós mesmos, a fim de bem desempenharmos essa tarefa.

Que Deus nos ajude!

Explicando direito

Não imponha! Explique de maneira racional, para o ponto de vista do jovem educando. Dizer simplesmente que isso pode e isso não pode; que isso é direito e aquilo não é, e "pronto acabou", não convence a ninguém que faça bom uso da razão.

A aprendizagem precisa ser significativa, ou seja, precisa atender e adequar-se ao padrão de valores que nossos filhos possuem, e que muitas vezes nós mesmos ajudamos a formar.

Eles querem saber os porquês e as consequências de cada um deles. Querem saber "o que acontece depois" e, sobretudo, "o que acontece se eu fizer o que não é correto", uma vez que estão sempre pensando em fazê-lo, antes de passarem a pensar em evitá-lo.

A grande dificuldade para se conseguir dar explicações significativas aos nossos filhos, é que temos certas razões a considerar, enquanto eles possuem outras.

Só passaremos a compreender que certas condutas são adequadas, depois que houvermos experienciado determinadas coisas. Isso é normal, pois é o resultado da vivência mais dilatada da 'experiência de vida'. Acontece, entretanto, que, na visão do jovem, com raras exceções, essa 'vivência dilatada' ainda tem pouco valor.

Quando não for possível explicar de maneira que pareça lógica aos olhos de nossos filhos, só nos restará a confiança e a fé que eles tiverem em nós. É aí que entram as considerações que fizemos acima: você é confiável, aos olhos deles, no campo sexual também?

De qualquer forma, é sempre bom podermos informar de maneira lógica, mas – é importante lembrar –, do ponto de vista deles. Colocarmo-nos no lugar de nossos filhos é um exercício difícil, mas pode ser facilitado, se ainda nos lembrarmos de como foi que aconteceu conosco, do que realmente nos importava, ou do que realmente nos incomodava e deixava ansiosos.

É o momento de nos colocarmos como iguais, pelo menos no campo do entendimento que queremos alcançar.

Talvez não possamos realmente incutir as ideias que já tenhamos adquirido e, por experiência própria, sabemos "onde isso ou aquilo vai dar". Faz parte do aprendizado de nossos jovens, contudo, conhecer as situações, vivenciando-as eles mesmos. Portanto, se não pudermos dar-lhes a solução, que ao menos apontemos maneiras que facilitem a descoberta por parte deles.

Às vezes não sabemos lidar com nossa própria ansiedade, ao prever dissabores futuros para nossos filhos. E assim, queremos que logo entendam o que precisam entender, a fim de evitar sofrimentos. Para tanto, adotamos posturas ditatoriais, de imposição.

Certamente, entraremos em conflito entre deixar 'que a coisa aconteça' e protegê-los antes que 'isso' ocorra.

Mas podemos fazer como a Providência Divina faz conosco: protege-nos dos verdadeiros perigos, apresentando-nos propostas educativas e capacitadoras, ou deixa que vivenciemos nossas próprias experiências e tiremos nossas próprias conclusões, quando isso é seguro.

Trocando em miúdos: se a 'coisa' colocar em perigo a integridade física ou moral de nossos filhos, a solução é impor condições que os capacitem para enfrentá-la com segurança. Abaixo, algumas sugestões:

"Você poderá fazer isso, desde que se prepare desta, ou daquela maneira".

"Poderá tomar essa atitude, depois que tiver analisado isto ou aquilo".

Em assim procedendo, não os estaremos privando de nenhuma experiência mais significativa, nem os deixaremos entregues a situações que não estão preparados para gerenciar.

Quanto a situações não perigosas, mas capazes de causar dissabores, cabe-nos alertar nossos filhos, da melhor maneira possível, quanto à possibilidade de consequências indesejáveis. Se, ainda assim, optarem por vivenciá-las, devemos deixar claro que caberá a eles a responsabilidade pelo que vier a acontecer, e que estaremos por perto para socorrê-los e ampará-los.

Muitas vezes nos surpreenderemos com os resultados! Não raro constataremos que eles agiram melhor do que nós, usando conceitos e valores que lhes havíamos transmitido, mas que não os supúnhamos capazes de utilizar tão bem.

Enfim, deixemos que o jovem vivencie por si próprio cada experiência, de tal modo que lhe possa trazer aprendizado significativo.

– Ei! Mas você acha que eu vou 'soltar' meu filho assim no mundo, para fazer o que bem quiser?

Claro que não!

Vamos entender o seguinte: viver experiências de aprendizado nem sempre significa fazermos, de fato, tudo quanto pretendemos ou questionamos. O processo de aprendizado significativo envolve, acima de tudo, raciocínio, reflexão e compreensão.

Se fornecermos informações e meios para que esse processo ocorra, nossos filhos aprenderão, igualmente, pela dedução lógica, nem sempre precisando partir para uma vivência arriscada.

Compreendamos, porém, que certas experiências necessitam realmente da vivência propriamente dita, enquanto outras podem levar ao aprendizado por outras vias: conversas, informações específicas, filmes educativos, orientação profissional de qualidade, exemplos verdadeiros vividos por terceiros.

O que importa é proporcionar, aos nossos filhos, meios para que usem o raciocínio, a reflexão e a compreensão sempre, o que acabará por reduzir as chances de uma tomada de atitude precipitada. E isso não irá acontecer se não conseguirmos apresentar argumentos que lhes pareçam plausíveis.

Recorrendo à vida real

Exemplifique, se for oportuno. Recorra à vida real, servindo-se de situações que realmente ocorreram consigo mesmo, com familiares ou amigos. O uso de notícias fidedignas veiculadas pela mídia, biografias, reportagens, livros técnicos, etc., pode ser interessante e adequado.

Mas tome o cuidado de não distorcer as informações no momento de apresentá-las a seus filhos, de modo a não 'puxar a sardinha' para o seu lado.

Coisas do tipo: "Viu? Olha aí o que acontece a quem faz essas coisas!" não costuma funcionar bem.

Caso você insista em fazer isso, os jovens irão deduzir, facilmente, que a conversa não é honesta e que, na verdade, só serão respeitados se concordarem com o que você diz. Concluirão que estão sendo induzidos, ou forçados, a chegar à conclusão que você quer.

Outra coisa muito importante: procure não condenar quem errou, dentro do exemplo que você escolher apresentar a seu filho.

"– Está vendo a sua tia? Olha só onde a imprudente foi parar! Quem a mandou escolher essa vida? Agora está 'pagando por seus pecados'!".

Escolhendo esse tipo de exemplo, você estará dando mostras de que não tem piedade nem misericórdia para com os enganos alheios. Se um dia acontecer de seus filhos também errarem, esteja certo de que você será a última pessoa a quem eles recorrerão. Deixe que os mais jovens cheguem, por si mesmos, a conclusões úteis.

– E se isso não acontecer? E se eles também quiserem fazer 'vista grossa' ao que é óbvio, para não ter que dar o braço a torcer?

Bem, esse será o momento de exigirmos honestidade e sinceridade da parte deles também, já que é isso que, em geral, exigem de nós.

E caso o jovem, depois disso, ainda não consiga detectar a mensagem mais importante, caberá a nós, pais, apontarmos os aspectos mais relevantes do exemplo fornecido, como quem procura, de fato, ajudar a compreender o aprendizado importante para ele mesmo. E é fundamental lembrar que o personagem do exemplo dado jamais deverá ser colocado em julgamento, mas, sim, suas atitudes, como dados úteis para nossa evolução.

– Difícil, né?

Sem dúvida, não é fácil, sobretudo para quem não está acostumado a analisar as situações da vida real, livre de julgamentos preconceituosos. Os resultados, todavia, são compensatórios. Afinal, estamos falando de nossos filhos!

FALANDO SEM PRECONCEITOS

Fale sempre a respeito das causas e, principalmente, das consequências de todos os atos e experiências, sem enfatizar o lado 'negativo' da sexualidade.

Se carregarmos conosco preconceitos e julgamentos precipitados acerca das situações, certamente iremos 'pintar' os acontecimentos com as cores de nossos medos e receios.

Mas se, ao contrário, buscarmos abordar cada assunto com a justeza que pudermos reunir ao longo dos comentários, nossos filhos não deixarão de perceber que estamos falando com imparcialidade e honestidade.

É muito importante que eles percebam que nós, às vezes, não possuímos a resposta a todas as perguntas, mas que os ajudaremos a encontrá-las, mediante uma análise séria e confiável das situações colocadas.

À semelhança de alguém que prepara a estratégia em um campo de batalha, ainda que desconhecido, devemos colocar os fatos em evidência, sem distorcê-los com impressões e julgamentos precipitados.

Toda vez que nossos filhos trouxerem perguntas, colocações ou relatos de experiências pelas quais estejam passando, poderemos nos conduzir da maneira acima exposta, caso peçam nossa opinião ou instruções.

Analisemos as questões junto com nossos jovens e reflitamos como amigos, construindo conclusões em conjunto. Ainda que as causas e consequências das situações que eles nos apresentam sejam óbvias para nós, devemos conduzi-los pelo mesmo processo de análise racional que nos ajudou a chegar às melhores conclusões.

Reproduzindo esse processo juntos, é possível que venhamos a descobrir que as nossas ideias não eram as mais corretas e que nossa orientação já deixou de ser eficiente.

Com o auxílio das informações que nossos jovens nos trouxerem, poderemos contribuir tanto para o aprendizado deles quanto para o nosso, se realmente formos capazes de nos conduzir de maneira honesta e sincera.

– Mas será que eles não verão como fraqueza nossa incapacidade em oferecer solução para seus problemas?

É possível que isso aconteça num primeiro momento. Todavia, assim que lhes propusermos 'sentar juntos', para encontrarmos as melhores respostas e soluções para suas dúvidas e conflitos, as coisas poderão mudar. Quando levantarmos com eles todos os fatores interessantes a serem analisados e construirmos, juntos, as prováveis conclusões, nossos filhos não deixarão de enxergar o acolhimento e a seriedade com que recebemos seus questionamentos e ansiedade.

E, meus amigos, podem ter certeza que isso importa mais do que uma resposta certa dada sem hesitação, mas também sem qualquer envolvimento emocional.

Um fato importante a lembrar é que devemos tomar muito cuidado em não destacarmos 'o lado mau' ou 'o lado bom' da sexualidade. Esses 'lados' correm sério risco de ser fruto de nossos preconceitos.

Pecados, situações inaceitáveis, 'mocinhos e bandidos' dessa história podem não corresponder às ideias que nossos filhos comungam.

Em tais casos, sempre que possível, é conveniente que expliquemos, de maneira adequada, os motivos pelos quais chegamos a classificar determinadas situações e aspectos como bons ou ruins, a fim de que nossos jovens tenham, também, a oportunidade de concordar conosco pelas mesmas razões, ou não!

Enfim, perceberemos que 'conversar sobre sexo' com nossos filhos pode ser uma ótima oportunidade de aprendizado mútuo.

CONTENHA A ANSIEDADE

Responda somente ao que for perguntado e espere pelas perguntas subsequentes, se houver.

Por vezes, nossa ansiedade nos leva a precipitações desastrosas:

"– Mãe, como é que eu fui parar dentro da sua barriga?" – pergunta o filho de três anos de idade.

A mãe, espantada com o inusitado da pergunta, surpreendida e preocupada em responder corretamente, vai logo dizendo:

"– Ah, meu filho! Na verdade, seu pai teve comigo uma relação sexual e quando ejaculou os espermatozoides caíram dentro da vagina e foram até o útero e as trompas e encontraram o óvulo e houve a concepção e nove meses depois você nasceu!".

Diante de tal enxurrada de informações, despejadas bem depressa e de uma só vez, os olhos da criança, decerto, hão de se abrir desmesuradamente e a 'cara de paisagem', ou de pânico, logo irá aparecer. Aí, o pequeno poderá cair no choro e perguntar:

"– Mamãe, o papai bateu em você para eu nascer?!"

Imaginem o trabalho que poderia dar tirar esta ideia da cabeça do coitadinho...

Neste caso, foram dadas à criança muito mais informações do que ela havia pedido e de uma forma que alguém tão jovem seria incapaz de compreender. Tudo porque a mãe quis se livrar da 'saia justa' e colocar, rapidamente, um ponto final ao seu próprio constrangimento. Acrescentamos que a própria criança não estava nada constrangida quando perguntou.

Assim também pode acontecer com nossos filhos adolescentes e jovens.

É possível que venhamos a concluir, por conta de nossa ansiedade, que a situação que nossos filhos estão trazendo poderá levá-los por caminhos desastrosos. Bem depressa, então, vamos colocando nossa posição e explicando coisas que eles não entendem e para as quais não pediram qualquer esclarecimento.

"– Não reclame meu filho! Estou falando das coisas que, tenho certeza, você vai encontrar pela frente!"

Pode até ser que estejamos certos em nossas previsões, contudo, não há de ser dessa maneira que haveremos de contribuir para o aprendizado de nossos jovens. Ao procedermos com precipitação, não estaremos fornecendo esclarecimentos, mas, sim, tentando impor nossos pontos de vista, que para eles realmente serão nada mais que um lado da questão apenas. É necessário que ajudemos nossos filhos a chegarem às suas próprias conclusões, fornecendo-lhes informações 'não viciadas', a fim de que possam, eles próprios, construir seu aprendizado.

Além disso, apresentando-lhes colocações que ainda não sejam de interesse, não estaremos contribuindo para uma aprendizagem significativa por parte de nossos jovens, de crianças a adolescentes, uma vez que é possível eles ainda não estarem aptos a compreender nosso raciocínio. Podemos, igualmente, gerar neles ansiedades e temores, capazes de inibir suas experiências sadias.

"– Pai? Olha só: aquela menina de quem eu tinha te falado, a Joana, veio pra cima de mim, no recreio, e me deu um beijo na boca! Acredita?!"

"– Nossa, meu filho! Cuidado com essa menina! Parece até prostituta, que vai agarrando qualquer um que passa. Trata de sair de perto dela! Não deixa ela te beijar mais, não. Vai que te passa uma doença! Depois vai querer arrumar filho com você e é ó... adeus vestibular. Você vai ter é que trabalhar! Adeus adolescência, adeus vida boa, adeus amigos e liberdade! Sai dessa, meu filho! Está muito cedo para namorar assim tão firme. É muito cedo! Você tem só dezesseis anos."

"Mas quem foi que falou em namorar firme? – o rapazinho questionará, decerto. – Dezesseis anos é "cedo" demais para namorar?!".

O discurso desse pai foi totalmente inadequado. Em primeiro lugar, porque fez um julgamento maldoso da colega do filho, chamando-a "prostituta". Em segundo, porque mencionou, em seguida, doenças sexualmente transmissíveis, sem conhecimento de causa, deduzindo que a moça já teria tido relações sexuais e que, nem ela, nem seu filho, pensariam em fazer uso de métodos contraceptivos. Por fim, previu que haveria logo uma gravidez e que, em função da mesma, o filho deixaria de estudar, para trabalhar. Mais que isso, insinuou que trabalhar cedo é ruim, que pais adolescentes perdem amigos, escola e liberdade. Para encerrar com chave de ouro, comentou que aquele simples beijo adolescente pressupunha namoro sério, o que seria precoce para o rapaz de "só" dezesseis anos.

Depois de haver dito tudo isso em tão pouco tempo, como poderia esse pai convencer o filho de que havia alguma lógica em seus argumentos?

Muitos pais não conseguem perceber que exageram nas coisas que dizem, movidos pela ansiedade. Os filhos, porém, são capazes de ler nas entrelinhas do discurso e se apressarão a concordar com tudo, para em seguida dar as costas e fazer o que bem entenderem, uma vez que, da maneira como foram expressas, as opiniões paternas são inaceitáveis. Além disso, julgarão melhor se afastar rapidamente, a fim de livrar-se de mais um longo sermão.

Tudo que o pobre rapaz do exemplo queria era compartilhar com o pai, que até aquele momento mostrara ser um amigo confiável, o primeiro beijo de uma garota por quem estava interessado. Talvez quisesse, também, saber a opinião do pai quanto a um possível namoro. A oportunidade, porém, foi anulada pelo desastroso discurso.

É de cortar o coração! Por conta da ansiedade e dos preconceitos, o pai perdeu um amigo, e o filho perdeu um exemplo e, possivelmente, seu melhor amigo também, sentindo-se incompreendido.

Para os adultos, as consequências de tal situação podem não parecer assim tão trágicas, pois imaginam que os filhos sempre estarão por perto, caso haja necessidade de corrigir o que foi dito.

Para os filhos, porém, as coisas podem não funcionar assim! Logo perceberão que terão que reajustar suas expectativas em relação aos pais e, de desilusão em desilusão, passarão a considerá-los pessoas respeitáveis e queridas, mas inadequados na qualidade de amigos e confidentes.

Isso é muito comum! No entanto, poderíamos ajudar a aliviar as coisas, não é mesmo?

Querido companheiro de lutas na Terra, se você está passando por isso, aprenda e reformule sua conduta.

O bom é que podemos conquistar amigos e confidentes a todo o momento, e ainda poderemos conseguir que nossos filhos voltem a nos ver como amigos de novo.

Respeite sempre

Acolha todos os conceitos e dúvidas, sem jamais desprezá-los ou ridicularizá-los.

Lembre-se de que o jovem, ou o adolescente, já terá que ultrapassar uma barreira considerável para conversar com os pais sobre temas que a sociedade considera tabu. Caso recebamos tal iniciativa com zombarias ou humilhações, estaremos fechando, em caráter definitivo, a porta que garante acesso a eles.

Comentários como:

"– Puxa! Sabia que você ia fazer isso!"

Ou:

"– Ai, ai, ai, você não entende nada mesmo, não é!"

Ou ainda:

"– Não, não, não! Está tudo errado! Não seja tão bobo. Espere que eu vou te ensinar como é que se faz."

Ou, finalmente:

"– Você ainda não viu nada! Tem muito que aprender! Nem sabe do que está falando."

Esses comentários podem até ter algo de verdade, mas foram feitos de maneira depreciativa e acachapante. Tentemos nos colocar no lugar de nossos jovens e imaginar como seria, para nós, ouvir esse tipo de comentários, após relatarmos uma experiência nossa a um chefe de trabalho, por exemplo.

É preciso que acolhamos as dúvidas de nossos filhos com todo respeito e consideração, demonstrando interesse e compreensão. Só assim estaremos sinalizando que poderão nos procurar sempre que precisarem, sem medo de serem humilhados ou ridicularizados.

Lembremo-nos de que os jovens e adolescentes já encontram grandes dificuldades para serem acolhidos junto aos seus próprios colegas, que costumam receber uns aos outros com chistes e piadas, toda vez que alguém confessa ou dá mostras de fraqueza ou ignorância.

Portanto, sermos receptivos em casa garante que nossos filhos continuem nos adotando como referência de segurança a confiabilidade.

SAIBA OUVIR

Ouça mais, fale menos.

Na posição de quem assume o papel de orientador, a conduta de bom ouvinte garantirá que consigamos escutar todo o relato que tanto nos interessa.

Por vezes, os pais nos apresentam a seguinte queixa:

"– Meu filho nunca quer conversar! Fica sempre trancado no quarto e eu nada sei de sua vida particular! Ele não conversa, não diz nada!"

Aí, nós perguntamos: E você, fala com ele?

"– É claro! Nos poucos momentos de conversa, eu aproveito e falo logo tudo que ele precisa saber. Afinal, ele não pergunta nada mesmo!"

Então, nós tornamos a questionar: E você sabe o que o seu filho pensa sobre sexualidade? Conhece as opiniões dele acerca do assunto?

"– Eu, não! Como é que eu vou saber, se não dá nem tempo para conversar tanto? Quando a gente começa a falar, ele logo já quer 'pular fora'!"

Está aí uma situação muito comum, não é mesmo? Mas saiba que ela poderia ser evitada com alguns cuidados.

Deveríamos incentivar o relato verbal de nossos filhos com expressões do tipo:

– Hã, hã..., e daí!

– E o que mais?

– E depois, o que aconteceu?

– E o que você mesmo acha disso?

Bem, essas são apenas algumas sugestões de como deixar claro nosso interesse e encorajar nossos jovens e nossas jovens a falar.

Fazendo isso, poderemos não somente estimular um relato tranquilo, como também gerar a confiança para outros comentários relacionados, que nos darão a oportunidade de conhecer as opiniões e pontos de vista pessoais de nossos filhos, dando-nos uma ideia mais clara de sua maturidade e decisões íntimas, bem como de seu juízo de valores.

Ao invés disso, porém, costumamos partir logo para admoestações e cobranças, jogando a carga de nossa ansiedade sobre eles.

Se nos pusermos a 'passar sermão', sem que nossa opinião seja pedida, então, nossos jovens depressa se desinteressarão de nosso aborrecido monólogo.

Um tempo adequado para bem ouvir é nossa garantia para uma melhor orientação, pois somente após um 'diagnóstico' mais completo possível, sem deduções, preconceitos e precipitações, é que conseguiremos buscar recursos que realmente façam a diferença.

E, ademais, como é que conhecemos as pessoas? Ouvindo-as, é claro! Portanto, meu caro amigo e minha cara amiga, ouçamos nossos filhos com atenção e carinho. Seguremos nossa língua, para que tenhamos tempo para conhecer quem, de fato, nossos filhos são, o que pensam e o que estão fazendo da vida.

Além disso, é importante que falemos moderadamente, quando for conveniente, respeitando a individualidade de nossos jovens, bem como suas opiniões, sempre que necessário.

Proteja seu filho

Controle e discipline o acesso de seus filhos à mídia e não deixe de fiscalizar as informações escolares, enquanto for conveniente, sobretudo em se tratando de filhos na fase da infância e da pré-adolescência.

– Ah, mas espera aí! Se eu ficar protegendo meus filhos, quando é que eles irão aprender a se virar sozinhos?

Pense um pouco, caro leitor: os outros é que irão educar sexualmente seu filho? Será que ele terá, de fato, que se virar sozinho para obter informações? Não seria você o primeiro a fornecê-las, adequadamente, a ele, ou a ela? Será que você permitiria que fossem dizendo qualquer coisa a seu filho pequeno, sem seu conhecimento?

– Bem, mas em meio a tantas informações, serão eles capazes de selecionar as que forem boas, ficando apenas com as melhores. Afinal, o mundo é como é! Além do mais, como poderei eu evitar que ele escute as coisas que dizem os colegas, a TV, os professores, etc., etc.? Não dá para esconder nossos filhos do mundo!

É verdade que, em meio às informações veiculadas das mais variadas formas, há as que são boas e as que não são. E é possível que nossos jovens sejam capazes de encontrar, de fato, as que são boas. Mas quais haverão de escolher? Você tem como saber de que maneira os outros irão apresentá-las? Sim, porque não ignoramos que certos desregramentos estão muito em voga hoje em dia e que disparates são apresentados de maneira muito atrativa!

E só porque achamos que o mundo é assim, vamos entregar nossos filhos a ele? Então para quê a família? Para que a educação?

De fato, jamais conseguiremos isolar nossos filhos do mundo, nem devemos fazê-lo. Contudo, coloque uma mudinha tenra sob o sol forte e veja o que acontece.

– Mas eu tenho confiança nos meus filhos e tenho a certeza de que eles virão conversar comigo, sempre que tiverem dúvidas.

Então ótimo! É aí que está a segurança.

Quando nossos filhos possuem vínculos genuínos e firmes conosco e uma boa formação moral, como resultado disso, estarão prontos para selecionar as informações que chegam através dos mais diversos meios de comunicação e submetê-las ao padrão dos valores adquiridos. Afinal, é isso que nós, adultos, também fazemos constantemente.

Devemos estar atentos, porém, enquanto o processo educacional sexual ainda não estiver sedimentado o suficiente, de modo a podermos proporcionar, com a segurança necessária, autonomia aos nossos filhos.

É preciso que participemos ativamente do controle das informações que chegam por fontes diversas, que não as nossas, enquanto nossas crianças, pré-adolescentes e adolescentes não tiverem maturidade suficiente para elaborar um bom julgamento íntimo.

Inteirarmo-nos dos programas educacionais da escola, através de nossa participação em reuniões de pais, estabelecermos regras de acesso à internet, estarmos atentos às amizades de nossos filhos enquanto isso se fizer necessário, saber onde estão e o que estão fazendo, além de selecionarmos programas e canais de televisão que não firam a dignidade de nosso lar, estão entre as preocupações que não devemos negligenciar.

Em nossa opinião, isso não implicará isolar nossos filhos do mundo, mas, sim, prepará-los para o mundo.

E, é claro, isso demanda esforço de nossa parte.

Nunca se esqueça do melhor

Não perca a oportunidade de enaltecer as funções morais mais elevadas do sexo e do casamento. A grande maioria dos jovens ignora os reais fundamentos de ambos e um dos motivos para tal é que nós, os pais, também os ignoramos.

"Sexo não é só prazer físico e casamento não é sexo todo dia." "Sexo não enjoa." "Casamento não prende ninguém." "A rotina não é nossa inimiga." Bem, raras são as pessoas capazes de sustentar a verdade dessas afirmações de maneira convincente! O resultado disso é que, quase sempre, iniciamos a vida sexual iludidos e, por isso mesmo, não sabemos lidar com a situação quando, fatalmente, 'caímos na real'. Será que nos faltou informação?

– Não, o que faltou foi experiência, não é mesmo?

Aí nós dizemos: se você chegou a uma encruzilhada, pela primeira vez, e errou o caminho, foi falta de experiência para escolher que rumo tomar, ou foi porque não pediu instruções a alguém que já conhecia o caminho?

– As duas coisas, talvez!

Certo! O fato de ser a primeira vez que você passa por um caminho não pode ser mudado. Sabendo disso, você bem poderia ter pedido algumas indicações para alguém mais experiente, ou ter levado um mapa do trajeto. Sim ou não?

Portanto, minha gente, informação adicional ajuda muito, quando nos falta experiência. É de crucial importância que ressaltemos para nossos jovens os aspectos mais elevados, reais e duradouros do sexo, do casamento e de qualquer outro tópico relativo à vivência sexual, antes que chegue o momento de eles próprios terem suas experiências. Tais ensinamentos, sem dúvida, servirão para guiá-los rumo a melhores escolhas em suas vidas.

Sejamos sempre sinceros com nossos filhos. É possível que tenhamos receio de que nosso relato nu e cru da realidade possa acabar por frustrá-los, arruinando seus sonhos, sobretudo quando nossas próprias experiências não tenham sido as melhores. Não nos esqueçamos, contudo, de que os filhos não são exatamente o que nós somos e, portanto, não terão que repetir nossas próprias escolhas menos felizes, sobretudo quando lhes indicamos, com clareza e racionalidade, os melhores caminhos a seguir. Pelo contrário, estaremos ajudando-os a garantir uma maior possibilidade de sucesso e felicidade. Não deixemos que a ingenuidade, imaturidade e inexperiência os levem a escolhas equivocadas.

É claro que nossos jovens não seguirão exatamente os caminhos que lhes apontarmos, e nem deveriam fazê-lo, uma vez que são individualidades diferentes das nossas. Mas, pelo menos, estaremos dando-lhes a oportunidade de tomar contato com os fatores mais importantes a considerar no momento de decidirem pelo caminho a tomar.

Ao invés de priorizar tão somente a importância de um bom relacionamento sexual, podemos despertar em nossos filhos a consciência das qualidades a considerar no momento da escolha da pessoa que compartilhará suas vidas, na formação de seu futuro lar.

Muito mais importante do que nos limitarmos a desejar-lhes um bom casamento, que seja sempre um 'mar de rosas', é prepará-los para enfrentar os conflitos inevitáveis, que certamente virão com os desafios do dia a dia, mostrando-lhes como vencer tais desafios e construir uma família, trabalhando na educação cotidiana do espírito, que é a verdadeira finalidade do casamento. Em outras palavras, não estaremos roubando a ilusão feliz de nossos filhos, mas sugerindo-lhes os melhores caminhos para a construção de uma felicidade real.

Portanto, compartilhemos com nossos jovens as melhores informações que tivermos, sobretudo a partir das experiências que nós próprios vivenciamos, analisando-as conjuntamente e aprendendo a cultivar os bons resultados, evitando os indesejáveis. Vai valer a pena!

Não podemos nos esquecer de deixar claro para nossos filhos que, ao contrário do que possam dizer por aí, os melhores aspectos do sexo e do casamento existem sim, e não são passageiros! O que ocorre é que eles permanecem desconhecidos de um bom número de casais, noivos e pais.

Mais adiante, falaremos especificamente acerca do noivado e do casamento.

O DOCE É BOM, MAS ACABA

Destaque o aspecto fugaz e fugidio, embora intenso, da satisfação sexual, colocando-a como secundária nas realizações familiares, mesmo ao longo do namoro e o noivado.

Satisfação sexual não é relacionamento sexual, ou seja, satisfação sexual é um possível resultado do relacionamento sexual, que, por sua vez, depende de uma série de outros fatores, não apenas físicos.

Não estamos querendo dizer que o sexo não é importante ou que seria dispensável. Estamos querendo deixar claro que a satisfação sexual é fugaz e pode gerar amargos dissabores.

Os pais mais experientes decerto enfrentaram crises e conflitos no campo sexual, se é que ainda não os enfrentam. E, se continuam juntos, é porque descobriram ou estão lutando para encontrar soluções para os mesmos.

Muitos de nós só descobrimos que tais conflitos existiam depois do casamento, uma vez que, na maioria dos casos, nossos pais não chegavam sequer a abordar o assunto.

Quantos casamentos recentes são desfeitos por dificuldades na área sexual, porque os cônjuges não conseguiram ultrapassar o choque de interesses, a decepção e a surpresa do inesperado! Quantos outros giram em torno da satisfação sexual a todo custo, como se esse fosse o único alimento importante para o relacionamento, entregando-se a verdadeiros exercícios de imaginação, caminhando para o desequilíbrio e a violência, consequente de suas convicções pessoais.

No final das contas, acabamos descobrindo que teremos de fazer muitas concessões, renunciar aqui e ali, abrir mão de outras tantas coisas, insistir na mudança interior e, sobretudo, não deixar de investir no cônjuge.

Acerca de tudo isso devemos informar nossos filhos, de maneira a dar-lhes um 'ingrediente' a mais para o namoro, noivado e casamento. Não temos a intenção de dizer que a satisfação sexual é dispensável, mas que, no final das coisas, o que garantirá o relacionamento serão as realizações de caráter moral.

De maneira geral, os pais e a família abordam esse assunto como se fosse algo que os namorados e noivos deverão descobrir sozinhos, pois antes não teriam como compreendê-lo. Usamos expressões como:

"– Ah, vocês vão entender depois! Agora são jovens demais para saber o que é sacrifício pessoal."

"– Aproveitem agora, porque depois que a lua de mel acabar é que virão os desafios!" (nunca falam, porém, a que desafios se estão referindo).

"– Não posso falar nada, porque cada um é cada um. Mas vocês vão descobrir que as ilusões acabam bem depressa.".

Pois é, falamos dos desafios, das frustrações, do que 'é importante', sem nunca entrar em detalhes. Para os namorados e noivos tudo isso não passa de avisos sem significação, ou de impressões mal ajustadas de pessoas frustradas.

Na realidade, podemos apresentar aos nossos filhos jovens os bons ingredientes do relacionamento duradouro, até mesmo sem mencionarmos nossas experiências. Basta que lhes mostremos outros fatores importantes e reais, que mantêm um casal unido.

Mas seria também importante que não apenas citássemos estes fatores, mas analisássemos cada um deles em profundidade. Desse modo, os exemplos já se tornam essenciais. Como já dissemos, não precisamos ser sempre, nós mesmos, ótimos exemplos, uma vez que nossas dificuldades já serão excelente material de aprendizado real para nossos jovens. Nesse processo, caberá a nós, pais ou orientadores, sermos invariavelmente honestos, falando-lhes acerca de nossos erros, bem como das lutas que estamos enfrentando no propósito de corrigi-los.

Dessa maneira, nossos jovens adentrarão pelas experiências do namoro com escolhas mais maduras, ainda que possam ser temporárias, tendo em vista que nem todo namoro perdura. Um dia, eles irão vivenciar, provavelmente, um namoro mais sério, buscando no outro os ingredientes que irão, de fato, sustentar sua satisfação sexual, moral e espiritual. Investirão num noivado com uma possibilidade maior de sucesso, já que, a essa altura, terão uma noção bem mais clara do relacionamento 'além do sexo'.

Sobre as primeiras experiências

Demonstre com lógica os perigos da promiscuidade e do início precoce de um relacionamento sexual e amoroso, hoje tão em voga entre os adolescentes.

Antigamente, nas primeiras décadas do século XX, costumava-se dizer:

"– Senhor Matias? Meu nome é Valter. Eu e sua filha Aline nos conhecemos recentemente e descobrimos que temos forte simpatia um pelo outro. O senhor permitiria que eu me correspondesse, por carta, com ela?"

Já menos antigamente, costumava-se dizer:

"– Senhor Matias? Meu nome é Valter. Eu e sua filha Aline nos apaixonamos e estou pedindo sua permissão para namorá-la."

Um pouco mais para frente, dizia-se:

"– Pai, 'tô' paquerando o Valter. Posso trazer ele pra casa, para o senhor conhecer?"

Por volta da década de 80, a conversa costumava ser mais ou menos assim:

"– Aline, o que está acontecendo com você?"

"– Nada pai, é que eu estou namorando há algum tempo..."

"– Ah! E você pode trazê-lo aqui em casa, algum dia, para que eu o conheça?"

Já, há alguns anos atrás, a conversa voltou a se modificar:

"– Mãe, tô 'ficando' com um tal de Valter. Se rolar alguma coisa eu te falo, tá?"

Hoje é assim:

"– E aí Aline, como foi a festa?"

"– Ah, mãe, tava meio chata. Consegui 'ficar' meia horinha com o Luiz, e um pouquinho mais com um tal de Carlos. Mas acho que gostei mesmo foi de um carinha, chamado Valter, com quem eu 'fiquei' no final da festa."

Pois é, assim são as coisas... Não vamos generalizar, mas é mais ou menos por aí. Vocês sabem que o conceito de promiscuidade muda, não é mesmo?

Mas o problema é que, não tendo respostas em casa, os jovens irão buscá-las em outros lugares. E descobrindo que é gostoso, vão querer sempre mais. Até que acabam chegando mais longe do que seria conveniente.

Esse é o resultado de uma combinação de fatores: pais relapsos, ignorantes, ou simplesmente preguiçosos demais para acompanhá-los; filhos imaturos demais, entregues às manifestações mais primitivas e simples da libido, desinformados e descuidados; mídia manipuladora, despudorada, morrendo por si mesma que, em não encontrando motivos dignos de notícia, vai espirrando seu veneno moral, enquanto estertora, moribunda; comércio alarmante do sexo e das sensações dele advindas; espíritos ignorantes e primitivos, que se organizam nos planos fluídicos mais inferiores, intentando transformar a humanidade no seu playground particular.

Será que alguém pode ainda ter dúvidas de onde se origina a tendência atual para a promiscuidade?

Se nós, pais, não estivermos conscientes da realidade mais abrangente, acima descrita, estaremos inaptos para detectar os perigos a serem evitados, e consideraremos os comportamentos promíscuos de nossos filhos como sendo produto do modismo vigente.

"– Ah pai! Ah mãe, todo mundo faz assim! Se eu também não fizer, vão rir de mim! Deixem que eu aproveite, também! Só eu vou ficar de fora?"

Contra tais argumentos, que são fortes aos olhos de nossos jovens, uma vez que a aceitação e inclusão no grupo a que pertencem são muito importantes para eles, deveremos opor a razão e a lógica que eles estejam aptos a compreender.

Tudo que analisamos nos itens anteriores deve ser aplicado nestes momentos, a fim de conduzir nossos filhos ao entendimento seguro e significativo para suas consciências, a ponto de preferirem o que é prudente ao que está 'na moda'.

Faz-se essencial, portanto: ouvir seus argumentos com atenção, analisar seus pontos de vista, seus receios de não serem aceitos pelo grupo; identificar suas tendências, ansiedades e inseguranças nas entrelinhas das conversas; procurarmos nos informar quanto aos acontecimentos e ao status social que nossos filhos possam estar perseguindo, através de atitudes mais perigosas; informar-lhes das consequências dos atos que estão praticando, sem pré-julgamentos; exemplificar sempre que possível.

Da mesma forma, devemos estar atentos às tendências que eles trazem de encarnações pretéritas e que se podem estar manifestando, através de hábitos desregrados. É bem provável que venhamos a enfrentar uma resistência maior do que a habitual por parte de nossos filhos nestas situações, visto que estaremos lutando para vencer comportamentos mais antigos, cultivados no passado, em outras experiências reencarnatórias.

Medidas extremas

É possível que as más tendências inatas, alimentadas pela influência das experiências e dos estímulos nocivos, já presenciados por nossos filhos jovens, sobreponham-se, de maneira intensa, à capacidade de orientação e esclarecimento dos pais, amigos, familiares e profissionais qualificados.

Poderemos concluir, então, com pesar e preocupação, que o livre-arbítrio é nosso grande obstáculo, quando, via de regra, é nosso grande aliado. Mal utilizado, ele conduzirá nossos jovens, por vezes, a ações perigosas, que acabarão por acarretar, certamente, danos físicos e psíquicos a eles e àqueles com quem se relacionarem. Incluímos, nesses casos, não somente as condutas imprudentes mais comuns, mas também as condutas arriscadas e criminosas, à promiscuidade que expõe a doenças sexualmente transmissíveis, aos abusos e atentados ao pudor, ao estupro, à pedofilia e aos comportamentos bizarros de toda sorte.

Nessas situações, em que a vida de nossos filhos, assim como a de outros indivíduos, estarão em risco, devido à incapacidade de se bem conduzir, medidas mais extremas de contenção serão justificáveis.

É claro que, mesmo em se falando de medidas mais drásticas, existem modulações e gradações diferentes, a serem aplicadas a cada caso em particular. Quase todas essas medidas incluirão certa restrição na relativa liberdade de ir e vir, que variarão desde castigos domésticos, até prisões de caráter judicial. Algumas dessas medidas poderão incluir tratamentos medicamentosos.

Infelizmente, nem todas essas medidas de contenção serão acompanhadas de medidas educativas intensivas, como seria de se esperar. E, mais uma vez, o aprendizado continua sendo a solução infalível para todos os desvios de conduta, sobretudo para aqueles que parecem ser insolúveis.

Alguns pais, depois de uma verdadeira maratona em busca de psicólogos, médicos e psicoterapias que mostraram ser insuficientes, argumentam que "não tem mais jeito" e que o pior é que, provavelmente, a vida é que haverá de ensinar uma dolorosa lição a seus filhos.

Jeito sempre existe. De qualquer modo, se, de fato, nenhuma intervenção provar ser eficaz, serão as Leis Divinas, ou "a vida", como se costuma dizer, que acabará por ensinar aos nossos jovens aquilo que eles não puderem compreender pela razão. Nesse caso, eles serão conduzidos pela dor, até que suas resistências desfaleçam e eles optem por assumir a conduta correta. Tais são os casos para os quais as consequências funestas serão, realmente, as melhores experiências educativas.

De qualquer modo, não podemos esquecer de que antes que essas situações pudessem ser caracterizadas como intratáveis, impossíveis ou terminais, elas tiveram um começo e que, tal começo, manifestou-se, na maioria dos casos, dentro do lar.

A verdade é que boa parte dessas situações poderia ter sido amenizada, ou resolvida, se as atitudes adequadas tivessem sido tomadas a tempo. É claro que os desvios intensos de personalidade e conduta manifestam-se como sendo indomáveis, fugindo às medidas básicas do lar. Excluindo-se esses últimos, todavia, as medidas educacionais e formadoras do caráter e comportamento sexual, administradas com relativa facilidade pelos pais ou orientadores, já seriam suficientes para evitar quadros desastrosos.

Portanto, caro amigo, se houver, em seu lar, a necessidade de medidas mais drásticas, às quais sua consciência delibere recorrer, informe-se quanto à maneira de utilizá-las de forma adequada, antes que seja tarde.

Tenha coragem e determinação, paciência, equilíbrio e fé, e prepare-se para um nível mais alto de amor e dedicação, a pedido da Providência Divina.

Muitas ideias, terapias psíquicas e filosofias correntes hoje em dia são frontalmente contra qualquer medida mais drástica, sob a alegação de que configurariam exercício de violência contra seres indefesos.

De nossa parte, somos contra o uso da violência em qualquer que seja a situação. Ocorre que a interpretação do ato violento é diferente para quem o executa e para quem é a ele submetido. Assim sendo, filhos desequilibrados dirão que estão com a razão e que podem fazer o que quiserem, considerando violento qualquer ato que os contrarie. Pais irresponsáveis, desinformados e imaturos, por sua vez, poderão recorrer à irritação e descontrole emocional, aplicando punição violenta, que lhes satisfaça o ego, ao invés de corrigir os filhos de maneira sadia.

Para os pais e educadores conscientes, porém, a tomada de medidas extremas significa participar de maneira ainda mais ativa na proteção e educação dos espíritos que lhes foram confiados, na condição temporária de filhos.

Colocar de castigo, impor condições, estabelecer metas obrigatórias, retirar privilégios, etc., são exemplos de medidas que só serão efetivas, se houver muita honestidade, compromisso, senso de justiça e firmeza de caráter por parte dos pais ou educadores. Nesse caso, serão mais difíceis de aplicar e exigirão atitudes mais decididas do que o diálogo esclarecedor, que já é, por si só, operoso.

Bem, a esta altura já estamos prevendo a clássica pergunta:

"– E bater, pode?"

Seria fácil de responder, se o assunto não fosse tão polêmico.

Arriscando-nos ao julgamento dos amigos leitores, trouxemos esse assunto para análise, tendo em vista as dúvidas que o mesmo suscita e que, com raríssimas exceções, não são tratadas com a devida profundidade pela literatura espírita disponível. O resultado é que a frustração permanece.

Temos consciência de que agora estamos fugindo dos objetivos principais deste estudo, que envolve os desafios da sexualidade, e adentrando pelos campos da pedagogia e da educação infantil.

A única forma plausível de justificar nossa intromissão em tais campos é lembrar que a educação e a pedagogia utilizadas pelos pais são a base do sucesso da educação sexual de seus filhos.

Já que nos propusemos a colaborar com material para orientação sexual na infância, adolescência e juventude, vamos tentar enriquecer o olhar do leitor com relação à prática do castigo físico.

Antes de qualquer coisa, lembramos que violência contra a criança é crime previsto em lei. E, como diz o ditado, "violência gera violência". Já declaramos, de antemão, que somos totalmente contrários à violência doméstica e ao abuso da condição de pais, para justificar maus-tratos à criança, adolescente e jovem. Somos da opinião de que bater ou castigar fisicamente são atos que traduzem violência sem razão.

A contenção física, contudo, ou o ato de chamar a atenção por meios físicos pode ser instrumento útil nas graves crises morais do lar.

Quando, por uma infelicidade qualquer, vemos a criança ou jovem chegar aos píncaros do descontrole psíquico, de forma que o diálogo não mais se torne possível, quando suas atitudes coloquem em risco sua própria vida ou a vida de outros, então, cogitaremos de empregar esses recursos extremos.

Existem ocasiões em que a contrariedade dispara, em determinados indivíduos, uma sequência de reações psíquicas em cadeia, que anula quase completamente a capacidade de raciocinar, levando a reações puramente instintivas.

Isso pode acontecer com qualquer criança, adolescente ou jovem, desde que tragam em si as tendências inatas predisponentes. Não raro, estas tendências são também incentivadas por processos obsessivos variados de caráter mais duradouro.

Durante as crises de descontrole, que podem surgir de uma simples discussão no lar, observamos que as possibilidades de entendimento pelas vias racionais são aos poucos eliminadas, à medida que a contrariedade se mantém. Surgem, então, as reações de agressividade a si mesmo ou a outrem, que podem crescer de importância, de acordo com a ocasião.

Observamos, também, que nesses casos, felizmente pouco frequentes, a criança, adolescente ou jovem abandona-se às reações instintivas, que não atendem mais a qualquer argumento verbal.

Quando a crise se limita a agressões verbais, o mais acertado é deixá-la passar, até que o diálogo esclarecedor seja possível.

Há situações em que os jovens agridem fisicamente a si próprios, com a finalidade de chamar atenção, ou partem para a agressão física aos pais. Tais são os casos que exigem maior cuidado e dedicação, bem como decisão imediata e coragem moral para tomar a atitude mais dura e correta.

Falando com isenção emocional, sabemos que o mais eficaz é que se contenha fisicamente o jovem agressivo, a fim de proteger sua integridade e a dos demais indivíduos envolvidos na situação, até que a crise passe. O que costuma gerar a violência doméstica e o abuso propriamente dito, contudo, é que os pais ou educadores, com frequência, são incapazes de agir com equilíbrio emocional em tais momentos, deixando-se levar igualmente por reações instintivas de raiva e vingança, aproveitando-se do fato de serem fisicamente mais fortes, para ir à desforra.

Mais comuns são os casos em que, no conflito, predomina a necessidade de impor o domínio moral, ou seja, as duas partes sentem a necessidade de 'marcar território', de 'mostrar quem manda', determinar quem é 'o macho ou a fêmea alfa' do lugar.

Existem crianças obstinadas a ponto de se entregarem a crises egoicas homéricas, altamente chantagistas e manipuladoras, em relação às quais os habituais recursos limitadores da liberdade, tais como castigos, privação de liberdade, etc., parecem não funcionar, podendo até piorar a situação. Os pais sentem-se desnorteados, e mesmo os profissionais detectam extrema dificuldade em lidar com o quadro.

A nosso ver, o grande problema está na linguagem significativa que a criança está adotando no momento, assim como nos valores que são realmente importantes para ela em tais situações.

Uma observação acurada nos fará constatar, com considerável surpresa, que essas crianças estão 'dialogando' de maneira mais 'primitiva' do que a esperada pelos pais e educadores. Trata-se, na maioria das vezes, de uma opção, mas existem casos que refletem o estado espiritual permanente da criança.

Assim sendo, se conseguirmos 'estabelecer diálogo' numa linguagem que ela entenda naquele momento, a chance de equilibrar o conflito será maior.

E como fazer isso? Quais são os valores e 'palavras' de tal linguagem?

Normalmente, os valores mais utilizados serão aqueles já trazidos de longe, na bagagem espiritual: a força física, o poder de intimidação, o domínio sobre o território e sobre a organização familiar. As 'palavras' mais utilizadas serão os gritos, a agressão física, a imposição total.

Por mais que fiquemos chocados, esse jovens não estarão, normalmente, agindo por crueldade ou 'frescura'. Na maior parte das vezes, reagem assim por medo e insegurança, pois é a maneira que seu psiquismo profundo mais conhece.

– Mas, existe alguma forma de se 'dialogar' desse jeito? Acho que assim a coisa não vai dar certo. Vamos acabar virando bichos e nos devorando!

Sim, existe uma forma.

Da mesma maneira que um espírito superior precisa adequar sua linguagem espiritualizada à nossa, mais animalizada, preservando, contudo, seus valores e superioridade íntima, nós, em tais ocasiões, precisaremos utilizar os recursos mais primitivos que a criança escolheu para se comunicar, como instrumentos temporários, a fim de alcançar um objetivo mais nobre. Mas, à semelhança dos espíritos superiores, não poderemos esquecer nossos valores mais amadurecidos e o equilíbrio íntimo, que já conquistamos, a fim de atingirmos os objetivos que pretendemos com este tipo de 'diálogo'.

É, não parece fácil à primeira vista! E isso irá exigir de nós muito mais entendimento e equilíbrio que o normal.

– Mas, precisaremos partir para a agressão física?

Não, não precisaremos, pois aí estaríamos, na verdade, disputando de igual para igual, e não de pais para filhos.

Usaremos outros recursos, que também correspondem a esse tipo de linguagem mais primitiva, sem recorrermos à agressão física propriamente dita.

Postura, linguagem corporal, entonação de voz, atitudes marcadamente firmes, gestos específicos, etc., são recursos que, quando modulados de maneira especial, poderão 'impressionar' os sentidos instintivos da criança ou jovem, no momento da crise. Outros tipos de linguagem sem palavras seriam a adoção de postura física que demonstre a força que você tem, e que poderia usar se quisesse, embora opte por não fazê-lo; a não cessão de espaço à criança, adolescente ou jovem em crise; a utilização de um tom mais alto de voz, sem perder, contudo, o respeito; atitudes firmes, que demonstrem posicionamento inflexível naquele momento, decerto, também poderão ajudar.

Se tiver que apelar para o contato físico, o pai, mãe ou cuidador deverá ser igualmente firme, sem incorrer, todavia, em agressão, limitando-se a uma contenção necessária, seja num abraço de contenção ou num toque mais firme, de modo a chamar a atenção do filho ou filha, por exemplo.

O objetivo, que nunca se deve perder de vista, é o de tentar trazer a criança ou jovem, mergulhado temporariamente em atitude instintiva de rebeldia, que lhe rouba a capacidade de ouvir, às condições mínimas necessárias para que um diálogo esclarecedor se estabeleça.

Em tais momentos críticos, a linha demarcatória entre a razão e a agressão torna-se bastante tênue e, se nós, pais ou responsáveis, não soubermos agir com discernimento e reflexão, acabaremos por partir para a agressão sem sentido, assumindo comportamento tão instintivo quanto o de nossos jovens.

Enfim, a polêmica sempre residiu em saber quando utilizar as chamadas medidas extremas e se é lícito utilizá-las. Toda vez que surge tal questão, colocam-se, de um lado, os defensores das atitudes sempre moderadas e racionais e, de outro, os que se dizem a favor do uso ocasional da agressão física.

Não somos nem por uns, nem por outros. Entendemos estes momentos de maneira diferente. É verdade que o indivíduo em crise passa a agir e reagir de maneira instintiva, utilizando-se de uma linguagem em que permanece, temporariamente, inacessível aos argumentos da razão. E, nesses casos, entenderá apenas aqueles argumentos que lhe sejam significativos em termos mais primitivos também.

De duas uma: ou aquele que se propõe a ajudar esperará que a crise, que poderá ser temporária, passe, ou acabará por adentrar, momentaneamente, no 'universo particular' do jovem em desequilíbrio, tentando apresentar a correção necessária, mediante a utilização de expressões que o mesmo seja capaz de identificar em meio ao turbilhão desses momentos.

Tal intento estará anulado, caso a pessoa que tenta corrigir o comportamento inadequado do jovem deixar-se levar pelas mesmas atitudes instintivas, não tendo qualquer controle quanto ao uso da 'linguagem', que se expressará à maneira primitiva. Portanto, recomendamos aos pais ou responsáveis que se afastem, na impossibilidade de obterem sucesso na empreitada, a fim de evitarem ser levados a praticar a violência doméstica contra o menor.

Não podemos perder de vista nosso objetivo, que será ajudar alguém, mergulhado temporariamente na inconsciência instintiva, a recobrar, o mais breve possível, a consciência e a racionalidade, a fim de que um diálogo esclarecedor possa acontecer, com o subsequente aprendizado que este trará.

Cuidado com a violência no lar!

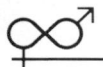

V amos adentrar pelas vias da vida sexualmente ativa, propriamente dita.

Durante nossa formação, preparamo-nos para agir e reagir de maneira sexualmente correta, ou relativamente correta, dentro de nossos relacionamentos pessoais.

Aos poucos, ao longo da evolução, fomos conduzidos pela libido aos hábitos que concordamos serem socialmente aceitos nos dias atuais. É claro
que estes variam de acordo com os diferentes povos, culturas, países e, sobretudo, segundo nossos valores morais.

De qualquer forma, esses hábitos tiveram consequências, de tal maneira
que moldaram grande parte de nossas vidas, determinando muitos de nossos principais comportamentos e dos objetivos que desejamos perseguir ao
longo de uma encarnação.

Assim, no campo afetivo, quase todos almejamos seguir os passos que
conduzam a um relacionamento estável e socialmente aceito, passando pelo
namoro, noivado, casamento, ou por fases que a estes correspondam e que,
hoje em dia, estão muito diversificadas e criativas.

Há os que dão preferência a experiências menos convencionais, que desejam sejam igualmente satisfatórias: os relacionamentos homoafetivos estáveis, ou não, os relacionamentos 'eventuais', que podem se tornar repetitivos
ou não, etc..

De modo geral, utilizamos uma série de instrumentos comportamentais,
muito comuns hoje em dia e que fazem parte de nosso dia a dia, na esperança de alcançarmos nossos objetivos. Tais instrumentos comportamentais são
facilmente reconhecíveis por todos, precedendo e acompanhando os relacionamentos humanos.

CHARME E ROMANTISMO

Talvez agora possamos falar, finalmente, de romantismo, que é também uma forma de expressão da libido.

De certo modo, ser romântico é expressar a libido da maneira mais civilizada possível. Em outras palavras, usamos de diversos requintes para disfarçar aquilo que é basicamente instintivo.

E, já que estamos falando disso, vale a pena mencionar, também, o 'charme', que nada mais é do que uma forma de os indivíduos se apresentarem de maneira civilizada e sofisticada como 'mercadoria consumível'.

– Nossa! Que forma grosseira de se expressar, não acha?

Sim, é uma maneira bastante direta e nada romântica de explicar as coisas. Mas o fato é que funciona. Contudo, vale a pena destacar que a mera existência do romantismo e do charme serve para atestar que estamos deixando, aos poucos, as velhas atitudes de brutalidade, para adotarmos as expressões mais afetivas da libido.

Quando analisamos o trabalho que dá todo o processo da conquista nos relacionamentos humanos, tomamos consciência de que tanto o romantismo quanto o charme são instrumentos bastante necessários.

Como já dissemos, com outras palavras, a aproximação dos seres humanos é muito complexa e existem diversas barreiras a serem ultrapassadas, até que os indivíduos possam estar, de fato, ligados afetivamente.

Consideremos o romantismo como a arte de tornar esse processo factível e atrativo para as pessoas envolvidas numa tentativa de relacionamento. Já o charme será visto, por nós, como um ingrediente pessoal, ou uma qualidade desenvolvida pelo indivíduo, que pretende agir de maneira romântica.

Portanto, para ser um romântico bem-sucedido, o indivíduo deverá ter, necessariamente, certa dose de charme.

Trocando em miúdos: para que faça valer o esforço de um processo trabalhoso de aproximação, o indivíduo deve saber envolver e deixar-se envolver pela atmosfera altamente indutora de expectativas e promessas desejáveis, que possam advir de um relacionamento (romantismo). Contudo, para alcançar e induzir tal estado psíquico, deve o indivíduo expor e valorizar suas próprias características naturais, esforçando-se por apresentar-se como alguém capaz de tornar reais essas promessas e expectativas (charme).

Ainda não deu para entender? Bem, há quem prefira simplificar, dizendo que o romantismo é um processo pelo qual mergulhamos em certas expectativas agradáveis acerca de um relacionamento, esquecendo-nos do resto. O charme é a 'roupa', ou 'máscara', que vestimos para sermos bons atores nesse processo.

É claro que, dependendo do ponto de vista, muitas outras definições podem certamente existir.

Todavia, é necessário que analisemos melhor esses instrumentos, de maneira a localizá-los dentro de nossos estudos.

O romantismo pode ser considerado como um estado psíquico, causado por uma forma de interpretar acontecimentos e estímulos, associados aos relacionamentos afetivos.

A libido desempenha papel insuperável nessas interpretações, levando os seres humanos a 'enxergarem' os aspectos mais interessantes, sexual e afetivamente falando, que poderiam conduzir um possível relacionamento ao sucesso desejado.

A necessidade de aproximação e estabelecimento de laços afetivos é um importante indutor, a ponto de eliminar outras necessidades práticas e conduzir os indivíduos pelos caminhos dourados e floridos do romantismo, até que essas necessidades sejam atendidas.

Portanto, trata-se de uma 'faca de dois gumes' para os desavisados, uma poderosíssima 'droga' de caráter psíquico. Por outro lado, é também um estado mental temporário, induzido pela libido, a fim de que condições sociais e afetivas, indispensáveis para a existência do indivíduo e da sociedade como um todo, sejam conseguidas. Por isso, tal estado se justifica a si mesmo. É a prova de que a libido continua exercendo sua ação.

No atual estado evolutivo em que nos encontramos, contudo, podemos nos conduzir a nós mesmos dentro deste processo, ou deixarmo-nos conduzir totalmente. Já temos condição de escolher.

O charme pode ser considerado como a qualidade que capacita uma pessoa a ser vista pelos outros como possível parceiro de relacionamento sexual/afetivo. É um conjunto de características que tornam a pessoa 'atraente' deste ponto de vista.

Aparência, cheiro, vestimentas, modo de falar, movimentos, comportamento, posição social, posses, etc., tudo isso concorre para tornar um indivíduo mais ou menos atraente.

Analisando assim, ser romântico é agir de modo a provocar um estado psíquico adequado para o desenvolvimento dos relacionamentos afetivos interpessoais. Um lugar romântico, por exemplo, é aquele que induz, por suas características, a tal estado psíquico.

Atitudes, objetos, ambientes, perfumes e tudo quanto possa ser considerado romântico são elementos que, por suas características, induzem igualmente ao mencionado estado psíquico.

Para ser considerado charmoso, o indivíduo, homem ou mulher, precisa possuir, ou cultivar em si mesmo, as características que o tornem 'viável' aos olhos do outro, a fim de ser cogitado como possível parceiro ou parceira.

Deste ponto de vista, ambientes 'charmosos' seriam aqueles que pudessem contribuir para que a imagem do possível candidato fosse eleita pelo outro parceiro. Por sua vez, para serem considerados 'charmosos', objetos e vestimentas deverão 'emprestar' características desejáveis a seus usuários. É o caso dos carros, joias, roupas íntimas, etc..

Muito bem, agora surgem outras questões: Por que padrões os elementos e as pessoas românticas e charmosas são definidos? Como é que elegemos tais ou quais características como românticas ou charmosas?

ELEGÂNCIA? DECADÊNCIA?

Os instrumentos de aproximação que a libido fez surgir entre os seres, tais como o romantismo e o charme, são, na verdade, bastante antigos e se manifestam de maneiras diferentes, até mesmo entre os animais.

Nas aves, por exemplo, estes são bem evidentes. O pavão macho é um dos que foram dotados, pela evolução, de plumagem colorida, que funciona como característica atraente para as fêmeas, conferindo-lhe 'charme'. Todavia, mesmo juntos, um casal de pavões só se irá reproduzir, se as condições do meio ambiente forem propícias, ou seja, 'românticas'.

Para a fêmea, o colorido intenso das penas do macho significa saúde e bons genes, por isso é atraente, ou charmoso. As condições do meio ambiente também precisam estar adequadas, pois implicam condições de subsistência garantidas, que induzem à reprodução. Esse é o motivo por que são 'românticas'.

A seleção dos valores que definem o que é romântico e o que é charmoso depende, nos animais, da garantia que tais valores oferecem para a conservação da espécie.

Para os seres humanos, entre os quais as manifestações da libido se apresentam mais elaboradas, os valores mais importantes devem garantir não apenas a conservação da espécie, mas também a aproximação dos indivíduos, o estabelecimento de laços afetivos e a organização das comunidades sociais.

Por mais brutas que sejam ainda algumas comunidades humanas, as manifestações do charme e do romantismo ainda assim garantirão, no mínimo, os elementos que descrevemos acima.

Ocorre que nossas relações e valores foram se tornando mais sofisticados e, desse modo, passamos a nos distanciar, cada vez mais, daquelas formas primitivas de se conseguir afeto e de se garantir a conservação da espécie pela reprodução.

Aprimoramos mais e mais os veículos que transmitem as noções de charme e romantismo, tornando-os elegantes, refinados, educados, civilizados. Paralelamente, acabamos por nos fixar nos aspectos imediatistas e ilusórios do charme e do romantismo, como quem quer saborear o perfume das flores, mas não quer comer os inevitáveis frutos que advirão. Queremos viver os prazeres e evitar as responsabilidades, sem nos darmos conta de que tal maneira de proceder nos leva a incorrer em outra forma de primitivismo, de imaturidade espiritual e de decadência transitória no que diz respeito ao exercício responsável da libido.

Na verdade, estamos fugindo exatamente dos compromissos evolutivos, que nos diferenciam dos animais, preferindo uma 'vida mais solta', com os direitos do 'amor livre', buscando a satisfação em detrimento da realização espiritual. E tudo isso devido aos valores morais que estamos adotando.

Para a maioria dos espíritos encarnados hoje em dia, a sobrevivência agradável tem mais a ver com o 'desfrutar' do que com o 'realizar'; mais relação com o 'ter' do que com o 'vir a ser'. E é justamente nesse ponto que os postulados do espiritismo fazem toda a diferença!

As noções superiores de moralidade e realização espiritual, somadas às noções da finalidade e evolução da existência imortal do espírito modificam o panorama das impressões individuais, contribuindo, definitivamente, para a adoção de valores mais sadios.

É claro que os espíritas, como quaisquer outras pessoas, conhecem e fazem uso do charme e do romantismo. A doutrina espírita, entretanto, compreende a ambos como instrumentos da libido transformada, a serem utilizados num processo de conquista evolutiva, no qual os indivíduos não mais se deixam escravizar pelas sensações e estados psíquicos temporários, que deles decorrem. Afinal, tanto o charme quanto o romantismo possuem suas manifestações mais ou menos espiritualizadas, em consonância com a libido.

O ser humano que constrói relações afetivas estáveis, duradouras, e que experimenta as boas consequências sociofamiliares que delas decorrem, sabe identificar o estado psíquico agradável, que o romantismo proporciona, como um alimento necessário à manutenção dessas relações.

O romantismo, todavia, não será utilizado apenas com vistas a objetivos sexuais ou reprodutivos, mas, sobretudo, para alimentar o compromisso, a amizade, a parceria, os elos espirituais entre as pessoas.

Notem que esses são objetivos mais morais do que físicos, mais espiritualizados do que animalizados, em outras palavras, mais evoluídos.

Assim também acontecerá com o charme, que será adequadamente complementado com o respeito, o bom-senso, a cordialidade, a fidelidade e o comprometimento. E, uma vez que já tenha sido utilizado com sucesso para o estabelecimento das relações afetivas mais importantes, deverá continuar presente, conservando os indivíduos interessados na manutenção equilibrada de seus corpos, no refinamento de sua educação e na boa apresentação familiar e social.

Inegavelmente, tanto o romantismo quanto o charme são manifestações inerentes à busca de valores morais superiores.

É por isso, caros amigos, que insistimos na compreensão adequada dos objetivos a buscar, os quais devem obedecer a uma proposta civilizadora e espiritualizante, tal qual aquela apresentada pelo espiritismo, por exemplo.

Em nossa prática diária, vemos pessoas que, por uma série de motivos, não conseguem estabelecer relações afetivas seguras e satisfatórias. Por fim, acabam por se entregar, de maneira imatura, às vivências românticas ilusórias, esforçando-se para cultivar um charme que visa objetivos inconvenientes e inadequados. Sem se aperceberem da situação lamentável em que se conduzem, tais indivíduos acabam por estabelecer relações desequilibradas, obsessivas e frustrantes.

Na ânsia gerada pela crença de que precisam desesperadamente de um companheiro para conseguir alguma felicidade na vida, esses indivíduos acabam por se tornar cada vez menos seletivos, relacionando-se com pessoas com as quais normalmente não afinizariam, levando 'gato por lebre'. Cegas, perdem o senso crítico, tão controladas estão pelo estado psíquico alterado que as cargas excessivas de 'romantismo e charme' provocam. Abrem mão da dignidade pessoal, do equilíbrio das emoções e dos aspectos nobres da vivência da libido, e acabam sendo verdadeiramente 'usadas' por indivíduos levianos.

Outras pessoas, ao contrário, parecem obter constante sucesso em suas conquistas 'amorosas'. São financeiramente privilegiadas, possuem importantes atrativos, qual sejam um belo carro e uma bela casa. Vestem-se de acordo com a última moda, são jovens e fisicamente belos. Além disso, dispõem de tempo de sobra para aproveitar seus programas e viagens, sem outros compromissos que lhes limitem a vida.

Nada anormal até aqui. No entanto, os objetivos de tais indivíduos, suas conversas, programas e vivências giram em torno da avaliação constante dos padrões de seus semelhantes: qual o celular que fulano ou fulana utiliza, qual a marca da roupa que estão vestindo, qual a posição social que ocupam, qual o carro que têm, se são 'chiques', se têm charme, dinheiro, se sabem curtir a vida, se são fisicamente belos, 'bons de cama', e por aí vai.

Na verdade, tais indivíduos não se satisfazem nunca, pois logo acabam tendo a impressão de que outra pessoa qualquer está aparentemente em condições melhores. Então, precisam arranjar um relacionamento mais notável, já que o atual 'não serve mais'. Na verdade, não estão procurando afeto, mas satisfação da própria vaidade e da profunda insegurança que carregam em relação a si mesmas. A despeito da personalidade 'incrível' que aparentam ter, são internamente muito frágeis e se deixam abalar com extrema facilidade pelas opiniões alheias.

Assim são os escravos da vivência superficial e descuidada da libido, que buscam e cultivam exageradamente o 'romantismo e o charme'.

De fato, não são românticos, nem charmosos, na acepção das palavras que utilizamos agora em nosso estudo. São, isto sim, usuários das sensações descuidadas, irresponsáveis e negligentes quanto às consequências do que fazem. Egoístas ao extremo, buscam o próprio prazer acima de tudo. São vampiros da libido. Antes de tudo, entretanto, ignoram os reais objetivos da existência espiritual. Necessitam de boa informação e do aprendizado, que chegará pela dor, caso não venham a optar espontaneamente pela reforma íntima.

PAIXÃO, SEDUÇÃO, EROTISMO

Continuando nossos estudos sobre a sexualidade do adulto, teremos que analisar outros fenômenos do comportamento humano, que foram denominados paixão, sedução e erotismo. Cada um dos três possui suas particularidades e, por estarem agregados à vivência sexual propriamente dita de forma inerente, não poderemos deixar de examiná-los com atenção.

Nós, espíritas, de maneira geral, costumamos associar um significado mais negativo à paixão, à sedução e ao erotismo. Costumamos vê-los como elementos menos evoluídos e mais animalizados. Isso porque estamos acostumados a associá-los ao comportamento reprodutivo tão somente, o que nos liga mais à natureza animal, da qual viemos, do que à angelical, em direção à qual queremos seguir.

Dizem que sem paixão não se faz nada com 'apetite' verdadeiro; afirmam que a sedução é o tempero bom dos relacionamentos e que o erotismo 'apimenta' a vida sexual. Haja culinária!

Acreditamos que todos os adultos já experimentaram essas sensações, pois fazem parte da natureza humana, e a maioria deve concordar com as declarações acima. Portanto, existe grande chance de haver alguma verdade nisso tudo.

Sem querer definir por excelência o que seja paixão, sedução e erotismo, diremos que, sem dúvida, são também estados psíquicos particulares, bastante intensos e muito específicos.

Os três se complementam: a paixão é a vontade fortemente direcionada para um objetivo. Aqui estamos considerando a vivência sexual. Quanto à sedução, é a ação decorrente desta vontade, um comportamento explícito, que visa à materialização da vivência sexual. Por fim, o erotismo é o conjunto estímulo-sensação exclusivamente sexual, de natureza físico-mental, relacionado ao ato sexual materializado ou a ser concretizado.

Em outras palavras: um é vontade/pensamento; outro é ação/comportamento; e último é sensação/estimulação.

Do ponto de vista puramente fisiológico, não há como escapar desses estados psíquicos, toda vez que vivenciamos a experiência sexual natural. Do ponto de vista espiritual e moral, todavia, haverá, mais uma vez, diferentes formas de expressarmos a paixão, a sedução e o erotismo. Encontraremos, por exemplo, muitos seres humanos aprisionados e escravizados às sensações do erotismo, obrigando-se a um comportamento sedutor permanentemente, sempre impulsionados pela paixão brutalizada, de caráter sexual. São aqueles indivíduos que se prendem à sensação e que, por causa dela, mudam seu modo de agir sem crítica ou razão, e adentram num processo de monoideísmo patológico, por força da vontade indisciplinada.

Felizmente, encontraremos também aqueles que lutam por permanecer no polo oposto. Sabem que paixão, sedução e erotismo são ingredientes ainda inseparáveis da natureza humana, mas por conhecerem as expressões mais nobres da libido, utilizam tais estados psíquicos como instrumentos, com a finalidade de sedimentarem suas relações afetivas e atingir seus objetivos evolutivos mais importantes, seja na reprodução ou no relacionamento sexual quotidiano.

Maturidade sexual do adulto

Acreditamos que, a esta altura, já tenha ficado claro que a sexualidade do adulto é completamente dependente da maturidade espiritual/moral de cada um. Romantismo, charme, paixão, sedução e erotismo representam apenas a roupagem com a qual se manifesta esta sexualidade. O importante mesmo são os resultados, as consequências da vivência sexual.

Fazendo uma recapitulação de tudo o que já vimos, diremos, de maneira sucinta, que a sexualidade equilibrada conduzirá, necessariamente, à aproximação dos indivíduos, à efetivação e desenvolvimento do afeto e das relações afetivas, ao abandono gradual do comportamento egoístico e orgulhoso, à sedimentação das relações sadias de natureza familiar e social, bem como às leis de civilidade.

A humanidade, que se civiliza e moraliza gradualmente, procura e necessita de padrões espiritualizantes cada vez mais nobres, razão pela qual as revelações de caráter moral/religioso chegaram até nós. Entre elas, destaca-se a doutrina espírita.

Deduzimos, mediante este simples raciocínio, a importância das informações equilibradas e de qualidade a respeito dos desafios que a sexualidade nos coloca constantemente.

Estudaremos, a seguir, as diversas construções afetivas que nós, seres humanos, elaboramos, via de regra, nas diferentes fases da vida adulta, ao longo de uma encarnação comum.

Nesta análise procuraremos enfatizar, justamente, os desafios e aprendizados que elas nos oferecem, cuja superação e sucesso dependem mais diretamente dos valores morais e espirituais, que estamos buscando com este nosso trabalho.

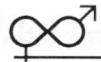
E m se falando de estados psíquicos específicos, todos iremos concordar que a época dos primeiros namoros é aquela em que nós ficamos mais 'bobos', como que desligados de tudo que nos cerca.

É a época em que os pais não mais reconhecem seus filhos adolescentes. Aliás, essa é a época em que eles mesmos, nossos filhos, não se reconhecem mais. Isso dá um conflito e tanto!

Não nos esqueçamos de que, por trás disso tudo, está a libido, a manifestar-se em mais uma etapa da vida.

Depois de estabelecidos os laços familiares e afetivos mais urgentes, quando o corpo começa a amadurecer para o exercício da reprodução, iniciam-se os ensaios da sexualidade e da afetividade, que direcionarão o indivíduo para novas experiências de relacionamento social/afetivo fora do lar, em busca de parceiros outros, que proporcionarão novas vivências complementares.

É a continuação do estabelecimento dos laços de aproximação, que irão amadurecer as relações humanas mais gerais.

Como peças de um grande quebra-cabeça, todos devemos estabelecer vínculos de natureza afetiva, que nos autorizem a participar do progresso humano. Assim sendo, é perfeitamente normal que todos nossos instrumentos adequados à conquista de tais laços despertem nessa época. Assim, seres essencialmente gregários que somos, seremos conduzidos pela libido, para atuarmos de forma a concretizar, pessoalmente, aquilo que os mecanismos evolutivos solicitam de nós.

Trocando em miúdos: todos podemos nos preparar, pois não há como escapar quando chega o momento.

Dizem que 'os hormônios despertam', mas nós já compreendemos que estes são apenas parte do processo que, de fato, é muito mais psíquico que fisiológico.

Assim, lá vamos nós em busca do sonho e da realização de nossas expectativas mais diversas. E quando desavisados, não temos consciência de nossas próprias ilusões. E sofremos com elas!

Hoje nos vemos completamente extasiados, com as melhores expectativas, para amanhã sermos, de repente, os últimos seres do mundo, desprovidos de sorte, de proteção e sem perspectivas, tão somente porque nosso 'caso' não deu certo.

E, no entanto, quem há de negar que a época dos primeiros namoros é linda, maravilhosa, inesquecível, e que a adolescência é uma fase mágica? Vivemos mais intensamente, mais corajosamente, com menos prudência, com mais ímpeto, com menos sabedoria e mais impulso.

Interessante é que, quem mais afirma isso são os adultos, não é mesmo? Ou os adultos jovens, que passaram por isso há pouco tempo, e consideram que a adolescência foi mesmo uma época 'muito louca', ótima e tudo mais. Enquanto isso, o adolescente que atravessa essa fase de tantas mudanças, pode pensar diferente.

Namoro é ótimo, ninguém nega, mas pode também ser motivo de muita ansiedade, de muita frustração, de desilusão, de emoções fortes mesmo, mas não necessariamente as mais felizes. Num dia estamos no paraíso, para no dia seguinte, inesperadamente, por um motivo bobo qualquer, ouvirmos do namorado ou da namorada que "a relação não está dando certo" ou que "você não é mais a pessoa certa para mim". Algo do tipo "Vamos dar um tempo?".

Pois é, a semelhança é pura coincidência, caso alguém já tenha passado por isso!

Além disso tudo, é certo lembrar que esse é também o momento da vida em que outras preocupações graves estão batendo à nossa porta. É o tempo do vestibular... O que faremos da vida? Carteira de motorista: quero minha liberdade! Morar fora, ou não? O quanto eu quero, de fato, ser independente? Meus pais são boas referências?

Assim, por vezes, acabamos dividindo a carga emocional com o primeiro que aparece, dizendo que quer dividir a vida conosco. Então, alguns meses mais tarde, a pessoa diz que está cansada, que enjoou, ou que não quer mais levar o namoro para frente!

É, isso é motivo para muita 'fossa'! E tem jovem mais 'dramático', que até já se suicidou por causa disso...

– Ei cara! Mas isso é coisa do passado! Ninguém mais entra em 'namoro' – que coisa mais antiga! –, ninguém mais arrisca tanto. Todo mundo agora sabe que não se pode firmar compromisso tão cedo. O negócio é curtir essa época, e não ficar com compromissos que podem acabar a qualquer momento. Nós não somos mais bobos, não.

– Esse negócio de 'fossa' é para nossos pais! Imagine se vamos ficar mal só por causa disso!

Que ótimo! Agora os pais podem ficar mais tranquilos, então, pois, afinal de contas, os jovens de hoje parecem ter evoluído. Já sabem separar compromisso de amizade temporária ou diversão. Estão protegidos das frustrações que nós tivemos em nosso tempo. Bom para eles! Precisam mesmo é curtir esta época maravilhosa. Que bom se fosse mesmo assim...

Queridos amigos, jovens e não jovens, vamos acordar! A verdade é que as coisas continuam acontecendo do mesmo jeito, só que com nomes diferentes.

Será que os valores sociais se modificaram tanto assim na essência? E se se modificaram, foi mesmo para melhor? Em que ponto?

Vejam bem, não estamos querendo fazer o papel de 'advogado do diabo', nem somos pessimistas em relação ao assunto, mas é que há fatores que precisam ser mais bem analisados.

Está certo que acreditemos que é melhor mesmo que nossos filhos não assumam compromissos inadequados à sua pouca maturidade. Mas vale a pena lembrar de que, 'antigamente', os relacionamentos afetivos se materializavam um tanto mais tarde! Os jovens que se aventuravam a namorar no período pós-segunda guerra, estavam na casa dos vinte anos. Há vinte anos, também, a idade média dos que namoravam pela primeira vez girava em torno de quinze a dezessete anos. Hoje são as crianças que falam pela primeira vez em 'ficar' – e ficam mesmo! – já em torno dos 11 a 13 anos de idade.

É interessante notar, também, que os jovens de 'antigamente' iniciavam um relacionamento, num momento de suas vidas em que tanto seus corpos, quanto sua maturidade psíquica, estavam mais desenvolvidos.

Hoje os 'jovens', com muito menos idade, não querem e não podem assumir compromissos mais sérios, mas querem desfrutar – e desfrutam! – de todas as 'regalias' de um relacionamento mais sério. Querem sexo de 'gente adulta', querem liberdade de 'gente adulta', querem ter opinião de 'gente adulta'. Entretanto, ao invés de se engrandecerem, diminuem-se, e atrasam em si mesmos as manifestações mais nobres do sexo, da liberdade e da opinião embasada em valores.

Nas sociedades antigas, como na idade média, por exemplo, praticamente não existia o namoro. A menina era tratada como propriedade do pai e, depois, do marido. O casamento era combinado, como forma de fortalecer laços vantajosos entre famílias, clãs ou países.

Ainda hoje, há sociedades onde o namoro continua a inexistir. O que nelas acontece é que, quando a maturidade sexual da menina aparece na forma da menarca (primeira menstruação), ela já é dada em casamento. Outras vezes, quando não existe este costume mais rígido, a menina passa imediatamente a exercer a prática sexual indiscriminada, sendo considerada 'fêmea' madura, apta para a reprodução.

A dilatação do período entre a maturidade sexual na adolescência e o casamento, ou união estável, é um fenômeno relativamente recente nas sociedades mais modernas e mais evoluídas, em teoria. As experiências do namoro apareceram depois que a liberdade feminina foi mais consolidada, e depois que as uniões afetivas comuns deixaram de ter valor político e social, para concentrarem sua significação numa esfera mais pessoal.

Os adultos jovens de então reivindicaram um 'prelúdio', um 'estágio de experimentação', no qual os candidatos a uma futura união estável pudessem se conhecer melhor, com a finalidade de evitarem futuras desilusões. Agora, como as decisões já não partiam dos pais ou tutores, os jovens passavam a vivenciar, pessoalmente, o processo de escolha de seus parceiros.

Com a evolução das sociedades, valores diferentes passaram a ser também levados em conta durante esse período: não só a capacidade reprodutiva, mas também a capacidade laborativa, ou seja: o candidato a marido estuda? Vai ter um bom emprego?

Além disso, os indivíduos despertaram para suas necessidades emocionais mais relacionadas à afetividade e passaram a valorizar aspectos mais sutis como o respeito, o afeto mútuo, a fidelidade e o compromisso moral.

De maneira geral, observaremos que o período do namoro surgiu devido à necessidade de se 'experimentar o outro' no sentido afetivo/moral, uma vez que estávamos evoluindo e dando muito mais importância aos laços duradouros e à construção moral da família, com base no direito de escolha.

Como muitas outras coisas, o namoro também sofre influência do comportamento geral de uma sociedade.

A situação moral de nosso mundo de provas e expiações, com a maioria de espíritos reencarnados pertencentes às categorias de baixa condição evolutiva, determina as características gerais de nosso comportamento atual durante o namoro. Já distante dos objetivos originais pelos quais surgiu, o namoro de nossos dias está, novamente, perdendo a razão de existir.

Sendo antes um vínculo de certo compromisso, onde jovens e adolescentes submetiam-se à fidelidade, honestidade e afeto, autorizando-se, por isso, ao convívio mais íntimo com o parceiro, o namoro em nossos dias se está tornando supérfluo, uma vez que o atual convívio mais íntimo – muito mais íntimo do que seria desejável – exclui a necessidade de fidelidade, afeto e honestidade, visto que, de comum acordo, a maioria dos jovens e adolescentes prefere experimentar as sensações da sexualidade sem os compromissos que ela possa acarretar.

Nota-se, com isso, que em determinadas camadas sociais, o caráter primitivo da vivência sexual está novamente predominando no jovem e adolescente, manifestação esta que evidencia a presença de espíritos moralmente involuídos, que no presente momento reencarnam em massa na Terra.

Bem, história à parte, vamos logo ao que interessa. Como é que sabemos que um namoro é sadio? O que é que se deve esperar? O que é que se deve oferecer?

Caindo na real

Do ponto de vista romântico, o namoro é, geralmente, para os rapazes, a conquista de um alguém que lhes proporcionará, com exclusividade, sensações nunca antes vivenciadas, mas muito desejadas.

Já, para as moças, ainda do ponto de vista romântico, o namoro é a conquista de um protetor, de um gentil-homem, que lhes servirá dedicadamente. Podem chamá-lo de príncipe encantado, se quiserem.

As muitas variações de tais expectativas constroem, ainda hoje, todo aquele aspecto maravilhoso e onírico das conquistas afetivas, e são responsáveis por grande parte das considerações que fazemos a respeito do inesquecível tempo do namoro.

Do ponto de vista prático, por sua vez, temos a vulgarização dos relacionamentos íntimos de natureza sexual ou sensual, facilmente conseguidos, sem a necessidade de qualquer tipo de vínculo mais profundo, o que parece proporcionar, igualmente, sensações bastante apreciadas pelos jovens de hoje.

Qual o melhor jeito de vivenciar o período correspondente ao namoro? Já dizia o velho ditado: "Nem tanto ao céu, nem tanto à terra".

Acreditamos que o mais importante, aqui, é que todos compreendam as verdadeiras razões pelas quais desejam cultivar um relacionamento afetivo, qual o tipo de relacionamento afetivo que irão procurar, sabendo, de antemão, o que podem encontrar do ponto de vista moral, físico e espiritual.

Olhando através da lente da doutrina espírita, podemos afirmar que um casal nunca se une por obra do acaso. Sendo assim, os primeiros encontros entre os dois seres, candidatos ao relacionamento, serão, sem dúvida, 'reencontros', se já tiverem planejado sua união quando ainda no plano espiritual. Ou, então, será um 'ajuste de objetivos', se estiverem se encontrando pela primeira vez.

Portanto, as aproximações são muito mais importantes e significativas do que muitos imaginam. Mesmo as que parecem puramente ocasionais. Por mais breves que possam ser esses relacionamentos, experiências serão trocadas, aprendizados serão adquiridos, valores serão reforçados ou alterados, e muitas condutas futuras virão a ser embasadas sobre essas vivências.

Desta feita, não poderemos considerar as relações afetivas, por mais levianas que pareçam, como simples acontecimentos do quotidiano. As marcas da experiência permanecerão de maneira indelével, determinando futuras características de nosso caráter, de forma explícita ou implícita.

Seria desejável, então, que essas relações, ainda que não pudessem ser duradouras, fossem, ao menos, respeitáveis e sadias no sentido de que, ao terminarem, não deixassem 'miasmas', traumas, que não despertassem más tendências, que não frustrassem nem mutilassem o caráter e a moralidade dos envolvidos, que não lhes comprometessem a saúde física, fluídica e espiritual.

Daí o perigo de se envolver de maneira inusitada, improvisada e leviana, com vários parceiros repetidamente.

Sendo assim, caros amigos, quando pensarmos em nos aventurar, estejamos conscientes de que jamais seremos os mesmos depois de uma experiência afetiva, seja para melhor, seja para pior. Será que vale mesmo a pena arriscar nossa integridade em troca de algumas sensações agradáveis e passageiras?

Se forem nossos filhos a se atirarem pelos campos da vida, ansiosos pelas primeiras conquistas afetivas, tenhamos o cuidado de instruí-los com antecedência, mostrando-lhes que a troca de afeto, ou o relacionamento íntimo com um parceiro, não pode ser encarado como um jogo ou uma brincadeira, pois não é algo que possamos esquecer amanhã, que possa ser ignorado, como se jamais tivesse acontecido.

Muito embora os adeptos do 'ficar' aleguem ter opiniões diversas, advogando mesmo a ideia de que ninguém 'sai machucado' de um relacionamento, a realidade mostra um panorama muito diferente: quanto mais experiências íntimas vazias de afeto, maior a descrença de que algum tipo de afeto possa, de fato, existir em algum lugar.

Após certo tempo de convivência com essas práticas, quase todos seus adeptos acabarão por perder as noções do que é saudável e dos limites de segurança e conveniência, além da inocência e pureza. Acabarão por perder a noção do que é civilizado, dos riscos a que expõem a saúde, enfim, do que é de bom-senso. Como consequência, tornam-se indivíduos descrentes e escravizados às sensações do sexo, prostituídos moral e fisicamente, com baixíssima autoestima, experimentando, via de regra, a sensação de ser a escória da sociedade.

Não é incomum que ao despertarem para a realidade da situação em que se envolveram, tais indivíduos já se sintam irremediavelmente presos à dependência psíquica das sensações inebriantes e animalizadas a que se entregaram. Tal processo decorre das inúmeras agressões morais que a si mesmos infringiram e dos complicados enlaces obsessivos com a espiritualidade inferior.

Desse modo, para nós, 'cair na real' nada tem a ver com uma forma antiquada de ser e com aderir a modismos dos tempos atuais. 'Cair na real' é acordar para o verdadeiro significado de qualquer laço afetivo que venhamos a desenvolver, encarando-os como oportunidades preciosas de conhecer outra pessoa, como um estágio estratégico para o 'conhecimento de campo' necessário antes de partir para atitudes de maior peso moral, emocional e espiritual, e muito antes de experimentar uma intimidade, ainda que sadia e equilibrada.

"MUITO BEM, ENTÃO VAMOS CONHECER O CAMPO."

Se deixarmos por conta da 'natureza' instintiva, já vimos que as aproximações espontâneas entre os seres humanos tendem a assumir um caráter muito mais sexual que moral, dado à necessidade de reprodução da espécie, que é muito mais significativa desse tal ponto de vista 'natural'.

Como seres mais evoluídos, temos o dever e o direito de conhecer e cultivar as manifestações menos animalizadas da libido e da sexualidade e, por essa razão, o campo de experiências às quais podemos recorrer deve ser muito mais variado e espiritualizado, indo além das meras sensações físicas.

Desde o namoro, ainda na adolescência, já poderemos desfrutar de algumas conquistas diferentes do ponto de vista da evolução moral. Embora muito da motivação que sustenta a vontade de se relacionar seja, ainda nessa fase, a obtenção de sensações prazerosas, podemos desfrutá-las de forma moralmente construtiva, e não somente instintiva, automática, irrefletida.

Como diz a proposta do subtítulo, vamos tratar de 'conhecer o campo', antes de simplesmente caminhar sobre ele a esmo e às cegas, conduzidos por reações inconscientes. É preciso compreender que estamos em processo de aprendizado, e não apenas, como se costuma dizer, 'aproveitando o momento'. Esta é, sem dúvida alguma, uma das noções mais importantes que devemos transmitir aos nossos filhos, tendo-as apreendido, primeiro, nós mesmos. Mais interessante do que simplesmente experimentar é aprender e melhorar. Assim, será através deste posicionamento mental, que adentraremos mais bem preparados às experiências do namoro.

O que, de fato, buscamos e queremos com o namoro são, no fundo, respostas a uma série de necessidades que nos estão levando a tentar um relacionamento qualquer. Acontece que tais necessidades, entre elas as trazidas pela libido, despertam expectativas, que nos levam, por sua vez, à busca das sensações agradáveis.

Se não tivermos cuidado, poderemos acabar dizendo a nós mesmos que vamos namorar só porque é 'gostoso' e porque queremos experimentar aquilo que todos dizem ser 'tão bom'. Aparentemente, essa é uma atitude íntima desprovida de maldade ou malícia e que, portanto, não poderia causar mal algum.

Estamos de acordo. Contudo, é bom lembrar que tal atitude pode acabar nos levando a desperdiçar raras oportunidades, assim como pode, de fato, não causar mal algum, nem a nós, nem aos demais.

Para o espírito mais desenvolvido e consciente fica logo claro que deveremos 'buscar respostas'. Precisamos entender por que as tais necessidades estão despertando tantas expectativas. O que o instinto espera de mim? Deverei ouvir-lhe a voz, sem reservas? Mais importante ainda: o que significa tudo que estou sentindo, quando parto para experiências íntimas de troca de carinhos e afins? Por que é tão bom assim? Por que me arrasta de maneira tão forte? Estarei prestando atenção em mim mesmo? E quanto ao outro, o que estará sentindo? O que estou fazendo com ele? Colaboro para seu aprendizado, tranquilidade e satisfação? Já consigo pensar em nós, ou apenas em mim?

Todos esses são questionamentos que deveremos realizar, se visamos nosso crescimento moral e espiritual. Sim, porque, na verdade, o namoro pode ser muito rico em oportunidades de aprendizado. O problema é que a maioria de nós adentra por ele muito mais como 'usuário de outrem', do que como 'aluno' à procura de maior riqueza espiritual. O ideal seria que soubéssemos equilibrar as duas posições.

Sabendo disso, a gente agora pergunta: é assim que encaramos o namoro? Dá até vontade de rir, não é mesmo? Sim, porque a maioria de nós faz justamente o contrário. Não resta dúvida de que, de qualquer modo, algum aprendizado sempre acontece. O problema é que esse tipo de aprendizado, no mais das vezes, aparece sob a forma de resultados inesperados. Ou seja, primeiro nos entregamos às ações, esperando para 'ver no que vai dar'. Depois colhemos os resultados e aprendemos com eles 'na marra'. Não precisaria ser sempre assim, não concorda?

Quando adquirimos conhecimento, tornamo-nos mais conscientes das possibilidades e podemos planejar os acontecimentos. Planejando, desfrutamos melhor dos resultados e alcançamos objetivos mais seguros e satisfatórios. Com isso, evitamos frustrações e decepções, assim como complicações para o futuro. Não está aí uma boa proposta?

Conhecer, planejar, agir, colher os resultados da ação, refletir, ajustar, aprender mais, planejar de novo, agir outra vez, progredir sempre. Nesse processo, estaremos ajudando a nós mesmos e ao outro a crescer.

– Legal! Muito bom isso tudo. Mas você não acha que é esperar demais da pouca maturidade de nossos adolescentes e jovens? Como conseguirão entender isso tudo? Não acha que esse processo é adiantado demais para a cabecinha deles?

É tudo relativo.

– Acho que você está enrolando!

Não. O que estamos querendo dizer é que tudo vai depender do conteúdo de aprendizado que o jovem ou adolescente já possui no início do namoro.

– Mas isso é óbvio, não?

Não é tão óbvio assim. Você, por acaso, procurou preparar seu filho ou sua filha para o namoro? Interessou-se em dar-lhe informações adequadas de antemão? Conversou? Trocou experiências?

– Bem, eu disse que era para tomar cuidado, que não fosse se meter com qualquer pessoa, que se protegesse para evitar uma gravidez antes do tempo, que tivesse responsabilidade, essas coisas importantes que todo pai e mãe que se prezem têm que falar!

Muito bem. O que você fez foi dar muitas recomendações. Entretanto, acredita que preparou seu filho, ou filha, de maneira a estarem prontos a fazer tudo quanto você recomendou?

– Como assim? Essas coisas eles têm que aprender por si mesmos! Além do mais, você sabe como são os jovens: eles não se abrem com a gente desse jeito, não!

Pois é. O mais provável é que eles tentem, de fato, seguir as recomendações recebidas, até mesmo porque vão ficar com medo de não serem acolhidos pela família, caso algo não dê certo. Mas vão continuar sem saber o que fazer. Ou pior: vão achar que sabem, porque já conversaram com amigos 'mais entendidos no assunto', com algum professor 'mais descolado', ou já viram na televisão 'como é que se faz'. Coisas desse tipo... E é possível que no meio dessas 'coisas' exista alguma realmente útil. É pagar para ver!

Dizemos mais: caso nossos jovens já se sintam preparados e maduros para enfrentar as consequências de seus atos, não estarão em condição de conhecer melhor o que estarão fazendo, de planejar para fazer direito, a fim de colherem melhores frutos de suas vivências, para serem mais felizes em suas tentativas e para crescerem com a experiência? Se assim é, estamos dispostos a ajudar você, ou a nos ajudar, caso sejamos nós a nos aventurarmos de novo, ou pela primeira vez.

Basta que o jovem, ou o adulto, entenda que precisa se preparar para o que pretende fazer. Então, procurará conversar sobre isso, ler sobre relacionamentos afetivos, estar atento quanto ao que buscar, saberá esperar sem ilusões, estará seguro quanto à maneira correta de se proteger e do que se proteger. Desse modo, o próprio jovem saberá determinar o momento em que estará disposto a tentar um relacionamento pelas razões certas.

Não estamos querendo dizer que todos os namoros de sucesso vão acabar em casamento. De maneira alguma! Mas, com certeza, poderão levar a experiências mais agradáveis, a amizades engrandecedoras, a momentos inesquecíveis e muito aprendizado. Acima de tudo, pelo menos não levarão a decepções, traumas morais e emocionais, antipatias, amizades rompidas, ciúme, ansiedade e frustrações.

– Ah, ótimo! E como deve ser a 'coisa toda'? Como é que a gente faz na prática?

Ora, não existe receita pronta para essas coisas, pois cada qual construirá sua própria vivência. O importante é conhecer os princípios morais que envolvem o assunto, saber o quanto podemos alcançar através do esforço e da prudência, conhecer os perigos que possam surgir e a felicidade que podemos conseguir em nossas vivências. É preciso que estejamos conscientes do que se espera de nós como seres humanos e como espíritos responsáveis, em evolução, durante o namoro. Além disso, é importante que tenhamos consciência das possibilidades que temos o direito de almejar. Precisamos ter uma ideia clara do quanto podemos nos ajudar e à pessoa que escolhermos, cientes dos frutos bons que os dois podem colher, ainda que o relacionamento seja temporário.

E, com certeza, existem vários modos pelos quais os adolescentes e jovens podem compreender isso tudo, sem que seja demasiado para eles.

"Mas faz de conta que eu quero uma receita."

Naturalmente que é mais fácil para o adulto experiente compreender, de antemão, tudo quanto temos dito neste capítulo.

Os jovens e adolescentes necessitam que as pessoas que farão o papel de orientadores, sejam elas pais, amigos, professores, profissionais, etc., transmitam-lhes as informações de tal maneira que as consigam entender. Será necessário que se utilize valores e noções que lhes sejam familiares, em linguagem acessível.

Insistimos em afirmar que não existem receitas prontas para os casos específicos, mas reconhecemos que existem diversas maneiras de se obter e transmitir informações, segundo as necessidades de cada um.

No presente estudo, preocupamo-nos em oferecer material que também possa servir de fonte para consulta aos próprios jovens, possibilitando-lhes acesso à informação mais direta e clara possível, muito embora nosso trabalho não se destine especificamente a eles.

Nos primeiros capítulos analisamos uma série de itens adequados à educação sexual da criança, do adolescente e do jovem, de forma que muito do que discutiremos, daqui para frente, estará embasado naquelas proposições. No entanto, elas foram descritas para o ponto de vista do educador.

Vamos tentar conversar, agora, de modo a deixar, aqui, algumas dicas do ponto de vista do jovem e do adolescente, deixando claro que serão nada mais que dicas.

Vocês perguntam, nós respondemos..., e também perguntamos!

– Qual a idade certa para começar a namorar?

Bem, isso você decide, mas seu corpo também pode ajudar.

Quando as características sexuais primárias e secundárias começam a aparecer – seios, menstruação, crescimento do pênis, dos testículos, etc. –, normalmente aparece, também, o interesse de conhecer a si mesmo e aos outros, sexualmente falando. É o momento em que se começa a puxar assunto com os amigos, a olhar revistas, TV, etc., com a atenção focada para tudo que diz respeito a sexo.

Não raro, temos contato com esse tipo de conversas bem antes que nosso corpo comece a amadurecer sexualmente.

O que você deve perguntar a si mesmo, entretanto, é se já possui, de fato, condições para aproveitar um namoro.

– Bom, eu já sei, teoricamente, como beijar, tocar, 'ficar', conversar, e acredito que já possa dar conta do recado. Isso já não está bom?

Bem, se você acha que namoro é só isso, não posso ter a certeza de que esteja mesmo preparado para namorar.

– Mas e se eu não quiser nada de mais sério? Não pode parar por aí?

É claro que pode parar onde você quiser. Contudo, é bom lembrar que você acabará levando certas coisas de 'presente' para o resto da vida.

– Que coisas?

No mínimo, lembranças. Depois, as sensações que você vier a experimentar, que poderão ser boas ou ruins. Além disso, haverá cobranças e o julgamento que o outro vai fazer das coisas que você fez. Por fim, há que lembrar o que a pessoa sairá dizendo de você, sobretudo se não forem coisas tão positivas assim. Ah e, é claro, não se esqueça de sua própria consciência. Apenas você irá ouvi-la, quando for deitar a cabeça no travesseiro.

– Poxa! Mas eu sempre imaginei que se as coisas não fossem assim tão boas, bastaria 'pular fora'. Teria o direito de fazer isso, não?

Claro que sim! Principalmente se não estiver dando certo.

Em teoria, um namoro não obriga ninguém a ficar preso ao outro. Mas só em teoria.

Se namoro fosse algo que a gente só fizesse sozinho, tudo bem. Mas acontece que não é assim. E os direitos do outro? E se o outro fosse você? E se você é que fosse a 'vítima'? Se você é que fosse a parte 'usada' e enganada, abandonada? Você reagiria bem? Perdoaria? Ficaria magoado? Conseguiria tirar a pessoa da cabeça num passe de mágica? Deixaria pra lá? Ou será que você agiria como aquelas pessoas que 'grudam' e não querem descolar? Que 'entram na fossa' e ficam telefonando a toda hora, na esperança de reatar o namoro, que entram em depressão, que vigiam a outra pessoa e chegam mesmo a fazer ameaças?

Ou, quem sabe, você agiria como aquelas outras pessoas que partem para a vingança, falando mal do outro para meio mundo, inventando mentiras que trariam dificuldades a esse outro?

Quem sabe? Você já passou por isso? Saberia prever o que faria em todas as situações? Seria capaz de 'pôr a mão no fogo' por si mesmo?

Muito bem, e agora o principal: será que você conseguiria prever o que o outro faria, se você simplesmente resolvesse 'largar' de vez porque, afinal, não está tão bom assim para você? Poderia prever as consequências disso?

– Ei! Mas ninguém tem bola de cristal, não é mesmo?

Exatamente! E é por isso que a gente tem que pensar nisso antes de começar um namoro. Porque, depois, teremos que lidar com todas essas possibilidades, que vem junto no 'pacote' do namoro desfeito, queiramos ou não.

– Mas eu sempre pensei que namoro fosse uma coisa boa, e não essa complicação toda! Se eu pensasse em tudo isso, não haveria de querer namorar nunca!

Pois é. Mas mesmo que você entrasse nessa só para se divertir, os fatos não iriam se alterar, sabe? As coisas são assim, quer queiramos enxergar isso, ou não. E sabe por quê? Porque namoro é uma coisa que a gente faz 'A2' e não 'A1'. Por isso, tudo o que você fizer acarretará uma reação. Isso é inevitável, e você sentirá na própria pele as consequências dessa reação.

– Então essa coisa de namoro é mesmo perigosa, hein? Bem que meus amigos falaram que já não tinha graça!

Nós achamos que você não deveria pensar assim, sabe? Namoro é muito bom. Mas, como qualquer coisa na vida, tem que ser bem feito, porque tudo ocasiona resultados.

Se você souber respeitar o outro, se souber que tudo o que fizer terá consequências para você e para a outra pessoa, se procurar pensar bem antes de agir, então seu namoro vai valer a pena, será divertido e isento de perigos. De quebra, você ainda poderá levar para casa muito aprendizado, amizade, companheirismo, compreensão, respeito e amor.

Será que não vale a pena agir corretamente?

– Mas e se eu quiser só 'ficar'? Vou ter que pensar nisso também? Será que eu não posso começar assim e, se depois der certo, partir para o namoro?

Poder pode, é claro. Mas você tem que saber que todos os relacionamentos afetivos obedecem à lei de causa e efeito: as consequências do que você faz, voltam para você, invariavelmente.

– E o que tem de mais em 'ficar' com uma pessoa?

Depende do que você quer e do que a outra pessoa quer. E depende do que vocês dois fizerem.

– Mas e se o outro também só quiser 'ficar'? Eu não vou ir contra, não é?

Não, não vai. E isso garante que não haja agressões emocionais mútuas. Ainda bem! Mas não se esqueça dos 'presentes' que vocês levarão consigo para o resto da vida.

– De que presentes você está falando?

Daqueles que nós mencionamos ainda há pouco: as lembranças, as sensações boas ou ruins que podem marcar ou traumatizar um de vocês, ou os dois, as cobranças, as reações e julgamentos imprevistos que o outro pode ter ou fazer a seu respeito, a imagem que vocês vão passar para os amigos e para suas famílias, para não falar da consciência do que você mesmo está fazendo.

– Tá, mas mesmo assim, acho que não estaríamos fazendo nada de errado, uma vez que foi algo decidido de comum acordo...

Olha, meu amigo ou minha amiga, até concordo que este tipo de raciocínio serviria para alguém ignorante das leis morais mais profundas. E mesmo ignorando, não significa que se a gente transgredir algumas dessas leis sairemos impunes.

Mas você, que está lendo este livro, é provavelmente espírita, ou se interessa pelo espiritismo. Então vamos falar sério. Tratemos de ser honestos. Quando as pessoas 'ficam', o que elas querem mesmo, de um jeito ou de outro, é apenas desfrutar das sensações físicas, correto? É verdade que, às vezes, rola uma conversa, e a gente pode até sentir que o outro nos compreende. É possível, também, que a gente se sinta o máximo, porque a outra pessoa está elogiando e falando coisas que fazem a gente pensar que ela está realmente muito ligada em nós.

Mas o que mais, hein? Na verdade, é quase sempre só isso.

O que não se pode negar é que quando as pessoas partem para o 'ficar', fazem isso porque se deixaram levar pelas sensações mais primitivas do espírito, como a mera excitação sexual, por exemplo. Duvidamos que estivessem pensando em algo mais elevado. Além disso, caso não estejam mais interessadas, não hesitarão em descartar a outra pessoa, à semelhança de uma roupa velha que não agrada mais. E enquanto o interesse persistir, irão simplesmente continuar usando a outra pessoa, até se enjoarem dela.

Pode-se alegar que não há nada de mais em 'ficar', que era isso mesmo que o outro também queria, que foi bom para os dois, etc., etc.. Contudo, isso só serve para provar, ainda mais, que não se tem a capacidade, nem coragem suficiente para se avaliar a própria conduta, levando em consideração seu estado evolutivo espiritual. Afinal, isso é moralmente correto? Demonstra responsabilidade, maturidade e evolução? Não, quem assim procede quer apenas 'aproveitar', como se a vida, o afeto e o sexo não tivessem outros objetivos mais nobres.

Então, meu amigo e minha amiga, se vocês se interessam de fato pelo espiritismo, vão ter que aprender a considerar não somente se o que fazem é bom, mas também se lhes convém do ponto de vista moral, levando em conta as consequências para os outros, assim como para a sociedade como um todo. Terão que aprender a pensar com mais responsabilidade!

Enfim, quem se interessa, de fato, pelos ensinamentos da doutrina espírita, não poderá correr somente atrás de seus direitos, mas deverá considerar, sobretudo, seus deveres. Trocando em miúdos: não dá para olharmos apenas para nosso umbigo. Temos que agir com responsabilidade.

Em que time você joga, ou vai querer jogar? Importante lembrar que qualquer que seja sua escolha, haverá de lhe trazer consequências.

Bom, se tivéssemos apenas uma oportunidade limitada de conversar com alguém a respeito de namoro, era isso que diríamos.

Sabemos muito bem que o papo poderia ser prolongado indefinidamente, e haveria muitas outras questões a considerar, possivelmente até mais relevantes. Contudo, se não tomarmos cuidado, acabaremos por nos aprofundar em caminhos que não são os propostos para este nosso estudo.

De qualquer modo, estamos deixando aqui, aquilo que consideramos ser o princípio fundamental de uma conversa desse tipo: se você vai namorar, precisa saber para quê, como, e o que isso envolve. Todas as demais questões, pelo menos a maior parte delas, estão relacionadas com os desdobramentos que o namoro tiver. E esses desdobramentos dependem da conduta que os namorados tiverem, fundamentada nos motivos e objetivos pelos quais namoram.

Minha querida amiga e meu caro amigo, se vocês pensarem bem no que dissemos, e se tiverem isso sempre em mente, ao longo do namoro ou relacionamento, é possível que possam encontrar bastante satisfação e realização, de modo a evitarem os dissabores mais comuns dessa fase da vida.

Ótimo, depois de um namoro bem-sucedido, virá o noivado, como simples continuidade, não é?

Não é bem assim.

É claro que uma coisa normalmente se sucede à outra. Quanto ao fato de isso ser mera continuidade, não concordamos totalmente.

As considerações e expectativas que norteiam o relacionamento afetivo do namoro são bastante diferentes das expectativas que norteiam o noivado. E, só por isso, já determinam um posicionamento bem diverso entre noivos e namorados.

Quem já passou por isso deve recordar.

A diferença mais óbvia é que, no noivado, já se considera o casamento como uma perspectiva real. Assim sendo, os noivos esperam, um do outro, o grau de compromisso inerente a essa situação. Por isso mesmo, também começam a dar maior valor a características permanentes e reais da personalidade do parceiro. Pelo menos, isso é o que seria de se esperar. Consequentemente, os laços afetivos tornam-se mais íntimos, e o relacionamento sexual se intensifica.

Há alguns anos, diríamos que o relacionamento sexual teria início nesta fase. Hoje, contudo, isso está, digamos, fora de moda. Bem, mas o que importa, agora, é que estejamos conscientes do que se espera, sexualmente e moralmente falando, de um noivado habitual.

E AQUELA HISTÓRIA DE 'COMER A FRUTA ANTES QUE ESTEJA MADURA'?

– Nossa! Isso parece conto da Carochinha! Que coisa mais antiga!

– O normal, agora, é nem existir noivado. Em geral, o que acontece é que as pessoas vão 'ficando' e, então, resolvem se casar ou 'se juntar', logo de uma vez, para não ficar 'enrolando' o parceiro.

Está certo, mas vamos considerar o seguinte: não estamos querendo nos referir ao passo formal do compromisso de noivado, mas, sobretudo, aos aspectos afetivos, emocionais, e de natureza psíquica, que ele envolve.

Assim, não nos importa o fato de o noivado estar desaparecendo como proposta formal entre os parceiros. O que é importante considerar é que quando duas pessoas começam a pensar em casamento, seus posicionamentos íntimos mudam de acordo com as expectativas. Desse modo, essa história de 'comer a fruta antes que esteja madura' não se refere tão somente a ter relações sexuais antes do casamento formal, pois este já é um comportamento considerado habitual.

– Mas eu pensei que você ia falar de ...

Sexo antes do casamento?

– É. Mas eu ia dizer que isso é tão normal, que nem se comenta mais!

Concordamos. Mas a 'fruta verde' à qual nos referimos é outra.

Para o bem da verdade, esse costume guarda, sim, relação com a disciplina sexual e ocasiona, sem dúvida alguma, oportunidade para a dignificação da libido, embora tenha sido originalmente instituído muito mais por pudor, resguardo da 'honra' e preconceito social, do que por qualquer outro motivo mais nobre.

A fruta ainda verde, à qual nos referimos, é o compromisso e o laço afetivo que unem os candidatos ao casamento, quando ainda não possuem maturidade suficiente para avaliar o passo que darão. O exercício da prática sexual não é o mais importante nesta fase, embora possa parecer que sim para algumas pessoas.

Muitos indivíduos acreditam que estão livres para manterem relações sexuais à vontade, pelo simples fato de estarem comprometidos para o casamento. Para eles, isto seria o máximo da conquista em termos de liberdade:

"– Já somos comprometidos, então não precisamos mais ter medo de impedimentos, nem temos que dar satisfações para ninguém" – tais indivíduos diriam.

Mas quem disse que não estavam igualmente desimpedidos antes? E o engraçado é que, mesmo achando que estavam 'impedidos' antes de firmarem compromisso, não se deixaram de abster!

Pois é...

Enfim, ter ou não vida sexual ativa antes do casamento é escolha de cada um. Ainda assim, é bom que saibamos que tal opção deve ser resultado de um processo de comprometimento íntimo bem firmado e moralmente elaborado. Em outras palavras: a profundidade dos laços afetivos, que diferencia o namoro do noivado, não é medida, de maneira alguma, pela intimidade dos laços sexuais, mas, sim, pela maturidade dos compromissos morais.

Não nos esqueçamos de que a libido nos trouxe até esse ponto, despertando em nós a necessidade de nos aproximarmos para a conservação da espécie. Sem dúvida. Por outro lado, como já dissemos, a libido enobrecida introduziu a moralização e a espiritualização dos indivíduos, à medida que proporcionou a oportunidade para a convivência constante, contrariando nossa tendência a sobrevivermos sozinhos, competindo uns com os outros.

Por isso mesmo, o mais difícil é o conviver.

O sexo é o que atrai, mas acima dele está o desafio de compartilhar, confraternizar, etc.. Noivados e casamentos baseados tão somente nos atrativos sexuais são frutas verdes, que carecem de amadurecimento.

Aí surge o questionamento: estarei preparado para conviver? Temos, de fato, uma parceria? Sabemos renunciar, um pelo bem do outro? Conseguiremos construir e progredir juntos no campo moral/espiritual? Seremos capazes de organizar uma vida material? E de formar uma família? Viveremos como pessoas úteis para a sociedade? Ou será que estamos pensando em 'curtir a vida', juntos, e esquecer o resto?

– Ué? Mas isso está errado?

Errado não, mas incompleto, e tal ideia é, com frequência, distorcida em relação à realidade.

O sexo, em suas manifestações físicas, por mais que não o queiramos, é fadado ao atrofiamento e à modificação. Para vivenciá-lo, em longo prazo, teremos que nos submeter a ajustes mútuos e a fazer concessões diversas.

Os corpos envelhecem, os órgãos se atrofiam e adoecem, inevitavelmente. Sendo assim, o que restará do 'curtir a vida', se não nos prepararmos para o que ela oferece de melhor? E o melhor, com certeza, não é o sexo, embora possa ser muito bom.

A expectativa de usufruírem sexualmente um do outro sem limites é falsa e ilusória. Muito cedo descobriremos que até o mais perfeito dos indivíduos possui um lado que é difícil de ser tolerado por nós. Isso é algo que deveremos antecipar, uma vez que aquela criatura encantada, que elegemos como parceiro da vida em comum e que haverá de se deitar ao nosso lado, na cama, a cada dia, trará consigo seu lado 'sapo'.

Outro fato que não podemos deixar de mencionar, muito embora poucos gostem de admitir, é que quando a gente expande a própria evolução moral, a vida 'apenas a dois' literalmente 'enjoa'. Necessitamos de estímulos constantes para nos manter motivados e para viver de maneira saudável. Se nada de novo aparecer, as coisas podem perder o colorido.

Até para nos conhecermos, uns aos outros, em maior profundidade, serão necessários estímulos externos, que deixem entrever diferentes facetas de nosso ser, que sem eles permaneceriam ocultas. Parentes, amizades, trabalho, dificuldades materiais, doenças, etc., são estímulos externos necessários dentro do casamento. E mesmo com tudo isso, chegará o momento em que precisaremos compartilhar o que temos com mais alguém. Teremos necessidade de mais alguém que seja íntimo o bastante para adentrar em nosso jardim de sonhos, a fim de ampliar os estímulos internos também.

Será, então, que pensaremos nos filhos.

– Você não acha que é meio cedo para pensar nisso, hein? Eu estou apenas pensando em casar! Nem sei o que vem depois!

Pois é, a questão é justamente essa: você está pensando em casar, mas, pelo visto, ainda não sabe o que isso significa!

– 'Tá' louco! Se eu pensasse nisso tudo, nem casaria!

É justamente aí que mora o perigo! Quanta gente casa e, depois de um ou dois meses, descobre que "não era isso que eu queria", ou que "o casamento não é o que eu pensava que fosse". E, então, se separa. Acreditavam, provavelmente, que o casamento seria a grande oportunidade de conquistarem liberdade sexual, liberdade social, e até mesmo liberdade em relação à antiga família nuclear.

Mas estavam enganados. Concentrados apenas na vivência do lado mais primitivo da libido, não se deram conta de que a convivência traria, na verdade, sacrifícios de ordem pessoal, esforço para trabalhosas adaptações, mais renúncia do que em todo o tempo de vida de solteiro.

– Se fosse para pensar assim, ninguém casaria, não é? É muito sacrificado!

Será mesmo? Todos os dias, muitas pessoas que sabem de tudo isso se casam e, ainda assim, não se sentem como se estivessem indo para o matadouro.

Qual é o segredo? Amor, mas amor de verdade! Aquele que nos faz compreender que os aparentes sacrifícios, ao contrário do que se possa pensar, são gratas oportunidades de crescimento espiritual, de exercício da espiritualidade que se manifesta sob a forma de fraternidade, caridade familiar, renúncia, cidadania e responsabilidade, e tudo quanto acaba por trazer a inestimável paz de consciência.

– Tá, mas não é isso que a gente vê por aí não... A maioria das pessoas não casa pensando nisso, pode apostar!

De pleno acordo. Contudo, basta prestar atenção nas consequências disso, para sabermos se nos será conveniente agirmos como essa maioria.

Em sã consciência, você se casaria para se separar pouco tempo depois? Não tentamos fazer o melhor com o que temos, procurando sempre acertar?

Pois é assim mesmo.

Então, parece que o insucesso dos noivados e casamentos não se deve, na maior parte das vezes, à leviandade e má-fé dos noivos e, sim à sua ignorância, por conta da pouca experiência.

Outra constatação é que o amor verdadeiro não é ingrediente que esteja sempre presente nas uniões e, com frequência, só aparece depois de muitos anos de vida em comum.

Além disso, a Providência Divina tem aproveitado nossa condição espiritual limitada, dentro da qual nos deixamos levar pela ilusão do 'castelo de sonhos', para aproximar espíritos bastante endividados mutuamente e que, de outra forma, dificilmente se aproximariam. E isso decerto gerará os necessários conflitos à reconciliação das almas, que nem sempre saberão aproveitá-los.

Inegavelmente, a grande maioria de nós não possui as condições necessárias de lucidez espiritual e compreensão do verdadeiro amor, antes de firmar o casamento. Contudo, podemos sempre estar dispostos a tudo fazer para melhorar esta situação.

Mas podemos querer nos livrar da injunção do determinismo inerente à nossa ignorância e escolher construir nossa felicidade através de caminhos mais suaves do que o das desilusões e dificuldades.

Este é o objetivo de estudos como este, que aqui desenvolvemos.

Aliás, o maior benefício do espiritismo, aplicado à vivência sexual, é a informação para nossa ação futura.

Ainda assim, o mais provável é que encontremos nossos desafios mais importantes pouco tempo depois de casados. E aí é que a informação que tivermos procurado antes fará a diferença, pois saberemos o significado de cada contrariedade, teremos consciência das oportunidades evolutivas que elas poderão trazer, de suas respectivas soluções e dos diferentes caminhos para se chegar a elas.

Pode ser, é verdade, que por mais que nos tenhamos esforçado durante o noivado, o casamento ainda tenha trazido desafios para nosso relacionamento. É então que tomaremos a acertada decisão de construirmos, juntos, um novo alicerce para o nosso amor.

Será uma vivência enobrecida da libido.

Não estamos querendo dizer como é que você deve 'noivar'! Nosso intuito é focar o maior desafio da sexualidade nesta fase. Não deveremos nos esquecer de que a consequência mais óbvia do exercício da libido é a proximidade e a convivência, e que dessa convivência devem brotar frutos enobrecedores e espiritualizantes, tanto para os parceiros, como para a sociedade da qual fazem parte.

Estaremos nos preparando para essa convivência? Ou estamos mais focados na sexualidade física propriamente dita? Saberemos exercer a libido em suas manifestações mais superiores e menos egoístas?

A essas perguntas é que devemos responder.

Como dissemos há pouco, muitos casamentos são fadados ao fracasso, por conta das ilusões que os cônjuges trazem consigo, ao iniciarem a vida a dois. Todavia, tais ilusões poderão ser sanadas, de maneira satisfatória, com o auxílio de outros casais que já tenham enfrentado crises que foram positivamente trabalhadas, culminando em reajustes necessários e bem-sucedidos.

Infelizmente, contudo, um bom número de casamentos ainda acaba em insucesso, devido à incapacidade e despreparo dos cônjuges envolvidos, que não guardam informação, motivação e disposição para investirem na relação mútua.

Em se falando de espíritos medianos, como a imensa maioria de nós, tal disposição para investir no casamento é a chave para superar a maioria das crises. É preciso buscar conhecimentos, analisar as situações com sabedoria e alterar condutas.

Lembram-se daquela clássica pergunta que todos fazem antes de casar:

"– É verdade que depois que a gente se casa muita coisa muda, mesmo que tenhamos tido períodos longos de namoro e noivado?"

Ou, então, de colocações como:

"– Eu bem sei que ele – ou ela – tem essa característica que não me agrada. Mas depois que nos casarmos, vou conseguir mudar isso nele – ou nela."

Essa é uma ideia que cai por terra bem depressa, uma vez que constatamos que muita coisa muda, de fato, depois que nos casamos. Mudar o parceiro, todavia, para deixá-lo do jeitinho que a gente quer, é muito mais difícil do que pode parecer num primeiro momento.

As constatações a respeito do relacionamento sexual, que já não é mais tão simples quanto era antes, começam a aparecer. Existe agora uma série de outras coisas com que se preocupar, o que contribui para que as coisas caiam na rotina. Até que chega o momento em que a desilusão se torna nossa companheira e os momentos mágicos de antigamente desaparecem por completo. Resta, então, uma realidade amarga, não esperada e não planejada.

E aí nos perguntamos: como é que tudo foi mudar dessa forma? Para onde foram aquelas sensações e impressões tão boas? Como fomos chegar neste ponto?

Uma vez que já estamos conscientes de que as surpresas e os desafios farão, inevitavelmente, parte da vida de casado, deveremos cuidar para que o estado de coisas acima descrito não aconteça em nossas vidas, preparando-nos, da melhor maneira possível, para a vida a dois, e compreendendo as finalidades mais nobres e os melhores motivos para que o casamento exista. Se ampliarmos nossa concepção a respeito do 'contrato espiritual e material do casamento', estaremos nos capacitando a tomar atitudes diferentes e encontrar caminhos novos, para solucionar os desafios de sempre.

Bem, mas, antes de tudo, analisemos as prioridades morais e espirituais do casamento.

Do ponto de vista evolutivo, o casamento é mais uma das formas bem estruturadas das relações afetivas humanas, criadas para a manifestação superior e para a disciplina da libido.

Do ponto de vista espiritual, o casamento é uma importante oportunidade de investimento pessoal e de educação para o futuro. O exercício da sexualidade material passa a ser uma necessidade bastante secundária, e a prioridade máxima será colocada na compreensão e na vivência das consequências afetivas, emocionais, familiares e sociais desse exercício.

Então o sexo não é mesmo o mais importante?

Por mais que a mídia esteja tentando disseminar uma ideia contrária, reflexo da propaganda atual, o sexo não é o ingrediente mais importante no casamento, embora possua suas fortes justificativas.

Muita gente pode se perguntar: Mas, então, o que sobra?

Se for este seu caso, querida leitora e querido leitor, será melhor abrir o olho, pois você está perdendo muita coisa boa!

Um dos papéis afetivos mais óbvios do casamento é a substituição do egoísmo pela fraternidade, do orgulho pela renúncia e da agressividade pela tolerância.

Como vimos, dentro da convivência no lar, há direitos e deveres, aos quais o espírito ainda primitivo foi sendo apresentado ao longo do tempo. E nos embates para o ajustamento dentro desse ambiente íntimo, foi aos poucos substituindo sua natureza rude pelo comportamento mais civilizado.

Este fenômeno prevalece ainda hoje em dia, apresentando desafios de grande monta para os recém-casados, que se dão conta, de repente, da limitação progressiva de sua antiga liberdade.

Somente a partir do reconhecimento da importância dos laços morais e afetivos é que o novo casal passará a dar prioridade à renúncia aos seus antigos direitos, a fim de investir em outros ainda melhores. O surgimento e a expansão desses laços de afeto é que irão garantir a sobrevivência do casamento.

Logo, ao investirmos no casamento, estaremos dando prioridade aos laços afetivos. E se já percebemos que vale a pena lutar por eles, é sinal de que já construímos algo, em comum, no campo afetivo e moral, aprendendo que existem coisas mais satisfatórias e necessárias do que o sexo em sua expressão material.

Seguindo por esse caminho, iremos perceber que o outro ser, nosso cônjuge, é portador e doador de emoções, que podemos compartilhar e desfrutar. E perceberemos que tais emoções irão alimentar nossas necessidades de maneira muito mais duradoura do que o mero orgasmo sexual o faria.

Notem bem que, desse modo, a convivência dentro do casamento nos servirá de 'estufa', ou de campo de desenvolvimento para nossas sensibilidades mais sutis, que aí receberão um forte estímulo para brotar e florescer.

Com o tempo, assistiremos à eliminação gradual de nosso feroz individualismo, que nos acompanha desde priscas eras.

Considerando tudo isso de forma coletiva, veremos que o resultado será o progresso de toda a humanidade, que progride da animalidade para a civilidade e a espiritualidade, uma vez que cada indivíduo acaba levando para as relações sociais, do dia a dia, aquilo que aprende, de maneira intensiva, na intimidade da vida a dois.

Assim sendo, o casamento é um importante laboratório do espírito, onde a Providência Divina reúne e distribui as condições mais importantes para seu desenvolvimento moral.

Acima de nossos interesses e sensações materiais, a Justiça Divina, através das leis de justiça e progresso, utiliza o casamento para o confronto imediato de seres que já se agrediram anteriormente, a fim de que nele consigam o reajuste urgente e necessário.

Atraídos pela libido e envoltos, ainda, na vivência menos nobre da sexualidade, um grande número de espíritos encarnados é levado ao casamento que se dá exclusivamente pelo atrativo material. Ainda sem condições de optarem pela conduta equilibrada, tais espíritos acabam, sem perceber, por se aproximar de velhos desafetos, sendo forçados às oportunidades de reeducação, inerentes à convivência de longo curso.

Essa massa de espíritos assim conduzida é aos poucos educada nesse laboratório afetivo, contribuindo para a evolução gradual de todo o planeta.

No outro extremo, estão os encontros de antigos e sagrados afetos, que poderão continuar suas realizações no ambiente protegido e íntimo das construções emocionais do casamento. Estes também contribuirão, coletivamente, para o adiantamento moral do orbe.

E então, amigas e amigos, deu para perceber que o sexo não é o mais importante num casamento?

É claro que nós, espíritos mergulhados ainda nas imposições relativas à nossa condição, não poderemos prescindir do relacionamento sexual. Mesmo porque, ele ainda assegura as oportunidades de reencarnação dentro do grupo familiar.

Para dizer a verdade, contudo, ainda do ponto de vista das leis evolutivas, o sexo no casamento está mais para uma 'compensação' pelos esforços que temos de fazer no campo afetivo. É a 'balinha' que oferecemos à criança, como recompensa pelo bom proceder.

– Nossa! Mas isso não é pejorativo demais? Não é diminuir a importância das relações sexuais?

Parece meio chocante, não é? Mas a importância do sexo como manifestação material da libido é realmente relativa. Tudo depende, é claro, da condição espiritual de quem avalia.

Para nós, que não podemos nos abster dele sem que haja uma razão de caráter realmente impeditivo, o sexo faz uma falta palpável, pois ainda somos constrangidos a sentir o impulso, consequência de nosso aprendizado instintivo, que se faz presente a todo o momento. Tal impulso faz ver, entre outras coisas, que o sexo é ainda o que garante a perpetuação de nossa espécie, e que ainda não podemos subsistir sem ele.

Conforme vamos conquistando sensibilidade moral e espiritual, contudo, damo-nos conta de que existem outras compensações e sensações tão ou mais interessantes do que as proporcionadas pelo ato sexual. Com isso, vamo-nos libertando, paulatinamente, de sua poderosa influência, o que se faz notar, sobretudo, quando já não existem os mais prementes motivos para sua prática: quando já tivemos nossos filhos, quando o corpo físico começa a perder seus atrativos e condições mais estimulantes.

Passando, repetidas vezes, ao longo de diversas reencarnações, pelas condições em que a libido possa se manifestar em suas expressões mais morais que físicas, iremos fixando esse aprendizado para o porvir, de forma que, mesmo nos estados de juventude corporal em futuras reencarnações, possamos disciplinar e redirecionar a influência poderosa da vivência sexual. Não porque nos desejemos livrar de algo sujo e inferior, mas porque já levamos conosco, de maneira indelével, a consciência da sexualidade predominantemente espiritual, que mais passará a nos satisfazer.

Vejamos, por exemplo, que do ponto de vista daqueles espíritos que já se livraram da necessidade da reencarnação, ou mesmo daqueles que habitam mundos e planos onde a vida é muito mais espiritualizada, em que as condições e conhecimento permitem que a reprodução se dê de maneiras diversas, o sexo realmente não possui o significado que aqui e agora lhe atribuímos. Para eles, o sexo voltado para a satisfação das sensações é sinal de primitivismo corporal e espiritual, que revela a condição ainda inicial de nossas aquisições evolutivas. Quando olham para nós, eles podem, decerto, compreender o sexo como uma ferramenta importante e indispensável para a evolução na Terra. Nada mais do que isto. Para esses espíritos que não mais vivenciam as manifestações materiais da libido da maneira que nós as vivenciamos, o sexo é realmente a 'balinha' que recebemos por recompensa, quando resolvemos deixar nossa existência individual e egoísta, para encarar os desafios da convivência, que despertará nossa afetividade mais superior.

'Balinha' no casamento

Já que quase todos nós apreciamos e precisamos da 'balinha', nada mais conveniente do que analisar o melhor modo de saboreá-la, sem correr o risco de uma indigestão, extraindo da experiência sexual os melhores estímulos para nossa educação moral.

Assim, da mesma maneira que propusemos, mais para o início deste livro, uma 'etiqueta' da educação sexual na infância e na adolescência, proporemos, igualmente, uma 'etiqueta' do relacionamento sexual conjugal.

Parece óbvio que os casais encontram, de um jeito ou de outro, a melhor maneira de se relacionar. Parece que sim. O mais correto, contudo, seria dizer que encontram, mais frequentemente, uma maneira de conviver de maneira pacífica.

Isso porque muitas frustrações sexuais, inadequações e conflitos são, aos poucos, sufocados e deixados de lado, até que os cônjuges acabem por se acostumar com eles, parando de reclamar, ou achando que são acontecimentos normais.

Mas há casais que continuam tentando acertar. Sem acharem saídas diferentes para os velhos problemas, todavia, acabam por ofender-se mutuamente, criticando-se e machucando-se, solapando, enfim, o que já haviam construído anteriormente.

Dessa maneira, portanto, o óbvio acaba não sendo tão óbvio assim. Por isso resolvemos apresentar algumas condutas 'profiláticas', ou seja, que poderão ajudar a prevenir futuros conflitos, assim como, também, ajudar na solução de conflitos atuais. Basta que as usemos para analisar nosso relacionamento íntimo.

Comece, conscientizando-se de que as sensações devem ser compartilhadas. Para quem não entendeu o que isso quer dizer, estamos ressaltando que o prazer sexual deve ser de ambos os membros do casal. Não estamos nos limitando a dizer que os dois precisam atingir o orgasmo na mesma relação sexual. Não é isso! O que pretendemos lembrar é que é necessário que a relação sexual seja satisfatória para os dois.

E não deve ser novidade para vocês o fato de que os conceitos de 'satisfatória' para homens e mulheres costumam diferir substancialmente, não é? Foge ao nosso estudo discutir as interpretações masculinas e femininas do ato sexual. Mas, felizmente há literatura disponível, suficiente e de boa qualidade. O importante é que saibamos analisá-la criteriosamente, sob pena de nos transformarmos em seguidores cegos de opiniões isoladas. Cada qual deve comparar as informações que lê com os valores morais que adotou, usando o bom-senso.

De qualquer forma, devemos compreender que a satisfação mútua precisa estar presente no relacionamento sexual, e todo o esforço para isso é válido, desde que seja moral e espiritualmente equilibrado.

Embora também possa parecer óbvio, esta proposição é uma das mais difíceis de ser conseguida na sexualidade conjugal, uma vez que o ser humano ainda está ensaiando a convivência aberta e honesta, o que dificulta muito o diálogo genuíno.

O simples fato de nos preocuparmos com a satisfação de nosso parceiro, entretanto, já abre campo para uma gama variada de discussões, que podem ser muito esclarecedoras e enriquecedoras, desde que baseadas no respeito.

Você já se preocupa com isso?

Sabia que um número considerável de homens brasileiros não se importa com o que suas esposas, ou parceiras, sentem durante o ato sexual?

E sabia que eles são facilmente enganados por seu próprio ego? Basta que elas digam: "– Nossa! Você foi demais!" e, pronto! Lá estão eles subindo às alturas! E nem sequer reparam que elas sempre dizem isso, jamais avaliam a situação com espírito crítico suficiente para perceber que, menos de um minuto depois, elas só querem virar para o outro lado e dormir, como quem cumpriu a tarefa do dia.

Precisamos dizer que o contrário também acontece, ou seja, há mulheres que não se preocupam com a satisfação dos homens, muito embora em número menor, uma vez que o homem, por questões biológicas, é mais fácil de satisfazer. A mulher, contudo, por uma questão evolutiva, possui sensibilidade maior para satisfazer seu parceiro.

É muito importante que nos conscientizemos de que o sexo com prazer unilateral não constrói; pelo contrário, destrói, traumatiza e revolta, alimenta o ódio e o ressentimento.

Usar o parceiro como fonte de prazer físico e descartá-lo como material usado, ou até mesmo conservá-lo por perto apenas para usá-lo depois, mais uma vez, é sinal claro de brutalidade e atraso evolutivo. Felizmente, as leis da Terra já inibem certas partes de tais práticas.

Então, querida leitora e caro leitor, fique atento ao seu parceiro ou parceira! Não deixe que ele, ou ela, estejam acumulando ressentimentos, que não querem compartilhar por medo ou vergonha. Vocês têm direito de compartilhar as boas sensações sexuais.

Para tanto, importe-se com o outro!

O fato de que a conveniência do ato sexual deve ser concordante, é outro ponto a ser considerado. Para quem não entendeu, isso quer dizer que os dois devem concordar quanto ao momento de iniciar um ato sexual. E, aqui, as dificuldades de ordem prática são bem maiores, não é mesmo?

"– Quando eu quero, ela não quer; quando ela quer, eu não posso...".

"– Quando eu quero, ele não quer; quando ele quer, eu não estou disposta...".

Há os filhos, a rotina, o trabalho, o cansaço, a famosa 'dor de cabeça', 'aqueles dias', preocupações por motivos diversos, o estresse, etc., etc., etc..

Como resolver?

A impossibilidade de poderem ter alguns momentos para si mesmos afasta emocionalmente os cônjuges, mesmo que tais momentos não incluam o ato sexual propriamente dito, mas que representem oportunidades para diálogo e troca de impressões, que alimentem o relacionamento.

Por outro lado, devemos respeitar as alegações de impedimento de um ou de outro, pois provavelmente são legítimas e devem ser consideradas. Mesmo que as alegações verbais não correspondam à verdade profunda, devem ser percebidas como sinais de alerta.

Na verdade, planejar momentos de convívio íntimo deveria ser muito estimulante e prazeroso para o casal. Mas nem sempre é assim. Não que os impedimentos sejam, de fato, imprevisíveis. Pelo contrário, pode ser que eles estejam ali propositalmente! É possível que um dos parceiros esteja querendo evitar o contato sexual e, talvez, até mesmo os dois.

– Ah, bem que eu desconfiei que ela estivesse inventando desculpas para fugir da intimidade!

– Eu bem que disse que ele estava tentando fugir da raia!

Está bem, está bem. Mas, condenar não ajuda a resolver o problema, certo? O importante é saber por que as coisas chegaram a tal ponto, concorda?

As situações acima foram colocadas apenas para exemplificar as dificuldades que costumamos detectar, toda vez que decidimos tratar com o devido cuidado um relacionamento que há muito vem sendo deixado de lado.

Como dissemos, planejar o convívio sexual deveria ser divertido e prazeroso. E, é claro que se espera que os dois membros do casal se empenhem nisso.

É óbvio que percalços e afazeres diversos irão fazer parte do dia a dia, mas, no fundo, tudo é sempre uma questão de estabelecer prioridades e de ter esforço de vontade.

Em geral, quando um casal busca analisar, com honestidade, as razões que conduziram a essa situação de 'dar um tempo' na intimidade, aquelas coisas que foram jogadas para 'debaixo do tapete' costumam vir à tona.

A maioria de nós perceberá que, até para encontrarmos a conveniência do ato sexual no casamento, teremos que levar em conta as prioridades, valores e dificuldades pessoais de cada parceiro. Se fizermos isso, encontraremos campo fértil para exercitar a disciplina da libido e para a valorização do sentimento, do companheirismo e de outras realizações espirituais.

Sim, pois nem sempre conseguiremos o que estávamos planejando! Será o momento de aprendermos a compreender as razões do parceiro e de desenvolver um novo olhar sobre o relacionamento. Será a oportunidade de exercitar nossa capacidade de renúncia. Vamos ter que estar preparados e atentos, pois é possível que venhamos a experimentar a 'fisgada' da frustração, que nos convidará a julgar o outro, a condená-lo, a retaliar, a argumentar com agressividade. Todo cuidado será pouco nessa hora e o segredo será agir com 'sangue-frio' e maturidade, à benefício da relação.

Vejam só aonde uma simples 'agenda' pode nos levar! Mas tudo isso faz parte da vida a dois. Saber ceder, compreender, amar, tolerar são atitudes positivas, que levarão o casal a um ajuste gradual.

Mas é importante lembrar que ceder, tão somente, não conduzirá os cônjuges ao equilíbrio. Afinal, numa relação a dois, receber também é preciso!

Como dissemos, o ideal é que o planejamento dos momentos íntimos seja prazeroso. Contudo, quando os desentendimentos persistem, ou quando há uma recusa sistemática da parte de um dos parceiros, é sinal de que uma abordagem mais atenta deve ser iniciada. É sinal de que algo, ainda oculto, talvez por vergonha, ressentimento ou revolta, acabe por emergir. O empenho na superação desse verdadeiro desafio há de trazer inegável oportunidade de educação e reajuste.

Em se falando de nossa atual encarnação, é importante que não nos esqueçamos de que não estamos num 'mar de rosas', e é possível que os problemas encontrados sejam de natureza realmente grave, persistentes, ou até mesmo definitivos, convidando à renúncia e à mudança de valores.

Outro ponto na etiqueta dentro da vida sexual no casamento diz que as diferenças de costumes, hábitos e valores precisam ser avaliadas e ajustadas. Esse é um ajuste que vale a pena ser feito mesmo quando não há conflitos, uma vez que quanto mais harmoniosa for a relação conjugal, melhores serão as chances de feliz entendimento.

"– Eu gosto assim, mas ela não quer!"

"– Eu gosto "assado", mas ele não quer!"

Ou então:

"– Que horror! Eu não sabia que você podia ser tão vulgar!"

"– Como assim? Pra mim isso sempre foi tão normal!"

Pois é. Situações desse tipo poderão ser evitadas, se nos dispusermos ao diálogo toda vez que detectarmos que algo não vai bem. E é bem provável que desse diálogo advenham horas e horas de conversa sadia, além de ser uma excelente oportunidade para o desenvolvimento de uma compreensão maior do parceiro.

Mas não se enganem queridos amigos, a vida não é um conto de fadas! Quando as dificuldades surgem, podem implicar sérios desafios. Querer fugir da questão, ou deixar para depois, não irá deixar as coisas melhores. Mudanças reais de conduta, de expectativas e pensamentos serão necessárias neste cenário de burilamento espiritual, moral e emocional das manifestações da libido. Somente assim estaremos evoluindo, de fato, em resposta ao convite das manifestações mais elevadas da libido, no palco do casamento.

Outro ponto importante dentro da etiqueta sexual do casamento nos diz que é necessário investir no amadurecimento da vivência íntima, dando ênfase crescente ao afeto. Significa dizer que deveremos estar dispostos a nos dedicar a um aprendizado constante, ao longo dos anos, de modo a acompanharmos as mudanças que ocorrerão em nossos corpos físicos, assim como aquelas que surgirão dentro das relações pessoais e familiares.

Caso acreditemos que aquela rotina de relações sexuais frequentes, do início do casamento, é a que deve permanecer para sempre, estaremos iludidos, na maioria das vezes. O fato é que o corpo muda, os sentimentos se transformam, o amadurecimento espiritual se faz, as expectativas se renovam, a família progride e a rotina sofre variadas modificações.

As perguntas que devemos nos colocar são: aprendemos a amar mais o companheiro e os filhos, os parentes e os amigos? Fizemos nossa cota de ajustes e os encaramos como necessários e corretos, e não como 'cabrestos' impostos pelos outros? Soubemos lidar com a frustração, transformando-a em elemento de progresso e entendimento moral? Construímos os tesouros da convivência, quais sejam, o amor, a tolerância, a fraternidade, a renúncia, a civilidade e o respeito? Sim, porque uma vez findas nossas ilusões, eles é que restarão, como sustentáculo, quando nossos tolos castelos de areia ruírem, quando não mais buscarmos, enfim, justificativas para nossos próprios defeitos, quando as máscaras caírem pela força dos anos e quando o corpo não responder mais aos anseios da mente.

Em outras palavras, deveremos estar atentos para que possamos conquistar as manifestações mais nobres da libido no campo afetivo e emocional, a fim de que as consequências naturais dessa vivência mais nobre venham a ser nosso porto seguro ao final da caminhada reencarnatória.

Ainda outro ponto a considerar é o aspecto reprodutivo da sexualidade conjugal que, embora seja uma das mais básicas e primitivas consequências da vivência da libido, permanece essencial do ponto de vista biológico/evolutivo. É bem verdade que tal aspecto transformou-se, igualmente, ao longo do tempo, num dos aspectos mais nobres dessa vivência, pois permitiu que o afeto encontrasse um caminho seguro para seu desenvolvimento dentro das relações maternais e paternais.

Muito embora envoltas numa aura de sonho e expectativas pessoais, familiares e sociais, a paternidade e a maternidade representam desafios da maior importância para os espíritos consorciados. Nelas, o campo de experiências para o desenvolvimento emocional encontra seus estímulos mais legítimos e poderosos.

Portanto, a maternidade e a paternidade podem ser considerados como verdadeiros 'cursos intensivos' para o desenvolvimento psíquico, na medida em que propiciam o exercício do desprendimento, da renúncia, do amor e da fraternidade, em detrimento do orgulho e do egoísmo.

Todos sabemos o quão fortes podem ser os laços que se estabelecem entre pais e filhos e a maioria de nós é capaz de avaliar a intensidade dessas experiências, sobretudo para as mães. Peço desculpa aos pais, mas a verdade é que por mais que nós, homens, nos esforcemos, não poderemos ter um útero na atual reencarnação.

Também não poderemos negar que ser mãe ou pai implica um bocado de trabalho, sobretudo nos dias de hoje, segundo dizem alguns. E é pela própria intensidade desse trabalho que podemos avaliar o quanto de renúncia aos nossos próprios interesses teremos que exercitar. Em outras palavras, o exercício da maternidade e da paternidade é um verdadeiro laboratório de desenvolvimento espiritual.

Poderíamos dizer que, se o casamento representa um ambulatório de socorro para nossas mazelas morais, ser pai ou mãe poderia ser comparado a uma 'UTI', no que diz respeito à oportunidade de robustecimento da saúde espiritual, se soubermos aproveitá-la.

É por tudo isso, portanto, que devemos considerar seriamente o aspecto reprodutivo do sexo no casamento: os filhos.

Tê-los ou não tê-los, eis a questão!

Para muitos casais existe uma verdadeira necessidade espiritual de exercer a paternidade, pois faz parte de sua programação reencarnatória. Para outros, que pensam mais em si mesmos, ou que ainda estejam simplesmente vivenciando o prazer sexual, ser pai ou mãe representa um inconveniente.

"– Ah não! Dá muito trabalho! Ainda quero curtir o casamento!"

"– Além do mais, acaba com o corpo da gente!"

De fato, a paternidade e a maternidade implicam comprometimento e trabalho. Quanto a acabar com o corpo da mulher, isso não é verdade; a gravidez o modifica.

"– Nós queremos um tempo para curtir o casamento, porque somos recém-casados."

"– E livre-arbítrio é livre-arbítrio, não é mesmo?"

Muito justo. Mas não se esqueçam de que arcar com as consequências do que fazemos é obrigatório, é lei, é automático e infalível.

Mesmo compreendendo que a paternidade e a maternidade são desafios construtivos, que constituem importante oportunidade de evolução e educação espiritual, tanto do ponto de vista individual quanto coletivo, podemos não querer assumir tal empreitada. Para isso, estão aí os métodos anticonceptivos, cada vez mais fáceis, efetivos e modernos.

Do ponto de vista espírita, a decisão de não ter filhos, para o casal que é fértil, passa a ser uma opção fundamentalmente moral, e não somente corporal ou de conveniência.

Quem já está esclarecido sabe que, por uma série de razões aqui expostas, estará se privando de oportunidades únicas de reajuste, desenvolvimento e evolução.

– Então você vai dizer que o certo é 'deixar que se faça a vontade de

Deus'? Que devemos ter quantos filhos vierem e que devemos empregar o sexo apenas para a reprodução?

É claro que não! A doutrina espírita nos esclarece que a paternidade e a maternidade são estágios de aplicação intensa da concentração da vontade e do comprometimento emocional dos envolvidos. Por isso, não basta somente gerar e gestar os corpos novos dos espíritos que virão, mas, principalmente, ter a disposição de educá-los, orientá-los e formá-los. E isso implica investir tempo, dinheiro, devotamento e atenção no desempenho dessas tarefas.

Quanto disso você pode dispor?

É claro que possibilitar a um espírito a dádiva da reencarnação é sempre um ato nobre. Isso, contudo, não basta, se ele for ficar sob sua responsabilidade. Quantos espíritos, na condição de filhos, você tem realmente condições de educar?

Com o aumento da civilidade, da responsabilidade e da evolução moral, o ser humano pode e deve desempenhar a tarefa de pai ou mãe de acordo com suas possibilidades, estabelecendo limites com bom-senso, liberdade de escolha e responsabilidade.

Colocar filhos no mundo para que "se criem sozinhos" é uma coisa; educá-los adequadamente, com a dedicação que a tarefa exige, é outra.

Então, se não é recomendável que percamos a oportunidade de exercermos os papéis de pai e mãe quando possível, também não é recomendável que o façamos de maneira desequilibrada e descuidada.

Assim sendo, podemos, sim, escolher o número de filhos que podemos receber em nossos lares, de acordo com nossas condições e disposições pessoais, pois também teremos que responder à Providência Divina quanto ao nosso sucesso ou insucesso na tarefa que assumimos.

Desse modo, não há por que fugirmos da paternidade e da maternidade, a menos que haja limitações intransponíveis que nos impeçam de exercê-las, as quais costumam ser, frequentemente, de ordem cármica.

Mesmo em tais situações, a paternidade pode ser exercida de muitas outras maneiras, seja mediante a adoção de filhos do coração, seja pela decisão de assumir a responsabilidade por entes queridos, pelo trabalho junto aos filhos alheios, etc.. Todas essas alternativas representam oportunidades igualmente valiosas, que também hão de demandar grande empenho de nossa parte.

Variações e criatividade

Quando falamos de vivência sexual no casamento, não há como fugir do tópico 'rotina', uma vez que todo mundo haverá de enfrentá-la um dia – se não é que já enfrentou ou está enfrentando.

É claro que o conceito de rotina sexual varia muito de acordo com as diversas culturas, valores e vivências. Em tal situação, todavia, todos temos em comum a percepção de que os atrativos sexuais estão definhando dentro do casamento.

Por uma série de razões, o charme, o romantismo, o erotismo, a paixão, a sedução e todos os outros estados mentais e comportamentais, que favorecem o relacionamento sexual, parecem perder vivacidade, e já não surgem com a antiga intensidade.

É quando, na tentativa de recuperá-los, pensamos em usar a criatividade e 'variar' nossas práticas sexuais, nem sempre com o sucesso esperado.

Aí a gente pergunta: "O que estaria errado?".

Terá chegado, com certeza, o momento de buscar ajuda e informação. E informação sobre isso é o que não falta! As mais fáceis e acessíveis são oferecidas pelas revistas semanais, programas de TV e conversas informais, todas elas, via de regra, ricas em conselhos e sugestões.

Horóscopos, hotéis, motéis, jantares românticos, ilhas paradisíacas, dicas de novas posições sexuais, 'brinquedos' sexuais, jogos sensuais, sex shops, variações diversas da prática sexual do dia a dia, etc.. Tudo isso na esperança de 'apimentar' a culinária sexual. E lá vamos nós...

Está certo que todos nós precisamos usar a criatividade para manter interessante nosso relacionamento sexual, não resta dúvida. Também concordamos que o uso da imaginação serve para mostrar ao outro que estamos interessados na continuidade das sensações mútuas prazerosas. Mas, é cada coisa que aparece, que há que se ter critério de escolha!

Será que nos deixamos escravizar pela dependência das sensações sexuais, a ponto de perdermos a noção do ridículo e do perigo? Qualquer pessoa pode acessar a internet e avaliar os disparates a que podemos chegar, na busca do prazer pelo prazer.

O que falar da prática chamada de troca de casais, por exemplo? E o sadomasoquismo? E o sexo a três? Só uma dependência doentia das manifestações mais primitivas da libido levaria um casal a tais experiências e a outras tantas, igualmente extremas.

Nessas situações extremamente arriscadas para a saúde do indivíduo, não se avalia as implicações emocionais dos atos praticados, nem a violência contra a intimidade segura do casal. Semeia-se a desconfiança, a comparação pelo ciúme, o descompromisso, a simples utilização do outro como brinquedo sexual. Desaparece a segurança e a proteção espiritual do lar, pois se abrem portas largas à espiritualidade inferior, que vive nos antros do sexo sem limites e que vai buscar, agora também, em nossos lares desprotegidos, a satisfação de suas necessidades brutalizadas.

– E o que você acha dos 'brinquedinhos' sexuais?

– Com eles a gente pode 'brincar' em casa mesmo, sem mais ninguém envolvido, não é?

Mas e quanto às 'visitas' espirituais, que eventualmente poderão aparecer?

Seja como for, vale a pena pensar bem no quanto e no porquê vocês precisam de tais artifícios.

– Ora, nós adoramos variar o que fazemos, e dar prazer um ao outro!

Nada de errado nisso. O que estamos questionando é o quanto de importância vocês dão para esse tipo de 'ingredientes' no relacionamento conjugal.

Então, a pergunta de dois milhões de dólares é: se um dia vocês forem privados dos brinquedos sexuais, por qualquer motivo, as coisas continuarão bem? Será que, sem a 'pimentinha extra', vocês continuarão a apreciar a culinária, ou vai ficar tudo meio chato, porque o casamento poderá voltar a ser aquela coisa sem graça de antes?

Caso vocês se sintam muito desconfortáveis com tal possibilidade, terá chegado o momento, decerto, de tomar mais cuidado: vocês podem estar usando dipirona para curar amigdalite bacteriana!

DIPIRONA NA AMIGDALITE BACTERIANA

Para quem não se lembra, ou desconhece, a dipirona é um medicamento analgésico e antitérmico muito famoso, mais conhecido por seus nomes comerciais, as marcas registradas como Anador e Novalgina. Já a amigdalite bacteriana é um acometimento das amígdalas por bactérias patogênicas, que costumam causar febre alta e uma terrível dor de garganta.

Muita gente usa a dipirona em tais quadros, pensando em combater a febre e a dor, e com razão. Outros há, contudo, que se automedicam, utilizando a dipirona, na esperança de curar a amigdalite, o que é totalmente descabido, uma vez que esse remédio não possui qualquer ação bactericida. Nada mais é que um medicamento sintomático, ou seja, combate a febre, que é um sinal de alerta a dizer que algo não vai bem.

Mas agora basta de medicina e farmacologia. Ao usarmos a comparação acima, estávamos querendo chamar sua atenção para o fato de que o tédio na rotina sexual do casamento não é o problema em si, mas um sintoma ou sinal de que algo mais está acontecendo.

E o que é pior: tentar combater a rotina, sem saber o que levou a ela, não vai trazer qualquer compreensão sobre causas mais profundas. Muitos casais adotam práticas novas e passam a cultivar hábitos chamados 'criativos' ou 'alternativos', com o objetivo de contornar a rotina, sem perceber que estão protelando o entendimento do que é mais importante: um não está bastando ao outro. O romantismo, o charme, o erotismo, etc., passaram, diminuíram ou desapareceram por completo! Pior ainda: nada há com que se possa substituí-los.

O fato é que o companheirismo e o amor não foram cultivados suficientemente, de modo a garantir que a relação afetiva continuasse rica, com ou sem sexo! Este é que costuma ser o motivo real, por trás da rotina: pouca atenção foi dada à afetividade.

Por várias vezes afirmamos que o casamento é, antes de tudo, um instrumento a favor da evolução espiritual dos seres humanos. Por isso mesmo, ainda que à revelia de nosso conhecimento ou disposição, os desafios conjugais assumirão diversas formas, entre elas a da rotina entediante, a fim de que possamos desenvolver as potencialidades mais nobres da expressão da libido.

Se já optamos pela convivência permanente no casamento, devemos entender que não há como sustentá-la sob os alicerces temporários de práticas sexuais exóticas.

Resumindo: muito embora o relacionamento sexual possa ser muito bom, nosso desempenho não será o mesmo para sempre, e compreender isso poderá estimular-nos ao cultivo de realizações morais e espirituais conjuntas, capazes de proporcionar resultados permanentes e a decorrente satisfação duradoura.

Desse modo, estamos declarando não sermos contra o uso de brinquedos sexuais, mas a favor da compreensão do verdadeiro prazer a dois.

Dessexualização?

– Você está falando de 'dessexualizar' o casamento?

De certa forma, sim.

É claro que, na maioria dos casamentos, o ato sexual nunca desaparece, nem mesmo na 'quarta' idade. Inegavelmente, porém, o desempenho sexual vai mudando, e o sexo não permanecerá inalterado. Mas é possível que se torne bem melhor!

– Como assim?

Falando bem claro: o que mais estimula o casal, dentro de um casamento duradouro, já não são mais apenas os seus corpos físicos e as sensações que eles podem proporcionar. Somente a cumplicidade e o companheirismo, construídos com dedicação e empenho, são capazes de proporcionar um bem-estar muito mais profundo, que irá influir diretamente na qualidade do relacionamento sexual.

Ter ao seu lado um espírito com o qual você trocou experiências íntimas por longos anos, construindo realizações familiares e interpessoais, que não foi capaz de desenvolver com mais ninguém; que conhece sua intimidade emocional e espiritual como nenhuma outra pessoa do mundo; que reúne em si os valores que lhe são mais caros; que superou as dificuldades ao seu lado; bem, tudo isso é uma experiência única! Não se trata de um ser humano qualquer! Não é mais um 'produto' qualquer! É como ter esculpido uma obra-prima! É mais que ganhar na loteria!

E isso não tem nada a ver com sexo! É outro tipo de estímulo: é satisfação, é alegria, é realização espiritual, é a felicidade na Terra. Diante disso, já não importa muito o simples desempenho sexual. A satisfação é garantida de qualquer jeito!

Casais assim passam a nutrir admiração mútua, conhecem o que é atração genuína, e o ato sexual é um simples complemento, caso já não tenha sido mesmo abolido, por se haver tornado desnecessário.

Por outro lado, nem todos os casais conseguem interpretar a intimidade prolongada como fonte de coisas boas, sexualmente falando. Para eles, a intimidade chega a ser muito incômoda, pois expõe os pontos mais fracos de um e de outro. Por isso rejeitam a intimidade e fogem à honestidade, que seria, de fato, o único remédio para vencer o constrangimento que a situação pode causar.

Nestes casos, a dessexualização ocorre pela falta de intimidade, é intencionalmente desejada, uma vez que nenhum dos parceiros tem condições para ajudar o outro a mudar, ou para mudar-se a si mesmo.

São os casos clássicos de cônjuges que se transformaram em pessoas que se respeitam, morando na mesma casa, se é que se respeitam, de fato. Caso permaneçam em clima de gentileza e fidelidade, sem que aconteça a quebra da responsabilidade mútua, poderão ainda desfrutar da convivência sadia, sem o uso do sexo. São espíritos que desejam continuar juntos até o final da encarnação, mas que já não possuem atrativos sexuais um para o outro, por motivos geralmente alicerçados no fato de não serem afins. Acabam descobrindo e mantendo suas diferenças marcantes, por orgulho ou egoísmo, mas reconhecendo a tarefa conjunta que devem desempenhar junto ao lar e aos filhos.

É comum que não haja animosidade ou ressentimento entre eles, apenas aceitação de uma realidade adversa, que vieram a perceber e que não estão dispostos a modificar.

Mencionamos tais casos em nosso estudo, porque são muito mais numerosos do que pensamos. Apenas não aparecem, mantendo-se mergulhados no silêncio da intimidade. Não são casais necessariamente infelizes, às vezes muito pelo contrário, pois também descobrem na amizade e na convivência os tesouros da fraternidade, do desprendimento e do respeito.

Trata-se, como dissemos, de espíritos que não possuem afinidade suficiente para uma grande atração espiritual ou emocional, pois geralmente estão se encontrando pela primeira vez, na esteira das reencarnações. Encontram-se nessas condições, a bem da verdade, maciça quantidade de espíritos da Terra, unidos antes por forças cármicas do que pelo verdadeiro amor. Ao descobrirem suas diferenças, todavia, experimentam a chance de se redimirem mutuamente, aprendendo o respeito, o perdão e a convivência pacífica, renunciando às queixas e acusações mútuas, em prol da paz no lar e da construção de outras realizações fora do campo sexual.

Em tais casos, a des-sexualização aparece como consequência da falta de vínculos afetivos suficientes, o que se torna ainda mais patente quando os atrativos de caráter físico desaparecem com a idade. Ainda assim, pode persistir o compromisso moral e espiritual mútuo e para com a família constituída.

Alguns poucos cônjuges em tais condições conseguem, com o passar do tempo e com boa vontade, vir a ser grandes amigos espirituais, chegando a permitir, por vezes, que uma intimidade maior venha a ser construída. Pode acontecer que, então, o relacionamento sexual floresça novamente, como consequência da nova aproximação afetiva do casal, alicerçado agora não no corpo físico, mas na atração de natureza moral.

TRABALHO INDIVIDUAL, CONSTRUÇÃO MÚTUA

A esta altura já deve ter ficado claro que o relacionamento sexual do casal depende, quase que exclusivamente, da educação sexual permanente e progressiva de cada um dos cônjuges, o que equivale a dizer que a construção da sexualidade conjugal é resultado direto da educação sexual individual.

E isto é verdade não apenas nos momentos iniciais do casamento, onde cada um traz para a intimidade do novo lar tudo aquilo que aprendeu, mas também durante todo o tempo que o casamento durar. A sexualidade será reflexo do esforço, interesse e mudanças de valores, conceitos e hábitos, que cada cônjuge vier a conquistar.

Já sabemos que muitas surpresas aguardam os jovens parceiros na intimidade do tálamo conjugal nos primeiros tempos do consórcio, devido às naturais diferenças que trazem de suas vidas de solteiro, muitas das quais podem ter sido amenizadas ao longo do período de convívio que se estende do namoro ao noivado e deste ao casamento.

Mesmo assim, certas características só se tornarão evidentes com uma convivência muito estreita, quando as máscaras serão removidas pela força da vida em comum.

É neste ponto que vai ter início o desafio da construção mútua da harmonia da vida sexual, em que ambos os parceiros serão chamados à reflexão e aos finos ajustes de outras nuances, que acabaram por passar despercebidos ao longo do convívio pré-nupcial.

Acontece, porém, diferentemente do que a maioria de nós parece acreditar, que tal ajuste deverá permanecer ativo no decorrer de toda a vida de casados, mesmo que a harmonia pareça ter sido conquistada logo nos primeiros meses do casamento.

– Ué! Como assim? Não se costuma dizer que em time que está ganhando não se mexe?

Bem, essa afirmação seria válida, se as coisas que nos cercam permanecessem sempre inalteradas. Mas o fato é que elas mudam, inevitavelmente: o corpo físico envelhece, a família aumenta, o trabalho se modifica, as preocupações inerentes a cada fase da vida dos filhos se apresentam, a aposentadoria chega, a saúde se altera e a parentela passa por mudanças de toda sorte. Isso, sem mencionar as coisas de caráter pessoal, que nem sempre queremos compartilhar e que carregamos por anos a fio.

Os traumas, as fantasias, o remorso, a mágoa, o ressentimento e outros fatores relacionados à vida sexual passam a interferir cada vez mais em nossos relacionamentos, à medida que vão sendo ignorados, permanecendo ativos, contudo, a nível subconsciente.

Portanto, estejamos certos de que haverá desafios a serem encarados e enfrentados a cada esquina da vida conjugal, sobretudo no relacionamento íntimo.

Quem fica parado no tempo, desejando que aquela harmonia dos primeiros tempos, conseguida à custa de muito esforço, permaneça para sempre, ou quem fica lamentando a perda irreparável do antigo mar de rosas, estará se iludindo.

O desafio é o que permanece e a harmonia precisará ser continuamente refeita e melhorada, a fim de fazer frente aos embates morais do casamento. Isso faz parte dos programas de burilamento íntimo, aos quais o exercício da libido nos conduz.

Como dizíamos, caro leitor, a educação sexual permanente é uma necessidade do dia a dia de todo bom relacionamento íntimo. Ela permite que nossos limites estreitos de compreensão e ajustamento se expandam sempre mais, possibilitando que nossa capacidade de perdão, tolerância e compreensão nos garanta mais felicidade e retorno compensatório sobre os investimentos que fizermos em nossa vida sexual conjugal.

Estudar e estudar-se, informar-se a respeito do outro, compreendê-lo, eliminar tolos preconceitos, abrir as portas do perdão e do entendimento, mediante o exercício do diálogo, são as atitudes que demonstram que a educação está se fazendo continuamente.

E quanto ao sexo, a leitura sadia, a informação consistente, a autoanálise, a resolução dos conflitos e traumas íntimos, o respeito mútuo e a honestidade serão as primeiras medidas a serem tomadas no caminho do progresso pessoal contínuo, que se refletirá sobre a construção do relacionamento sexual bem-sucedido.

Enfim, queridos amigos, isso é o que chamamos de investimento na área sexual e que, muito antes de ser uma maneira de apimentar o ato sexual, é um meio de melhorar emocional, mental e espiritualmente o ser humano, enriquecendo-lhe a vida como um todo, com vistas ao progresso moral de toda a humanidade e à felicidade futura na vida imortal.

A crença na existência de almas gêmeas é bem antiga e conhecida em quase todas as culturas. Consiste na ideia de que existem almas que foram criadas juntas, do mesmo cerne, da mesma substância, com as mesmas características, e que são, depois, dispersas pelo universo. Um dia, então, poderão novamente encontrar-se, e viverão sempre felizes, uma vez que conseguirão uma perfeita sintonia de gostos, valores, ideais e pensamentos.

Outros acreditam que as chamadas almas gêmeas seriam aquelas que já conviveram por muito tempo e que chegaram a ponto de se identificar tão perfeitamente, que já não podem viver separadas, reencarnando sempre juntas, ou próximas uma da outra.

Existem, certamente, muitas outras variações do conceito. O mais interessante, todavia, é que compreendamos o que tal crença traduz em relação aos anseios dos homens.

Analisando a primeira ideia, percebemos, sem dificuldade, que por trás dessa crença estão depositadas as esperanças de encontrar respostas para nossas necessidades mais prementes, todas reunidas num único ser, que nos satisfaria completamente. Isso seria a solução para toda a frustração, o motivo para todo sonho e sofrimento colhidos numa longa busca, que parece infrutífera, mas que, ao final, nos dará o prêmio máximo e perfeito. Seria como ganhar na loteria! Contudo, se considerarmos as necessidades evolutivas inerentes a cada ser criado por Deus, compreenderemos, sem dúvida, que o Pai não criou seres já perfeitos. Por outro lado, também não poderemos inferir que Ele tenha criado seres "despedaçados", que necessitam de outras metades para poder existir integralmente. Tampouco que Ele tenha condicionado a conquista da verdadeira felicidade – um dos maiores tesouros do espírito – a um simples encontro entre duas metades, que teriam sido propositadamente separadas por longos períodos. Com que propósito isso seria feito?

Analisando a segunda definição, que nos parece um pouco mais coerente, encontraremos espíritos comprometidos, cada vez mais, com a ideia exclusivista de existirem unicamente para outro alguém em particular, permanecendo sempre juntos e cultivando um amor que cresceria indefinidamente.

Acontece, porém, que as noções de amor nos espíritos mais evoluídos afastam-se, gradualmente, do exclusivismo, visto apresentarem sentimentos caracterizados pela tendência crescente ao amor universal, que inclui um número sempre maior de indivíduos em seu raio de ação, vivenciando a realidade da família universal que todos compomos.

Além disso, as noções de vivência sexual entre espíritos nesse nível de evolução já exclui manifestações materiais como as que idealizamos para um relacionamento perfeito entre 'almas gêmeas', aqui na Terra.

Com a devida licença e respeito, lembraremos o caso de nosso respeitável Emmanuel, que se tornou um nome de autoridade dentro da literatura espírita, através da psicografia do querido Francisco Cândido Xavier. O querido mentor abre, para nós, um sagrado tesouro de seu coração, revestido dos mais nobres exemplos de sacrifício e conquista espiritual, em sua magnífica obra *Há dois mil anos*, que é, provavelmente, o relato mais próximo, superior e fiel do conceito de almas gêmeas, alcançável para nós, na Terra.

Mesmo assim, o ilustre espírito adverte que os conceitos exarados na codificação kardequiana se deveriam sobrepor aos seus, adotando uma conduta humilde e exemplar, colocando-se junto aos seus irmãos menores em humanidade, que ainda anseiam e precisam do impulso recompensador de um amor elevado e moralmente puro.

Muito bem. O que fica para nós é que a ideia de dois espíritos criados de maneira a se complementarem, com perfeição, em suas essências, é falsa, uma vez que sabemos que a substância imaterial inteligente do universo, denominada princípio inteligente, nem sequer é individualizada no momento de sua criação, segundo nos informa a codificação kardequiana.

Por outro lado, a ideia de que temos a capacidade de construir laços muitíssimo particulares de amor e afeto verdadeiros com outra individualidade, ao longo de uma longuíssima existência imortal, é factível, verificável e até muito desejável. Toda ideia de exclusivismo e proveito material relacionada a esta ligação, contudo, nada mais será que mera ilusão, contrária à proposta evolutiva dos laços de afeto. Afinal, sabemos que a consciência espiritual adiantada almeja, cada vez mais, a universalidade, e os espíritos em estado puro, ou angelical, encontram-se libertos dos anseios de exclusivismo, que ainda caracterizam nossas relações de afeto.

O celibato começou a ser popularizado, como prática voluntária, a partir do surgimento de filosofias que apontam a libido como sendo prejudicial ou contrária ao desenvolvimento espiritual do ser humano, segundo as concepções particulares de cada uma delas.

Acreditam que a vivência sexual liga o ser humano às manifestações mais primitivas da inteligência, por isso sugerem que a abstinência voluntária acabaria por contribuir para uma maior espiritualização das pessoas que a ela aderissem.

Atualmente, o celibato é prática comum entre diversas irmandades e sociedades iniciáticas, requisito obrigatório para o exercício de cargos religiosos, os mais diversos, e opção de um bom número de indivíduos, que adotam esta ou aquela filosofia, na busca por um desenvolvimento espiritual mais rápido e eficaz.

Contudo, muitas outras são as situações que nos compelem ao celibato, voluntária ou involuntariamente: frustrações, doenças mentais, emocionais e físicas, traumas, desejo de vingança, represálias conjugais, medo, vergonha, etc..

Então vejamos:

CELIBATO NATURAL?

– O celibato é uma coisa natural?

Como fenômeno social ele é bastante antigo, e podemos dizer que está presente até mesmo no reino animal, tendo sido resultado de inúmeras situações impositivas, de caráter evolutivo.

Neste último caso, a impossibilidade do exercício da sexualidade se dá, sobretudo, por controle das instâncias superiores que regem o desenvolvimento do princípio inteligente.

O controle da população de uma espécie, a disciplina da libido primitiva e as próprias sazonalidades do comportamento reprodutivo, que é controlado pelos níveis hormonais, são as causas mais comuns de celibato entre os seres mais inferiores. Naturalmente, de forma involuntária.

Quando seu desenvolvimento psíquico e consciencial eram ainda muito primitivos, o ser humano foi, certamente, submetido a esse controle. Portanto, períodos de abstinência sexual involuntária estão presentes desde os primórdios evolutivos da espécie humana. Em tais moldes, devemos frisar, eles resultaram sempre na indução de adaptações ou atitudes comportamentais, que renderam 'lucros evolutivos' para a humanidade terrestre.

Quando os seres humanos puderam optar pelo celibato de maneira voluntária, este assumiu características diferentes, com resultados os mais diversos e não tão seguros quanto aqueles, aos quais a lei de evolução os induzia. A razão disso é que o homem passou a julgar a sexualidade segundo suas próprias concepções, e não podemos negar que tais concepções foram, e ainda são, carregadas de ignorância e preconceitos.

Ainda assim, não podemos simplesmente rotulá-las como sendo inválidas, dado que se manifestaram de acordo com o desenvolvimento psicoafetivo dos indivíduos, com seu julgamento moral e desenvolvimento espiritual.

CELIBATO JUSTIFICÁVEL?

A motivação e os objetivos a serem alcançados através do celibato são o que definem sua possível utilidade e justificação.

– Mas existe celibato justificável?

Sim, existe. E depende muito de nossas intenções, assim como acontece com todas as nossas ações.

Mas quando é que o celibato seria justificável?

Segundo a doutrina espírita, ele seria justificável sempre que trouxesse benesses reais para seu praticante ou para as pessoas que com ele interagem. Naturalmente que a doutrina considera o julgamento baseado nas leis divinas e não no ponto de vista do praticante ou das pessoas com ele envolvidas.

Existem indivíduos que abrem mão do sexo e da vida familiar, a fim de se poderem dedicar, de maneira intensiva, ao bem do próximo, materializado em atividades de cunho educativo, assistencial, mediúnico, missionário, pesquisador, revelador, etc..

Outras pessoas há que, por motivos relacionados à necessidade da disciplina benéfica, reconhecem no celibato, ou no controle mais restritivo da vivência sexual, um instrumento capaz de sanar conflitos íntimos e problemas graves, que carregam em sua intimidade.

– Mas, essas pessoas não sofrem? Como é que elas conseguem?!

Bem, muitas delas já são espíritos mais esclarecidos, que trazem a responsabilidade de tarefas específicas a realizar. São indivíduos que possuem alto cabedal de reflexão e vivência no campo sexual, que lhes permite a liberdade relativa quanto ao domínio das forças da libido. É algo que conquistaram através da educação sexual e da sublimação verdadeira da libido, de forma que ela possa se expressar em seu sentido mais superior, mais afetivo e espiritual.

Isso não significa que já não sintam mais desejo sexual ou a presença da libido. Mas é que neles a libido consegue se expressar de maneira diferente, induzindo justamente aos movimentos comportamentais que materializam os laços afetivos mais abrangentes, que ampliam as dimensões da família espiritual e que produzem a civilidade e cidadania universais. Sua ação pessoal, neste sentido, acaba por transformá-los em instrumentos de evolução para a sociedade que os cerca. Esses indivíduos não renunciam, de fato, à libido, mas vivenciam-na de maneira mais sublimada. Ao invés de utilizarem o ato sexual para sua satisfação, preferem expandir seus laços de compromisso moral e afetivo com os irmãos em geral.

CELIBATO AUTOIMPOSTO

Outros indivíduos se encontram em situação diferente.

Portadores de diferentes chagas morais que carregam desde antigas eras, ou vítimas do remorso, devido a atos praticados no passado, acabam por vivenciar a difícil colheita dos desequilíbrios íntimos logicamente esperados. Já conseguiram um estado relativamente consciente dos mecanismos reparadores, necessários para seu bem-estar, e optam pelo celibato restritivo, de caráter altamente educativo e preventivo, como recurso supremo e eficaz para suas dores.

Esses espíritos, ainda não muito evoluídos, embora suficientemente esclarecidos, sentem a dolorosa pressão psíquica de seus desvios da libido, que continuamente os convidam a cultivar procedimentos desequilibrados, com vistas à satisfação de desejos inconsequentes.

Tais indivíduos, contudo, já se esforçam para educar suas tendências reconhecidamente prejudiciais. Sofrem e aprendem, refletem e lutam sem cessar consigo mesmos, conquistando, dia a dia e hora a hora, a liberdade e o conhecimento, e libertando-se, muito lentamente, das injunções de seu passado e das influências maléficas de eventuais processos obsessivos.

É assim que, lutando diariamente, por escolha própria e sofrendo na 'própria carne' os efeitos de sua antiga dependência psíquica das satisfações puramente físicas, tornam-se merecedores do esclarecimento maior, com o qual presenteiam a si mesmos, aproveitando as oportunidades que a Providência Divina lhes concede, caminhando rumo à consciência tranquila e à percepção das manifestações mais superiores da libido.

Enfim, transformam-se, progredindo do estado de brutalidade para o de civilidade moral e espiritual.

Esses indivíduos, quase sempre discretos, são os que merecem a maior atenção das atividades de esclarecimento e socorro disponíveis em nossas casas espíritas, dado que estão em situação de extrema fragilidade, prestes a sucumbirem frente aos embates mais duros de seus desafios. É para eles que a fé, a esperança e, sobretudo, o acolhimento e o carinho devem ser dispensados a mancheias, acrescidos de muita paciência e perseverança.

Notem, então, os caros leitores, que os indivíduos que adotam o celibato nestas condições estão buscando uma saída ou a disciplina necessária para a correção de suas tendências, muito embora não sejam, ainda, campeões da resistência moral, tal como nós tampouco o somos.

Muitas vezes, na ânsia de remediar suas dores e remorsos, propõem a si mesmos disciplinas muito mais severas do que estão prontos a suportar.

Outras vezes, confiam em que as restrições materiais serão suficientes para modificar-lhes os sentimentos e emoções desviadas. Hora entusiasmados, hora desanimados consigo mesmos, hora frustrados e desiludidos com os inúmeros tentames seguidos de outras tantas recaídas, poucos são os que pedem ajuda ou socorro, preferindo, quase sempre sob a influência de seus sequazes desencarnados, entregarem-se de vez à inconsequência.

Caso você seja um desses irmãos insatisfeitos com a própria conduta sexual e, espicaçado pelo remorso, já tenha tentado 'de tudo' para mudar seu jeito de ser, ainda sem sucesso; se já se encontra à beira do precipício moral, sem perspectivas de melhora, saiba que Deus certamente não nos ajuda a despertar a consciência apenas para enfrentar sofrimentos.

Busque, antes de tudo, assistência espiritual. Mergulhe na reflexão profunda das consequências de seus atos, sem se esquecer de oxigenar o raciocínio com as imprescindíveis informações redentoras que lhe faltam no campo da vivência sexual. Lembre-se de que ninguém consegue soluções novas para velhos problemas, mantendo o hábito de pensar sempre da mesma maneira. É preciso inovar, é preciso buscar o que ainda não temos e o que ainda não conhecemos.

Acima de tudo, saiba que a libido e o sexo não são seus inimigos. São apenas impulsos e instrumentos psíquicos, a serviço da evolução, cujas possibilidades ainda não sabemos explorar.

Portanto, limitar-se a evitar as manifestações sexuais não levará você às soluções finais, mas somente a paliativos temporários. É essencial buscar o autoconhecimento, além de ajuda adequada. E uma vez que você está lendo este livro, podemos garantir a você que a tutela da doutrina espírita, tão rica de conhecimento e bom-senso, poderá auxiliá-lo grandemente.

Celibato por 'retaliação'

Existe ainda outra modalidade de celibato, que não se fundamenta em atitudes e, muito menos, em serviços de caráter moral missionário, ou por medidas autodisciplinadoras. É o tipo de abstinência sexual, cujas causas podem ser encontradas em experiências emocionais desagradáveis, traumáticas ou frustrantes.

Esse tipo de abstinência costuma ser temporário e é muito mais comum do que se imagina. Medo, vergonha, raiva e vinganças conjugais, ressentimentos, preconceito, etc., encontram-se na raiz da questão.

"– Meu marido é um grosseirão! Não toma banho, cheira mal, é bruto e vive com cheiro de bebida e cigarro! Ah, não mesmo!"

"– Minha mulher é certinha demais! Tudo tem que ter hora e nada está bom. Uma hora é a dor de cabeça, outra hora é o cansaço! Vive reclamando da vida, vive depressiva. E quando dá certo, não pode ser assim, não pode ser assado! Desisto"!

Quantas vezes já ouvimos esse tipo de queixas, ou quantas vezes nós mesmos as fizemos?

Nestes casos acontece a recusa ao contato sexual pelos motivos acima expostos, mas devido à fidelidade pessoal ao compromisso assumido, essas mesmas pessoas se recusam a serem promíscuas ou a traírem o acordo conjugal. Preferem guardar mágoas e ressentimentos, culpando o outro por seu sofrimento e, não raro, conservam-se na expectativa de que serão, um dia, compensados de alguma maneira, seja pelo pedido de desculpas e 'rendição incondicional' do parceiro, seja pela Providência Divina que está vendo o 'tremendo sacrifício' ao qual a pessoa se está submetendo, por suportar essa condição.

Nestes casos, como vimos na 'etiqueta da sexualidade conjugal', falta ainda motivação e educação sexual pessoal, no sentido de compreender que, dentro do relacionamento conjugal, problemas são desafios constantes, representando convites ao perdão, ao companheirismo e à fraternidade. Além disso, não nos podemos esquecer de que a sexualidade conjugal é resultado direto da educação sexual de cada parceiro, a qual deveria estar sendo aprimorada constantemente, mediante a revisão de valores e condutas.

Caso o trabalho de educação moral, proporcionado pelas manifestações da libido, não seja cuidado com a devida responsabilidade, estaremos nos sujeitando a permanecer vítimas da inconformidade estacionária.

"– Mas você não imagina o que ele – ou ela – fez! É imperdoável! Não pode imaginar como ele – ou ela – é, de verdade! Não vai mudar nunca!"

É, há estes casos também, em que o coração das pessoas vira pedra e, por essa razão, a esperança de se conseguir um relacionamento sexual como se havia idealizado vai por água abaixo.

E se quisermos levar adiante o casamento, o importante é encarar o conflito sem 'desculpismos', evitando colocar toda a responsabilidade no outro. É indispensável que analisemos as acusações feitas contra nós, a fim de verificarmos, com honestidade, se elas, de fato, não procedem, dispondo-nos a modificar algum valor, reação ou comportamento na área sexual, que possa estar inadequado.

Por fim, é igualmente fundamental que não conservemos a raiva, o ressentimento ou a mágoa em relação ao parceiro, se pretendemos que a convivência ainda seja possível.

– Então, quer dizer que têm casos impossíveis mesmo?

Não é que os 'casos' sejam impossíveis. O que ocorre é que os objetivos e ideais que almejamos para nossas relações afetivas nem sempre são moralmente viáveis ou reais. Não raro o sucesso matrimonial que a Providência Divina espera não diz respeito ao aspecto sexual, mas à capacidade de bem viver o conflito, que acabará por ocasionar mudanças e aperfeiçoamento espiritual. É possível que privações relativas a preferências, fantasias e frequências sejam mesmo inevitáveis e até indispensáveis para a realização de nosso programa reencarnatório.

– E o que fazer nesses casos? É melhor 'separar'?

'Separar' nós sempre podemos, mas vai valer a pena? Será que todo o produto de um casamento pode girar em torno da relação física? Será que a libido deve resumir-se às prazerosas sensações? E as emoções? Os filhos? A convivência? As construções morais? Ainda existe pelo menos algum respeito? Amizade? Companheirismo?

Se algumas dessas coisas se mantiveram inteiras, eis aí algo a preservar!

Não é só porque não conseguimos sucesso total na área sexual, que iremos abandonar o resto, não é mesmo?

Vamos ser realistas: muitos de nós guardamos frustrações, ou gostaríamos que nosso relacionamento sexual fosse muito ou um pouco diferente do que é. Mas nem por isso desprezamos nosso casamento.

É possível que em alguns momentos nos sintamos incompreendidos – e muito! –, frustrados, magoados, ressentidos e até mesmo desiludidos. Afinal, depois de tanta persistência, de tanta luta e de tantas tentativas, acabamos por notar, finalmente, que não vai adiantar. O relacionamento sexual será limitado mesmo!

Pois é, minha gente! Esta é a vida real. E o celibato que acaba surgindo, a esta altura, não é senão a 'ponta do iceberg'.

O que nos sobra?

A necessidade de sermos maduros espiritualmente falando, e aceitar que não poderemos ter ou dar o que gostaríamos, no momento. Então, vamos continuar lutando, construindo, convivendo, insistindo em outras formas de convivência, à medida que nos educamos mais. Até que, nos processos de educação espiritual constantes em que nos empenharmos, venhamos a descobrir meios, valores e comportamentos, que nos capacitem a descobrir a felicidade nessa área.

E olha que pode não ser nesta encarnação! Só estou relembrando isso, para o caso de querermos nos iludir mais uma vez...

Enfim, sexualidade conjugal não se constitui apenas de relações sexuais e seus afins, mas também dos desafios impostos ao nosso comportamento sexual egoísta, para que ele se espiritualize e permita as manifestações mais nobres da libido. Não podemos nos esquecer disso!

CELIBATO POR TRAUMAS

Vamos falar, agora, do celibato motivado por traumas psíquicos ou por conceitos fortemente arraigados – não raro por preconceitos –, que surgem ainda antes do casamento.

É o celibato mantido por outras fontes de medo, raiva, desprezo e ressentimento, mas desta vez direcionados contra um objeto diferente. Não mais contra o cônjuge, mas contra experiências traumáticas ou preconceituosas, frequentemente trazidas de vivências reencarnatórias anteriores.

Sem resolver o trauma ou a experiência traumática, o indivíduo acaba por projetar e generalizar o comportamento do sexo oposto, com base em tais experiências.

Entre as causas mais comuns do celibato de natureza traumática estão o estupro, o abuso sexual por familiares ou conhecidos, e os atentados violentos ao pudor e afins.

Podemos relacionar, ainda, o fato de se presenciar, de maneira próxima, casos de agressão sexual, violência doméstica, abandono pelos pais e outras situações em que o expectador não é a vítima, mas em que afetos mais íntimos estejam envolvidos.

Também comuns são os comportamentos celibatários que se fundamentam em ideias 'inatas', que permanecem influenciando fortemente os valores e preconceitos do indivíduo, sempre que ele se aproxima de indivíduos do sexo oposto. A origem de tais ideias pode estar em experiências marcantes de existências passadas.

De qualquer forma, o resultado é a presença de repulsa, ou de um medo muito forte, frequentemente disfarçado por uma capa de superioridade fingida, ou autossuficiência em relação ao sexo oposto, manifestada por diversos argumentos:

"– Homem não presta!"

" – Mulher não presta!"

"– Eu não preciso de outra pessoa mandando na minha vida!"

"– Quero ser livre! Não vale a pena se escravizar aos outros!"

"– Os homens são todos iguais!"

"– As mulheres são todas iguais!"

"– Só existem cafajestes e aproveitadores."

"– Só existem interesseiras e falsas."

Enfim, sob o manto das atitudes aparentemente 'machistas' ou 'feministas' estão os mais diversos tipos de ressentimentos, raiva e preconceitos, motivados por acontecimentos frustrantes e traumáticos já vividos.

– Ei! Como é que você pode afirmar que todas essas pessoas estão erradas?

Mas eu não disse que elas estão erradas!

– Como pode afirmar que todas as pessoas que evitam o sexo oposto são motivadas por preconceitos e medos?

Bem, experimente perguntar a essas pessoas, e quase todas elas dirão que não se interessam pelo sexo oposto porque não há nada de bom nele, ou que nada veem de interessante no relacionamento com pessoas do outro sexo. E, por essa razão, preferem o celibato.

– E o que é que tem de mais em pensar assim?

Ora, basta observar, também, o que tais pessoas estão perdendo!

Não é correto afirmar ou acreditar que as relações afetivas entre as pessoas, particularmente o sexo e o relacionamento conjugal, são falsas e não trazem nada de bom. Pelo contrário, o afeto e o carinho, o companheirismo e a responsabilidade mútua, o amor e o respeito existem e, aliás, são bastante necessários para o desenvolvimento espiritual dos seres. A família e os filhos são elementos altamente importantes para a educação moral e o desenvolvimento afetivo de todos os espíritos.

É fato que já dissemos, anteriormente, que é possível que o homem aproveite de todos os elementos mais nobres da libido, mesmo sem a prática do sexo material.

– Está vendo só?

É, mas os indivíduos que se enquadram no exemplo que estamos estudando, não aproveitam os elementos mais nobres da libido. Não escolheram o celibato por causas nobres. Foram 'empurrados' para ele por causas traumáticas ou marcantes, que os conduziram a avaliações pessoais unilaterais do relacionamento sexual, às quais se apegam para justificar uma postura.

Acontece que tais avaliações, embora originárias de fatos reais, não correspondem à realidade coletiva e evolutiva, o que nos leva a crer que a posição desses indivíduos só possa ser temporária, sendo passível de mudança, assim que se permitam experienciar outros contextos, outras relações e outros vínculos afetivos, que ainda não conhecem.

A grande diferença está no fato de que os espíritos que optaram pelo celibato por causas nobres já conheceram e vivenciaram, anteriormente, as experiências enobrecedoras e educativas do casamento e da família, percorrendo com sucesso seus trâmites laboriosos em passadas reencarnações. Escolhem agora o celibato pelas condições especiais de suas novas tarefas.

Já a grande maioria de indivíduos que escolhe o celibato devido a ocorrências traumáticas, sequer conhece, ou conheceu, as belas recompensas de um casamento bem-sucedido e da família que poderiam ter organizado, assim como desconhecem, por outro lado, os sacrifícios que os mesmos exigem para a educação espiritual dos seres. Como podem, portanto, afirmar que tais experiências não valem a pena e que não trazem recompensas valiosas?

– Está bem. Mas você não acha que cada um está no 'seu tempo', escolhendo o que é melhor para si?

É claro que sim! Não estamos condenando ninguém. Cada um sabe de seu sofrimento e das razões de suas decisões.

No entanto, estamos analisando o relacionamento sexual conjugal do ponto de vista evolutivo e coletivo, segundo as Leis Divinas aplicadas à realidade de nosso planeta.

Nesse caso, não podemos deixar de considerar que aqueles que optam pelo celibato em consequência de traumas ou preconceitos, fundamentados em experiências e julgamentos unilaterais, estão desprezando as considerações mais importantes da realidade espiritual evolutiva em que vivem, para estacionarem em posições, que representam zona de conforto para eles.

Todos temos o direito de nos esquivarmos das más experiências. Mas temos que ter a certeza de não nos estarmos furtando a oportunidades significativas de paz e felicidade.

– Ah, mas então, se eu sou celibatário por essas razões, devo me forçar a procurar relacionamentos?

Não é isso que estamos tentando dizer! Essa não seria a melhor atitude a tomar. Primeiramente, será preciso que resolvamos nossos conflitos, superemos nossos traumas, conheçamos novos caminhos e optemos por eles quando estivermos seguros. Não seria bom violentarmos, ainda mais, a fragilidade de nossos sentimentos, estando nesse estado.

O objetivo de nosso estudo é, antes de tudo, passar a mensagem de que a realidade é mais ampla do que aquela que conhecemos. Se nos fecharmos nos casulos das opiniões pessoais, o sofrimento persistirá. Podemos até viver por muito tempo usando nossas máscaras de justificação, mas estaremos nos privando de ótimas oportunidades de encontrar a felicidade.

Pode ser que, a esta altura, muitos leitores estejam irritados:

"– Mas eu não me sinto infeliz do jeito que sou! Estou muito bem nesta vida que escolhi para mim! Então, por que mudar?"

Tudo bem. Não é nossa intenção agredir, nem condenar.

Não é para os que se sentem satisfeitos com a vida que estão levando que dirigimos nossos comentários, mas sobretudo para aqueles que, lá no fundo da alma, perguntam a si mesmos se as coisas não poderiam ser diferentes.

Nosso questionamento se dirige àqueles que observam a ventura familiar e conjugal dos outros e se entristecem por não conseguirem algo semelhante; àqueles que sentem raiva e ressentimento, toda vez que observam a felicidade alheia, que não conseguem para si, pois não estão dispostos a repetir os mesmos traumas do passado; àqueles que não entendem por que agem de maneira a se afastar, em caráter definitivo, da vivência sexual, quando, na verdade, interessam-se por ela, mas não encontram as causas para tal proceder na encarnação atual.

Em suma, dirigimo-nos àqueles que, mesmo em segredo muito bem guardado, acreditam que há algo errado e gostariam de estar em outra situação; àqueles que sentem poder extrair mais recompensas de outras experiências afetivas, mas não encontram o caminho para fazê-lo; àqueles que desejariam ver-se livres da escravidão do medo e do trauma.

E quem não quer?

Para bom entendedor, meia palavra basta.

CELIBATO IMPOSTO

Temos ainda outra forma de celibato, que não é voluntário, e que nem sempre é permanente: trata-se do celibato imposto por causas físicas, geralmente cármicas, tais como as doenças incapacitantes, quais sejam as paralisias, os acidentes vasculares cerebrais e outras, as patologias dos órgãos sexuais, decorrentes de tumores, cirurgias com sequelas permanentes, impotência ou disfunção, e até mesmo de gestações complicadas.

Não há dúvida, do ponto de vista espírita, de que tais casos serão enquadrados entre as experiências eminentemente educativas.

– Ah, você está ironizando!

Mas, então, de que outra maneira justificar semelhantes acontecimentos?

– Fatalidade?

Ora, somos espíritas, não é?

– Lei de causa e efeito, então?

Exatamente, também conhecida como Justiça Divina.

– Mas isso explica o quê?

Que mesmo essas condições penosas possuem causas definidas e justas, que visam nossa educação espiritual e desenvolvimento moral, através da disciplina da libido e das manifestações superiores da afetividade e do amor.

Quando esse tipo de celibato é imposto em plena juventude, ou durante os primeiros anos do casamento, suscita uma série de considerações importantes e poderosas, sobretudo devido ao valor que damos à nossa capacidade sexual e ao exercício da sexualidade no casamento e na juventude.

Pois é, não é fácil! Parece sempre uma tragédia, não é mesmo? Em tais circunstâncias, a maioria das pessoas se entrega à revolta e à descrença e, só depois de um tempo considerável, passa-se a refletir acerca das possíveis causas não materiais para tal acontecimento.

É como um curso intensivo e obrigatório para a valorização da sexualidade, que foi momentaneamente perdida, e é um forte estímulo para a descoberta de novos meios de relacionamento afetivo, com base em valores emocionais e morais.

Em geral, aqueles de nós que passamos por tais provas somos, ou fomos, daqueles indivíduos que menosprezaram o afeto, o respeito e o amor em nossos relacionamentos sexuais desta ou de outras existências, transformando-os em simples fontes de satisfação de nossos apetites sensuais.

Muitas vezes, é possível que tenhamos chegado a nos escravizar ao império da libido primitiva, de tal maneira, que nossa capacidade de controle foi abolida. E isso acaba por justificar as medidas drásticas providenciais, cujo objetivo é nos reconduzir de volta à razão.

Portanto, por mais doloridas que sejam tais medidas, do ponto de vista de quem as experimenta, tais circunstâncias de celibato imposto constituirão, inegavelmente, oportunidades de reajuste emergencial, que surgem antes que nos lancemos nos abismos da dependência psíquica animalizadora, que comprometeria nosso progresso espiritual por séculos, talvez.

– Mas essa nem sempre é a história de quem passa por essas situações, não é mesmo?

Não. Esses são os casos realmente graves, cuja necessidade de intervenção é mais urgente e deve ser mais intensa.

– E naqueles casos em que a pessoa já estava casada, tinha vida digna e relacionamento estável? Ou mesmo entre os jovens solteiros, que nunca poderiam ser considerados desequilibrados?

Sem dúvida, não se pode generalizar. Os ajustes necessários na área sexual variam ao extremo. O indivíduo pode não ter o perfil do desequilíbrio que beira a loucura na prática da sexualidade, mas carrega, igualmente, necessidades educativas prementes.

Muitos dos que sofremos hoje a imposição do celibato por causas físicas, já éramos devidamente esclarecidos e possuíamos o crédito necessário para que pudéssemos, ainda quando no plano espiritual, reconhecer que o celibato que nos seria imposto representaria medida ao mesmo tempo preventiva e educadora, essencial para nosso futuro evolutivo.

Em muitos casos, já éramos espíritos capazes de reconhecer estarmos agindo de maneira desequilibrada, a ponto de corrermos o risco de nos deixar arrastar para o abismo. Tomamos, então, o celibato imposto, como instrumento de disciplina e educação de caráter emergencial e impostergável.

Noutros casos encontram-se espíritos de há muito ligados por extensos comprometimentos mútuos nos campos do desequilíbrio sexual. Estes serão igualmente levados a se aproximarem para as provas de reajuste e, não raro, escolherão, eles mesmos, o compromisso conjugal, seguido precocemente do celibato fisicamente imposto, com o propósito de desenvolverem as relações afetivas mais nobres e as manifestações mais espiritualizadas da libido.

Em muitos outros casos, teremos espíritos que, por sua opção egoísta em torno do sexo, foram levados a se isolarem das outras obrigações morais com relação à sociedade, à família, aos filhos e aos espíritos de seu grupo familiar mais imediato. Para estes, o celibato fisicamente imposto, ainda que temporário, retira a possibilidade de recaída na fixação mental antiga, obrigando-os a retomarem as reflexões acerca de seu proceder, possibilitando-lhes novas oportunidades para a vivência sexual mais enobrecida.

Enfim, queridos amigos, podemos dizer que o celibato, de maneira geral, é, para nós da Terra, uma condição ainda 'anormal', se considerarmos nossas necessidades biológicas, enquanto espécie animal inteligente do planeta.

Devido à imposição de nos reproduzirmos para sobreviver, ainda somos relativamente presos à condição de indivíduos sexualizados.

Exceção feita aos raríssimos indivíduos que, legitimamente, desenvolveram as características psicoafetivas e o desenvolvimento moral/espiritual que as manifestações superiores da libido permitem, libertando-se já da influência das imposições da reprodução carnal, todos os demais somos espíritos ainda carentes de sermos conduzidos a colaborar com a existência da espécie, ao mesmo tempo em que somos encaminhados à educação dos impulsos sexuais.

Para essa imensa maioria, que transita entre a brutalidade e a espiritualidade, o exercício da libido equilibrada nos cenários que a família, a sociedade e o casamento proporcionam, possibilita o despertar das facetas ainda escondidas do respeito ao próximo, da fraternidade, do afeto e do amor, de maneira a promover a libertação do egoísmo e do orgulho primitivos.

A masturbação é um tema ainda muito pouco comentado nas fileiras espíritas da educação. Menosprezado por uns, descartado por outros, permanece envolto em preconceitos para quase todos nós.

Citada por muitos como sinal de fraqueza espiritual, evitamos falar sobre ela, por não possuirmos informação ou reflexão suficiente para defini-la e posicioná-la, adequadamente, dentro de um espaço seguro entre nossos valores.

Filha de nossas condutas mais íntimas, a grande maioria de nós, que pratica a masturbação, sequer a menciona ao parceiro, ou àqueles que são mais intimamente relacionados a nós.

Surgida, na maior parte das vezes, de descobertas pessoais quase sempre solitárias, aprendemos a guardá-la a sete chaves no canto dos segredos, somente a nós reservados.

Acontece, porém, que um dia acabamos por descobrir que a prática da masturbação é mais comum do que imaginávamos, e envolve interesses muito importantes para nossos valores de satisfação pessoal, e até mesmo de status pessoal, durante as primeiras fases da adolescência, tanto para meninas quanto para meninos.

Pode ser que você estranhe, amigo leitor, o fato de estarmos comentando sobre a masturbação somente neste ponto de nosso estudo, e de não a havermos mencionado antes, quando discorremos acerca da educação sexual na infância e adolescência. Justificamos esta posição por reconhecermos que a masturbação não é praticada exclusivamente por adolescentes. O fato é que sua prática persiste e amadurece na vida adulta, chegando, com frequência, a apenas se manifestar, em sua plenitude, nessa última fase.

Além do mais, a prática da masturbação envolve valores, conceitos e preconceitos que muito perturbam os adultos, que continuam a levá-los consigo muito além do que imaginamos.

Longe de ser 'fantasia de adolescentes', a masturbação também é assunto da fase adulta, sem dúvida, fazendo parte da intimidade mais fechada da maioria das pessoas, cercada por vivências intensas, filha tanto da sexualidade equilibrada, quanto desequilibrada.

Hoje em dia, após a avalanche de informações acerca do exercício da sexualidade e da vivência desequilibrada que a seguiu, é raro quem ainda considere que a masturbação pertença tão somente ao universo dos solteiros, ou dos adolescentes.

Ela passou à categoria de 'ingrediente' indispensável ao cardápio 'gourmet' da sexualidade hodierna. Como tudo que foi reprimido por muito tempo e liberado repentinamente, o assunto 'masturbação' permanece envolto, quase sempre, no equívoco e radicalismo de suas práticas.

Ocorrências naturais

De certa forma, a masturbação é produto das descobertas que o próprio indivíduo faz acerca de sua sexualidade no momento em que a libido começa a atuar sobre ele, começando os hormônios a desempenhar seu papel. Estímulos, que antes tinham conotação diferente, passam a despertar sensações físicas sexualizadas. Na busca curiosa pelas sensações interessantes, ainda puramente físicas, o jovem ser descobre que a manipulação de seus órgãos sexuais é que as polariza de todo.

Mesmo que totalmente desprovidos de informações acerca da masturbação, os indivíduos descobrem que tocar seus órgãos sexuais proporciona sensações agradáveis do ponto de vista sexual.

Portanto, as antigas noções que moviam os pais a isolar seus meninos e meninas de outros, que reconhecidamente se masturbavam, a fim de evitar que 'aprendessem a tal prática', não eram eficazes, uma vez que todos os indivíduos acabarão por desenvolver, de maneira natural, a curiosidade pelo funcionamento de seus próprios órgãos sexuais.

É claro que no processo do despertar da libido, durante os primeiros anos de nossa encarnação, muitas serão as variáveis que influenciarão na intensidade desse fenômeno.

As experiências do passado e os comportamentos já bastante arraigados serão os que falarão mais alto, bem como todo aprendizado superior relacionado à disciplina da libido. Não raro, vivências traumáticas também irão gerar seus comportamentos correspondentes.

Assim, não se podendo generalizar, meninos e meninas desenvolverão um interesse bastante variável por sua própria sexualidade, mediante a intensidade da libido que experimentarão. Nesse processo, os comportamentos sedimentados no passado terão papel muito importante.

Portanto, uma vez de posse do entendimento mais amplo do significado da prática da masturbação, nem todos continuarão a praticá-la. Todavia, a maioria das pessoas manterá o hábito da masturbação ao longo de toda a vida.

Nos primeiros tempos de sua descoberta, a prática da masturbação possui conotação exclusivamente física, mesmo porque os pequenos jovens ainda estarão longe de suas primeiras vivências sexuais, ignorando o que venha a ser o sexo.

Isso mostra que a masturbação é geralmente iniciada pelo simples estímulo físico que as mudanças orgânicas, provocadas pelos hormônios, podem causar: uma maior sensibilidade cutâneo-nervosa, o aumento da circulação sanguínea local, assim como o aumento do metabolismo de ovários e testículos.

Além disso, como já dissemos, apesar de os hormônios não poderem determinar emoções e sentimentos, eles começam a provocar estímulos neurais muito específicos em áreas especiais do sistema nervoso central. Tais áreas, antes 'dormentes', passam a reagir sempre que determinados estímulos comuns do dia a dia apareçam.

Por exemplo: diante de um acontecimento rotineiro, antes desprovido de conotação sexual, o indivíduo passa a experimentar sensações estimulantes. Antes disso, as áreas cerebrais, que estavam capacitadas para reagir sexualmente ao acontecimento, não se relacionavam com os órgãos sexuais. A partir do momento em que os hormônios passam a ser produzidos e atuam sobre o sistema nervoso, essas áreas cerebrais são mais estimuladas. Assim, o mesmo acontecimento pode provocar reações físicas de natureza diversa, pois ele agora dá origem a impulsos nervosos, que poderão agir diretamente sobre os órgãos sexuais, preparando-os para um possível relacionamento sexual.

Trocando em miúdos: antes da puberdade, a grata visão de um amigo do sexo oposto, por exemplo, desencadeia reações físicas como taquicardia, agitação motora, maior tônus muscular, reações essas que indicam e se relacionam com sentimentos de alegria e bem-estar.

Depois da puberdade, entretanto, os hormônios deixam aquelas áreas neurais, responsáveis pelos órgãos sexuais, bem mais sensíveis; em decorrência disso, a mesma visão do amigo do sexo oposto continuará a suscitar reações emocionais intensas, só que, desta vez, tal visão sensibilizará também as áreas cerebrais responsáveis pelos órgãos sexuais. As reações físicas que o indivíduo experimentará serão as mesmas anteriores, só que, agora, acrescidas daquelas que envolvem os órgãos sexuais: maior circulação sanguínea nesses órgãos, que provoca o intumescimento, a maior sensibilidade cutânea, etc..

É claro que isto é só um exemplo didático, para entendermos a diferença que a atuação hormonal provoca. O que importa notar é que as sensações físicas sexuais acabam por tornar a pessoa consciente de que possui órgãos sexuais que funcionam.

É muito provável que, nas primeiras experiências, o menino ou a menina sequer consigam relacionar o surgimento de suas sensações físicas sexuais com as emoções e estímulos que estão experimentando no dia a dia, buscando, contudo, através da manipulação física de seus órgãos, ou masturbação, obter as mesmas sensações agradáveis.

É muito frequente que os jovens nem sequer experimentem o orgasmo nas primeiras experiências, dado que não sabem que este existe.

Mas é interessante mencionar que meninos e meninas, quando aprendem, podem experimentar o orgasmo antes do completo funcionamento de suas glândulas sexuais, ou seja, tornam-se aptos a experimentar sensações sexuais, antes mesmo que seus corpos produzam espermatozoides e os óvulos plenamente, e mesmo antes dos primeiros fluxos menstruais femininos.

Isto acontece porque os hormônios capacitam a sensibilidade física dos órgãos sexuais, antes mesmo que sejam produzidos em quantidade suficiente para provocar o amadurecimento pleno das funções reprodutoras.

Em se tratando de sensações puramente físicas, relacionadas com a masturbação, iremos encontrá-las também como ocorrências naturais, até mesmo entre os animais.

Durante o período reprodutivo, variável para cada espécie, é comum encontrarmos aqueles indivíduos que, hiperestimulados fisicamente pelos picos hormonais sazonais, ainda não tendo encontrado parceiros, por razão de isolamento ou incapacidade física, procuram aliviar sua tensão psíquica, mediante a adoção de meios 'alternativos'. É o cachorrinho com a toalha no varal, com o bichinho de pelúcia, com as pernas dos visitantes; ou a cadelinha que encosta-se ao portão, à espera de uma visita ocasional; é o macaco enjaulado no zoológico, que manipula seu pênis em público, para espanto de todos; ou o cavalo, que roça na árvore, a vaca que se encosta aos barrancos, e uma porção de outros exemplos constrangedores como estes.

Portanto, a masturbação é um fenômeno natural e esperado, devido ao apelo da estimulação corporal, facilitada pela ação hormonal.

Pressão da libido

Como nos alerta a codificação kardequiana, foi e ainda é muito comum o homem responsabilizar o corpo por seus atos, como se este exercesse realmente uma ação de comando sobre a vontade. E, naturalmente, com a 'fraqueza pelo sexo' não poderia ser diferente.

E a masturbação, segundo o que alegam seus praticantes, serve justamente para aplacar esta pressão psíquica, que o 'corpo' faz sobre a mente humana.

– E você vai negar que isso realmente existe?

Não negaremos nada, mas teremos que compreender melhor esse fenômeno e situá-lo mais corretamente, a fim de estudarmos e entendermos qual nossa verdadeira participação e, é claro, a verdadeira participação de nosso corpo também.

O ponto chave, mais uma vez, é termos em conta que os hormônios e as áreas cerebrais hipotalâmicas e talâmicas, que eles estimulam, não são capazes de originar emoções e vontades, posto que isso é prerrogativa do espírito, mas, sim, gerar sensações físicas que podem potencializar certas vontades.

Devemos ter também em conta que estas sensações aparecem quando as provocamos, seja por nossos próprios estímulos psíquicos, como sentimentos, vontades e ideias, ou pelos estímulos físicos, como a masturbação, por exemplo.

Acontece que, ao longo da evolução, construímos um mecanismo de estímulo-resposta tão afinado e adaptado, que se tornou difícil distinguir se o comportamento sexual nasceu da ação hormonal ou da vontade.

Ao longo de nossas diferentes encarnações, fomos sedimentando reflexos condicionados muito específicos, aos quais respondemos de maneira tão natural, que é como se estivéssemos sendo 'controlados' por algo que foge ao nosso raciocínio consciente. É algo como:

"– Puxa vida! Não posso ver passar uma mulher – ou um homem – bonita – ou bonito –, sem que pensamentos libidinosos surjam, desencadeando ideias sexuais!"

Ou então:

"– Mesmo quando estou concentrado (a) em outras coisas, é só sentir tal perfume, ou ouvir certas músicas, que já fico desperto (a) para o apetite sexual, ainda que contra a minha vontade. Não consigo controlar!"

E em muitos destes casos, sem conseguir inibir o desejo pela satisfação sexual que continua crescendo sem obstáculos, os indivíduos podem recorrer à masturbação.

Se analisarmos detidamente tais situações, parece ficar claro que na raiz de todo comportamento humano sexualizado, desperto por estímulos específicos, está a associação de valores e significados, que relaciona este ou aquele fator com a possibilidade de satisfação sexual.

Isso significa que, durante nossas diversas vivências, aprendemos a fazer 'links' emocionais, relacionando imagens, objetos, sensações, sons, etc., à possibilidade de obtenção de prazer sexual. Essa relação depende intrinsecamente de nossos próprios valores e da significação que damos para cada um destes objetos.

Depois de decorrido tempo suficiente, acabamos por criar um reflexo condicionado e, a partir daí, sempre que entrarmos em contato com aquelas mesmas situações, imagens, cheiros e sons, que passaram a ter relação com nosso prazer sexual, estaremos estimulados para a possibilidade de mais uma vez obtê-lo.

Quanto mais intenso for esse condicionamento, mais intenso será também o estímulo sexual ao qual somos submetidos, toda vez que entrarmos em contato com tais elementos.

Este é o verdadeiro mecanismo da 'pressão da libido'.

Analisado, passo a passo, tal mecanismo pode aparecer de duas maneiras.

A primeira surge quando entramos em contato com o objeto que desperta o desejo e o comportamento sexual. O desejo do espírito, por sua vez, age sobre as áreas cerebrais específicas, que estimulam os órgãos sexuais e potencializam as sensações físicas correspondentes. Os hormônios entram igualmente nesse mecanismo, potencializando a resposta do corpo aos estímulos psíquicos. Atuando sobre as mesmas regiões cerebrais específicas, os hormônios as tornam mais sensíveis.

A segunda maneira surge quando os primeiros eventos originam-se no corpo físico, mediante a estimulação direta de algum ponto sexualmente sensível, as denominadas regiões erógenas. Os impulsos nervosos, ali formados, chegam até as áreas cerebrais específicas, que já se encontram mais sensibilizadas pela ação hormonal. Nessas áreas, tais impulsos dão origem a atividades nervosas reativas, que são percebidas pelo espírito, podendo nele despertar vontades, ideias e sentimentos específicos ao comportamento sexual.

Ao tornar-se consciente do estímulo sobre a área física, que convida ao comportamento sexual, o espírito decide se quer ou não dar prosseguimento a tal estimulação, rumo ao prazer sexual.

Bem, acho que seria melhor, agora, você voltar um pouco e ler de novo esta parte. Só para ter certeza de que entendeu o processo.

Portanto, queridos amigos, não é o corpo que nos dirige, pois tudo que este pode fazer é apresentar-nos estímulos que convidam ao comportamento sexual. É nosso espírito que escolhe se irá, ou não, responder a eles.

– Mas e nos casos em que a vontade se torna irresistível? Em que as sensações físicas parecem não dar paz, enquanto não forem satisfeitas? Não é o corpo que não 'fica quieto'?

É. Não há como negar que há momentos em que a 'coisa' fica difícil de administrar, não é mesmo? Surgem aqueles pensamentos que não nos dão paz o dia inteiro, que se intrometem nos mínimos raciocínios do dia a dia. A impressão que dá é que eles aproveitam todo e qualquer momento para se inserirem na mente, até que, finalmente, acabam vencendo. É como se criassem 'vida própria", roubando-nos a paz. É verdade.

– E o que a gente faz com isso? Temos que satisfazer a necessidade do corpo, não é? Senão, a gente não tem paz!

Vamos com calma e reflitamos:

Já compreendemos, sem dúvida, pela concepção espírita, que o corpo físico, por si só, não é capaz de ter ações conscientes, pois a matéria não é inteligente.

– Mas, então...

Calma, calma! Nós vamos chegar lá!

Ao longo da existência, aprendemos a criar 'caminhos psíquicos', que simplificam e ajudam em nosso dia a dia. Esses caminhos são o que chamamos rotinas comportamentais, reflexos condicionados, ou comportamento sedimentado.

Em geral, o espírito administra e adota tais rotinas como forma de tornar mais fáceis as reações e adaptações ao meio, à vida e aos desafios do dia a dia. É também uma maneira de 'economizar raciocínio'.

Só depois de algum tempo de experiência é que um reflexo condicionado se forma, depois que o espírito houver confirmado que sempre que agir de certa maneira, colherá os mesmos resultados. A partir daí, toda vez que se deparar com um estímulo específico, agirá inconscientemente da mesma maneira, a fim de obter sempre o mesmo resultado.

Acontece que o progresso é uma necessidade constante, e chega o momento em que os comportamentos condicionados precisam ser submetidos ao crivo da razão. Às vezes, acabaremos por reconhecer que muitos deles estão ultrapassados, que são inúteis, e até mesmo prejudiciais, frente às nossas novas necessidades. É a partir desse momento que passaremos a chamá-los 'vícios mentais'.

Muito bem, com a libido não é diferente.

Temos muitos comportamentos e reflexos condicionados, que respondem a muitos tipos de estímulos que adotamos como desejáveis. No instante em que nos conscientizamos da necessidade de novas diretrizes para nossas vidas, porém, e passamos a adotá-las, aqueles comportamentos e reflexos passam a nos incomodar. Só que não basta que nos sintamos incomodados, para que eles deixem de exercer sua ação.

– Ah! Não falei que eles ganham vida própria?

É o que parece, não é mesmo?

Todavia, não é assim. Reflexos condicionados e comportamentos aprendidos não são elementos à parte dentro de nossas mentes; são parte integrante do que somos. Quando passamos a negá-los, é muito comum que lutemos contra eles, 'emprestando-lhes' personalidade distinta, com a finalidade de termos um objeto contra o qual lutar. Mas, na verdade, estaremos lutando conosco mesmos ou, no máximo, com um lado de nossa atividade mental/espiritual, que não desejamos mais.

– E o que é que a gente faz para vencer essa briga?

Não se trata exatamente de 'vencer' o inimigo, mas de mudar a estrutura de nosso raciocínio nas áreas desejadas.

O meio mais direto e eficaz de vencer essa batalha é pela via da reeducação e do novo aprendizado. A maneira mais segura de conseguirmos remover, pouco a pouco, o poder de um comportamento condicionado, substituindo-o por outro mais adequado, ou simplesmente eliminando-o, será através da observação e avaliação do peso emocional desses mesmos comportamentos, refletindo acerca de suas consequências, escolhendo novos modos de agir e impondo novas diretrizes mentais, baseadas em novos objetivos que queiramos alcançar.

– Bem difícil, hein?

De pleno acordo. É muito mais fácil ceder. Na verdade, estamos pouco preparados para os desafios da evolução consciente.

– E daí? Como ficamos?

Ficamos nas mãos da lei de causa e efeito, instrumento direto da lei da Justiça Divina, amiga íntima da lei de progresso.

– Quer dizer que...

Se não fizermos a mudança por conta própria, haveremos de fazê-la impulsionados pelas condições 'incômodas' que a vida terrena nos apresentará. Fugiremos das consequências funestas de um modo de ser, que passaremos a evitar por força dessas mesmas consequências.

E assim iremos aprendendo.

Deu para perceber que o corpo não manda e que a vontade incontida de se masturbar é fruto de um comportamento aprendido, que pode ou não já estar incomodando?

Muito bem. Então, vamos falar agora de outro elemento que tem muita participação nesses casos em que os 'pensamentos criam vida própria': a obsessão.

Mas antes de tudo, vamos deixar claro uma coisa: a prática da masturbação não leva à obsessão, compreendido? Masturbação também não é sinal de obsessão, certo?

Estamos comentando sobre a influência da obsessão neste capítulo, por causa da situação especial em que se encontram certas pessoas que não conseguem 'livrar-se' de alguns hábitos sexuais exagerados, que podem mesmo envolver a própria masturbação, e que acabaram por se tornar incômodos em algum momento de suas vidas, ou que alcançaram intensidade tal, que se tornaram perigosos.

Muito bem. Todos nós, espíritas, sabemos o quanto é fértil o campo da sexualidade para as manifestações obsessivas diversas. Isto porque um grande número de espíritos encarnados, assim como outro grande número de espíritos desencarnados, que já estiveram na carne, carregam consigo fixações mentais desequilibradas e comportamentos condicionados, que os tornam 'escravos' das sensações às quais se habituaram. E aqui nos incluímos, também.

Por esta razão, é muito comum a ocorrência de associações de pensamentos e vontades entre os desencarnados – que procuram os encarnados que lhes possam propiciar sensações mais físicas – e os encarnados que abrem escancaradamente as portas mentais, na busca por estímulos psíquicos, no anseio de levar adiante a prática de seus hábitos sexuais, em busca de sensações físicas.

Ambos os grupos se estimulam constantemente, ambos apresentam os mesmos mecanismos de comportamento condicionado que comentamos anteriormente, o que acaba por potencializar bastante o exercício do hábito sexual já desequilibrado.

Em associação íntima de pensamentos, o par encarnado/desencarnado vive de convites mútuos e troca incessante de estimulações psíquicas, de tal forma que um fluxo quase interminável de ideias, vontades e sentimentos, fixados nos objetos de desejo, não dão descanso à mente de ambos os envolvidos.

Revezam-se sempre, constantemente, na troca de estimulação psíquica. Somam-se na busca de mais sensações.

Neste quadro lamentável é comum que o encarnado tenha a impressão de que certas ideias e vontades que lhe surjam na mente tenham, de fato, 'vida própria'.

É claro que aquelas ideias e vontades não são suas, mas também não surgem de seu próprio corpo e não são fruto de seu cérebro físico, como podem acreditar os desavisados. Mas, por outro lado, também não são responsabilidade exclusiva do desencarnado perturbador, visto que este último sempre encontra receptividade às suas sugestões no encarnado desatento. Do contrário, desistiria ou seria educado pelo próprio esforço regenerador da pessoa encarnada.

O 'DIA A DIA' DA MASTURBAÇÃO

– Existe uma prática 'normal' da masturbação?
– Até que ponto ela é aceitável?
– Essa prática não pode ser perigosa para nossos jovens?

– A masturbação não prejudica o casamento?

Estas e outras perguntas semelhantes estão sempre presentes em seminários e exposições que envolvem o assunto sexualidade.

É claro que por detrás dessas dúvidas estão considerações importantes e fatos que nos levam a refletir.

Deparamo-nos todos os dias com nossos jovens, assim como com nossos adultos, a se enveredarem indisciplinadamente pelo mundo do sexo sem limites, vendido como ingrediente fundamental para a felicidade e para o tão decantado 'aproveitar a vida'. Nas práticas que recheiam esse mundo, a masturbação está presente nas mais variadas formas, frequentemente deturpadas e exageradas.

Revistas, livros, vídeos e internet mostram as mais variadas práticas.

É lógico que no ambiente espírita, assim como em outros que buscam primar pela moralidade sadia no uso do sexo, essas preocupações surgem sempre que se constata a presença da desordem reinante.

– Você está querendo dizer que nem deveríamos 'olhar' para tudo isto? Que deveríamos fugir da realidade que nos cerca? Está querendo insinuar que tudo o que está sendo considerado 'normal' deve gerar preocupação na gente? Isto não é exagero não?

Bem, não achamos que devemos nos isolar do mundo, muito menos das coisas que são consideradas 'normais'. Somente queremos advertir para o fato de que devemos ter um parâmetro seguro para definir, por nós mesmos, o que deve ser considerado 'normal', para não acabarmos 'engolindo' tudo o que nos oferecem, nem usarmos o rótulo de 'normal' para justificar nossa 'consciência pesada'.

Existe sim, naturalmente, aquilo que podemos chamar de uma prática 'normal' da masturbação. Mesmo porque, como vimos acima, ela é uma ocorrência natural no desenvolvimento sexual dos seres humanos, tanto física quanto psiquicamente.

Em primeiro lugar, a masturbação surge, ainda na puberdade, como uma forma de responder aos estímulos sexuais incipientes. E surge pela curiosidade, reforçada pelas sensações novas do próprio corpo físico.

A prática da masturbação, nestas condições, é frequentemente o meio mais eficaz de o ser humano conhecer o próprio corpo, no que diz respeito à anatomia e ao funcionamento de seus órgãos sexuais.

Muitos jovens dispõem tão somente da autoexploração do próprio corpo como forma de conhecimento de si mesmos e da vida sexual, seja por conta do preconceito reinante no meio em que vivem, seja por falta de quem os oriente.

Essa 'curiosidade' do adolescente é, portanto, um fenômeno natural, que garante a todos os seres humanos, mesmo nas mais precárias condições, o conhecimento das funções sexuais básicas e das sensações que elas propiciam, bem como a maneira de se obter tais sensações.

Certos indivíduos, durante esse período, são vigorosamente repreendidos ou condenados por pais e educadores, de forma que não dispõem de oportunidade, nem de disposição psíquica, para conhecerem suas próprias funções sexuais, seu modo particular de sentir prazer sexual e, nem mesmo sua própria anatomia. Em decorrência disso, tornam-se adultos cheios de suposições e conceitos preconcebidos, que acabam por limitar muito seu conhecimento de si mesmos e dos outros e, consequentemente, seu relacionamento sexual com um parceiro ou parceira.

Não estamos dizendo que não devemos vigiar nossos jovens, tutelando-os e apontando limites. Porém, não nos esqueçamos de que tais limites só serão considerados coerentes, quando sustentados por informação fidedigna.

A própria autoexploração corporal é o melhor meio prático de se obter informação direta. Contudo, uma boa orientação, oferecida concomitantemente, é que servirá, sem dúvida, para dar aos nossos jovens noção da significação moral, ética e emocional dos fenômenos que observam em si mesmos.

Não devemos ter receio de 'acabarmos com a inocência' de um adolescente, que já nos está perguntando sobre seu desenvolvimento sexual. Se soubermos orientá-lo sem preconceitos e com afeto, moralidade e ética, ele aprenderá a dar o devido valor à sua sexualidade.

Muitos dos estudos e pesquisas, realizados entre a década de 70 e os anos mais recentes, revelam que pelo menos noventa por cento das pessoas entre 13 e 65 anos de idade recorrem, com regularidade, à prática da masturbação ao longo da vida. E essa porcentagem está aumentando.

E aumenta, a nosso ver, sobretudo por duas razões principais: de um lado, pela diminuição da ignorância e pela crescente facilidade de acesso a boas fontes de informação; de outro, pela exagerada vulgarização da prática sexual sem limites.

É fácil observar, portanto, que manter-se numa posição equilibrada será sempre uma questão de escolha própria e da qualidade das informações que assimilarmos.

Muito bem, vamos à pergunta: o que leva a maioria das pessoas a darem continuidade à prática da masturbação durante boa parte da vida?

Bem, segundo as estatísticas, noventa por cento de nós deverá conhecer suas próprias razões, não é mesmo?

Neste caso, a pergunta mais importante que permanece, e que nos incomoda, é: isso é certo?

Em respeito aos outros dez por cento (...!), vamos comentar as duas respostas.

O motivo mais simples que justifica a prática regular da masturbação baseia-se no fato de que as estimulações de natureza sexual persistem, quase que constantemente, no dia a dia dos seres humanos após a puberdade, ao passo que as oportunidades de relacionamento sexual são muito mais limitadas. É certo que isso variará ao infinito, segundo as particularidades de cada indivíduo.

Como nossos níveis hormonais são, em geral, constantes, sobretudo nos homens, toda estimulação psíquica de conotação possivelmente sexual é depressa percebida e sentida junto aos órgãos sexuais, sempre prontos a recebê-las, dentro do ponto de vista físico.

No entanto, a disposição para interpretar as vivências psíquicas do dia a dia como estímulos possivelmente sexuais vai depender, inteiramente, de nossas características espirituais e morais, como já discutimos nos primeiros capítulos deste nosso estudo.

Não raro, inúmeros indivíduos alegam viver sob certa 'pressão' da libido e, por isso, autoestimulam-se com certa regularidade. Mas nem sempre dispõem da oportunidade ou da possibilidade de desfrutar de um relacionamento sexual que recompense fisicamente a estimulação psíquica. E, portanto, recorrem à masturbação.

Alguns outros motivos menos comuns incluem os problemas de relacionamento conjugal, as limitações e traumas emocionais, os preconceitos e os impedimentos físicos que possam vir a dificultar, de alguma maneira, a possibilidade de uma vida sexual ativa satisfatória.

Agora, isso é certo?

Bem, devemos levar em conta pelo menos três fatores: o equilíbrio entre a autoestimulação e as relações sexuais, o livre-arbítrio na procura da auto-estimulação, e a educação moral e psíquica nesse sentido.

Encontraremos uma gama infinita de personalidades formadas ao longo das várias reencarnações, com seus valores, seus reflexos condicionados, seu próprio conceito de prazer, felicidade e satisfação sexual, moral e psíquica. Assim sendo, mais uma vez neste ponto, a questão do julgamento do que é certo ou errado recai sobre o bom-senso. E, é claro, o bom-senso de cada um varia, segundo o padrão comportamental que resolve adotar num determinado momento da existência.

– Esse argumento está é me parecendo um jeitinho que você encontrou para escapar à resposta! Vai me dizer que não existe o certo e o errado em relação a essa questão?

Muito pelo contrário, querido amigo! Para nós, espíritas, ela é de fundamental importância.

O que estamos querendo dizer é que a responsabilidade recai, novamente, sobre o próprio espírito, o único capaz de decidir sobre si mesmo.

Quem decide se poderá ser condenado ou absolvido é ele mesmo!

Mas, veja bem: não é ele quem condena ou absolve, nem poderia ser.

Também não são os homens, nem as leis da Terra, nem a opinião pública, muito embora exerçam forte influência sobre nossas decisões.

Quem 'condena' ou 'absolve' são as Leis Divinas, escritas em nossa consciência.

Quando alguém decide como vai se comportar sexualmente, está perseguindo, decerto, um objetivo. Busca algum fim.

O espiritismo aponta um fim muito bem definido, delimitado pela busca da perfeição moral e pela compreensão das Leis Divinas.

Portanto, o próprio modo de pensar e agir dos verdadeiros espíritas já define seu modo de avaliar se o hábito da masturbação é ou não condenável.

Acontece, porém, que ainda não compreendemos totalmente as funções sexuais de nossos próprios corpos, e estamos longe de entender, em profundidade, as Leis Divinas.

A função deste nosso estudo é apresentar análises e contribuir com informações, para que nossa visão da sexualidade e da masturbação possa ser mais bem fundamentada dentro do contexto espírita.

Em resumo: sabemos, no geral, quais são os limites morais e os caminhos evolutivos que desejamos trilhar no campo sexual, mas desejamos e necessitamos conhecer sempre mais a respeito do assunto, de maneira a acertar com mais precisão em nossos julgamentos e definir nossas escolhas.

Apesar de estarmos engajados numa doutrina analítica e de fé raciocinada, muito de nosso julgamento atual é oriundo de nossas vivências passadas, sufocadas por inúmeros preconceitos e pela ignorância com respeito à questão sexual, razão pela qual precisamos nos aprofundar nas constatações da realidade que evolui.

E uma das coisas que aprendemos mais rápido é que a realidade não trabalha com conceitos como absolutamente certo ou errado para seres em evolução. A doutrina trabalha com o que é esperado para tal ou qual grau de evolução em termos individuais.

Desse modo, teremos que considerar o passado evolutivo da humanidade, o presente em que cada um de nós se encontra, e o ideal moral para o futuro.

Trocando em miúdos: sabemos que os espíritos perfeitos 'não se masturbam'; sabemos que a masturbação pode apresentar manifestações de extremo desequilíbrio nos espíritos desvairados; sabemos também que ela é uma ocorrência natural do desenvolvimento evolutivo e psíquico dos seres humanos.

Resta saber: estou mais para espírito puro, para espírito desvairado, ou para espírito entregue às necessidades naturais do desenvolvimento humano?

Nossas opções e justificativas

Mesmo sabendo que temos a necessidade de um posicionamento moral sempre melhor no que se refere aos nossos hábitos sexuais, teremos forçosamente que nos situar primeiro dentro de nossos hábitos e necessidades atuais.

E, dentro deles, a masturbação ainda pode ser útil. E mesmo necessária, enquanto for útil: para o conhecimento do próprio corpo, de suas funções e necessidades sexuais; para o extravasamento da libido exacerbada pela hiperestimulação psíquica, ainda em desordem, a fim de se evitar desequilíbrios maiores; para o ajuste da ignorância e do preconceito, que impedem os relacionamentos afetivos; para o equilíbrio das diferentes necessidades sexuais nos relacionamentos estáveis, como o casamento, enquanto não se consegue a convivência harmoniosa; e em muitas outras circunstâncias particulares.

Enfim, resta saber, é claro, que todas as situações acima mencionadas são temporárias, até o momento em que a educação sexual se complete, com o aprimoramento das manifestações da libido.

– Ah! Mas não é o ideal que vemos na doutrina espírita, não!

É, concordamos. Mas você também vai compreender que não somos os espíritos ideais, aos quais os guias da humanidade se referem.

E enquanto não conseguirmos atingir os objetivos mais seguros do equilíbrio da vivência sexual, teremos que recorrer aos instrumentos menos danosos, antes de nos abandonarmos totalmente à atuação desequilibrada junto aos semelhantes.

Como dissemos anteriormente, nossa própria consciência julgará nossos atos.

Nossa intenção, necessidades, limitações morais e sobretudo nosso contínuo empenho em nosso burilamento moral é que realmente definirão nossos méritos.

PERIGO À VISTA

A linha que separa a prática equilibrada e/ou justificada, da prática desequilibrada da masturbação é muito tênue.

Lembremo-nos de que o bom-senso deve imperar neste ponto.

Sempre que a masturbação começar a representar uma fuga ou escape com relação às responsabilidades frente aos desafios do relacionamento, torna-se prática nociva.

Sempre que recorrermos à masturbação como meio fácil de saciarmos uma necessidade sexual que poderia estar gerando melhores frutos emocionais, morais e psíquicos estaremos nos privando de oportunidades de educação e realizações espirituais.

Quando a estivermos usando para nos esquivarmos de vínculos emocionais importantes, reais e produtivos, para mergulharmos no mundo ilusório das sensações efêmeras, estejamos certos de que já teremos resvalado para a prática de um verdadeiro vício que, como todos os demais vícios morais, abrirá portas para mais desequilíbrio e campos obsessivos.

Mantenhamos os olhos abertos!

Quase todos nós flutuamos por altos e baixos no lago da vivência sexual, ao longo de nossa reencarnação. E nada há de surpreendente nisto, uma vez que somos todos espíritos em pleno aprendizado.

No entanto, quando compreendemos que existem certos sinais que podem indicar que não estamos seguindo por caminhos saudáveis, vale a pena conhecê-los.

Na realidade, esses sinais, se é que podemos chamá-los assim, estão tão presentes em nossas vidas, que muitas vezes os confundimos com características de nossa própria personalidade.

Poderiam ser considerados, também, como comportamentos de risco para o desequilíbrio sexual.

Antes que alguém pergunte, não nos estamos referindo àqueles comportamentos de risco, que nos predispõem ao contágio de doenças. Trata-se, aqui, de comportamentos que demonstram posições mentais que podem ser perigosas, complicando nossos relacionamentos afetivos e nossos compromissos morais evolutivos.

É lógico que ao falarmos de cada um deles, estaremos expondo análises parciais e definições relativamente circunscritas às necessidades deste nosso estudo.

Todos nós já ouvimos falar desses 'sinais' e temos nossas próprias ideias a respeito deles, sendo que estas podem variar de indivíduo para indivíduo.

O importante é que teremos novos conceitos a analisar, enriquecendo, assim, nosso cabedal de informações.

A maioria de nós se haverá de reconhecer, também, total ou parcialmente nestas descrições. Então, vale a pena refletir!

Apenas sugerimos que evitemos nos condenar ou absolver de maneira radical, lembrando-nos de que estamos em pleno estágio de aprendizado na Terra.

O que descreveremos faz parte da vida de todos nós, por períodos mais ou menos longos, dependendo de nosso livre-arbítrio. Desejamos apenas contribuir com mais informação.

Então, vamos lá.

Pecados

Quantos de nós praticamos certos atos, que achamos estar 'passando dos limites'?

Mas acontece que, às vezes, desejamos mesmo praticá-los, fazendo as coisas de caso pensado.

Como nossa consciência não nos dá total certeza a respeito do significado de tal ato, ficamos na dúvida se erramos ou não. Até aí tudo bem.

Mas o problema acontece, de fato, quando já temos certeza de que o que estamos para fazer é 'errado', mas mesmo assim o fazemos!

Caímos em... pecado!

Pior ainda é quando gostamos do que fizemos, e sabemos que vamos querer fazer de novo!

Alguém aí já passou por isso? É..., então...

Até pode ser um problema, não é?

Penso em alguma coisa, acho que pode ser ou sei que seria errado fazê-lo, mas me sinto muito atraído e faço. Depois me sinto culpado!

Onde está o problema? No fato de me sentir culpado? No fato de achar que tal coisa é errada?

"– Sim, porque – nós podemos pensar – esse negócio de pecado é muito 'relativo'!

"– Para uns pode ser e para outros pode não ser."

"– E esse pessoal que não tem essa 'neura' está mais é em paz consigo mesmo, não é? Pelo menos é o que aparentam...".

"– Que caminho vou seguir?"

Isso vai depender mais de nós mesmos, do que acreditamos. Mas acontece que toda vez que nossa consciência parece não aprovar aquilo que fazemos, mais do que depressa procuramos alguma justificativa nos fatores, objetos ou comportamentos externos.

– Bom mesmo seria encontrar um jeitinho de fazer nossa consciência concordar, não é mesmo?!?

Pois é, esse seria um bom caminho. Mas tudo vai depender da maneira como fizermos isso.

É que, às vezes, ao invés de fazer nossa consciência concordar, a gente quer mesmo é torná-la cega!

– Então, como resolvemos a questão do 'pecado'?

Para os espíritas a coisa complica um pouco mais, pois sabemos que a Lei Divina está inscrita em nossa própria consciência, como 'ingrediente' primordial de nossos espíritos!

Como podemos contornar uma coisa dessas?

A verdade é que não poderemos contornar, nem enganar.

Teremos que ser honestos.

Aliás, o fato de estarmos incomodados por não sabermos se o que estamos fazendo é ou pode estar errado, já é indício de que esta consciência está sinalizando algo.

E o maior problema do 'pecado' está justamente na discordância entre o que estamos fazendo e nossa consciência, o que gera um sentimento que chamamos culpa.

A única forma de escaparmos dela e de sua 'condenação', segundo nos informam as obras básicas espíritas, é a ignorância quanto às consequências do que estamos fazendo. Nesse caso, temos um atenuante, um 'desconto' concedido pelo fato de não conhecermos o terreno em que estamos pisando.

Nos demais casos, porém, não há como evitar o chamamento de nossa consciência para o que já sabemos estar correto.

É bom que não venhamos a considerar a consciência como outra 'entidade' dentro de nós mesmos, como às vezes acontece; algo de que gostaríamos de fugir de vez em quando.

Nossa consciência é produto do que sabemos e do que aprendemos, de nossa maturidade e vivência espiritual.

Há ainda outro porém: nem sempre nossos valores estão completamente corretos, gerando preconceitos que nos impedem de ver mais adiante. Pode acontecer, também, que não tenhamos informações mais completas em relação aos fatos e atitudes que estamos julgando.

Nesses casos, nossa consciência continuará apontando para velhos conceitos que guardamos, mas que não são satisfatórios para explicar ou justificar nossas atitudes e necessidades.

A culpa surgirá novamente.

Então, vamos notar que ela pode surgir por dois caminhos complementares: o do comportamento desonesto em relação ao que conhecemos, e o da falta de conhecimento suficiente para que possamos julgar nossos próprios comportamentos.

Na prática, veremos que a coisa funciona mais ou menos assim:

Quando nos sentimos culpados por algo que fizemos dentro da vivência sexual, logo surge a dúvida: será que estou mesmo fazendo algo errado?

E, então, balançamos entre a 'tentação' de 'deixar para lá', mesmo quando a 'voz interior' nos condena, e a busca por uma maneira de justificar intimamente o que estamos fazendo.

Se não acharmos a justificativa dentro de nossos conhecimentos e cedermos ao desejo de praticar o ato em questão, a culpa vai persistir. Poderemos ainda 'anestesiar' o sentimento doloroso, empurrando-o para o esquecimento, embora saibamos muito bem que um dia teremos que enfrentar as consequências morais do que estivermos fazendo. Mas, por enquanto, optamos por 'viver a vida'.

Sem a justificativa, também poderemos optar por mantermos a honestidade frente à nossa consciência, da maneira como esta se encontra no momento, e decidirmos não fazer o que gostaríamos. Dessa maneira, contudo, poderemos enfrentar uma frustração importante, e gerar um recalque emocional persistente.

Falaremos, mais adiante, sobre recalques.

Como equilibrar justificativas e necessidades? Como saber se estamos sendo desonestos ou ignorantes? Que caminho escolher, dentro da vivência sexual?

Esse verdadeiro labirinto de questionamentos, em que se transforma a maioria de nossos conflitos íntimos, é responsável por boa parte dos problemas que a humanidade enfrenta e não apenas na área sexual.

Carregar esse tipo de conflito, por muito tempo, pode acabar solapando a resistência moral das pessoas, que se veem forçadas a tomar uma decisão, embora sem saber exatamente que caminho tomar.

Passarão a viver tentando 'driblar' a consciência, fazendo o melhor que puderem, se forem honestas, ou dando as costas aos 'limites caretas', caso não tenham resistência moral suficiente.

Arrastaremos sempre determinados questionamentos, sem fruir da alegria, felicidade e paz satisfatórias.

Alguma coincidência com nossas vidas?

Pois é...

Para vencermos nossos 'pecados', o caminho mais curto, mas não menos trabalhoso, é o da aquisição de informação suficiente para que os valores, sentimentos, ideias e aprendizados, que orientam nossa consciência, estejam mais completos, livres de preconceitos e de ignorância.

Necessário se faz darmos um 'upgrade' em nossos padrões comportamentais. Desse modo, não permaneceremos na ignorância, nem nos prenderemos a padrões e comportamentos inadequados. Além disso, estaremos sendo, ao mesmo tempo, honestos e esclarecidos com relação à nossa vivência.

Esse procedimento certamente mudará nossa maneira de ver o conflito.

Não queremos dizer que estaremos livres da culpa e dos preconceitos, para podermos 'curtir a vida à vontade'. É importante não confundirmos esclarecimento com autorização para a irresponsabilidade. No processo de esclarecimento e mudanças, não podemos ser tendenciosos, procurando 'puxar a sardinha' para nosso lado.

Procurando respostas para nossos conflitos, acharemos informações que, por vezes, contrariam diretamente o que estamos fazendo e pensando, e que nos situarão melhor dentro das causas e efeitos das Leis Divinas. Tal processo irá provocar, amiúde, novos tipos de conflitos, mas, desta vez, estes serão saudáveis e acabarão por reposicionar nossos comportamentos.

No início teremos expressões do tipo:

"– Ah! Mas isso me transforma num desequilibrado!".

"– Nossa! Assim nada do que estou fazendo está certo!".

"– Puxa, nunca vou conseguir me reformar!".

"– Credo! Agora é que eu caio em depressão de vez!".

Com o tempo, porém, acabaremos por fazer novas descobertas:

"– Olha só! Eu não sabia nem a metade dos motivos das coisas que estavam acontecendo comigo!".

"– É, só agora confirmo algumas coisas das quais eu já desconfiava. Tenho que cuidar melhor de mim!";

"– Puxa vida! Olha o caminho que eu estava seguindo! Aonde é que eu ia parar?!".

"– Ah, agora já sei que, apesar do trabalho que terei, sei onde posso chegar, e qual a recompensa que terei.".

"– Até que enfim, um pouco de paz! Estou tirando um peso da minha vida! Há solução para meu problema!".

O caminho do esclarecimento não é fácil, nem nos dá licença para persistir em nossos erros; por outro lado, permite ampliar nossa consciência, melhorando nossas perspectivas futuras e fornecendo respostas diferentes e mais amplas, evidenciando um caminho que antes não enxergávamos e pelo qual podemos, finalmente, trilhar.

Esse é um caminho que resgata nossa dignidade, nossa autoimagem, nosso amor para conosco mesmos e para com as pessoas que se relacionam conosco, permitindo que tenhamos capacidade para concretizar relacionamentos afetivos mais maduros, seguros e espiritualmente construtivos.

Aí está: quando nos pegamos em 'pecado', é sinal de que nossa consciência está ativa e desperta, exigindo de nós atitudes mais claras e definidas. É a consciência que nos impulsiona a buscar respostas e, portanto, a progredir. E se soubermos ouvi-la, ela jamais será um incômodo, mas sim, um excelente instrumento de evolução.

Todos sabemos que, em algumas pessoas, a consciência ainda permanece como que anestesiada, devido à falta de evolução espiritual, ou colocada de escanteio pela preguiça, medo ou desejo de persistir no vício moral. Para tais espíritos, o despertar da consciência é sempre doloroso, chocante e trabalhoso.

Devemos ter bem claro que a noção de 'pecado' é relativa para cada um de nós e que não passa de uma manifestação de incompatibilidade entre o que estamos fazendo e aquilo que a própria consciência aprova.

Quanto mais evolução e conhecimento o ser humano adquire, quanto mais próximo da maturidade espiritual e afetiva está, mais ele é impulsionado em direção às Leis Divinas.

Portanto, é natural que, ao progredirmos, enfrentemos pequenas ou grandes 'crises' de consciência, que nos impulsionam na direção de conhecimentos, que nos levarão a caminhos mais adequados.

Precisamos estar sabendo disso, pois no campo sexual, que ainda é cheio de problemas para nós humanos, é provável que os 'pecados' se manifestem muitas vezes.

Se entendermos nossa culpa como um aviso consciencial sobre nossos comportamentos sexuais, não a tomaremos como inimiga, nem como algo que está ali para nos incomodar, mas sim como um útil sintoma que nos leva a refletir, com responsabilidade, acerca do que estamos fazendo. O importante é não sermos covardes diante dela, nem termos a atitude de "deixar para lá".

Portanto, queridos amigos, libertemo-nos da noção de que a culpa é apenas sinal de fraqueza e de desequilíbrio, pois isso não é verdade.

Comecemos nossa luta, entendendo que a culpa é, antes de tudo, um bom instrumento educativo, como aquela pessoa que tem a coragem de nos dizer, sem rodeios, tudo o que os outros não dizem. É a 'pastora' de nossas ações; é a 'voz da consciência', que nos conduzirá às soluções dos conflitos e problemas de natureza afetiva e sexual.

Porém, precisamos tomar cuidado para não transformar a culpa em processo torturante. Isto acontece quando resolvemos não tomar as atitudes para saná-la, tornando-nos prisioneiros do remorso, que é sempre maléfico.

Recalques

É uma denominação antiga e talvez já inadequada, segundo os estudiosos do psiquismo humano, mas ainda descreve exatamente o que gostaríamos de estudar agora.

Em linhas gerais, os recalques são experiências guardadas a sete chaves em algum canto de nossa memória, colocadas ali para que não estejam em nosso consciente, por serem traumáticas, inconvenientes ou dolorosas, de alguma forma.

Todavia, o que principalmente caracteriza os recalques é que eles continuam a exercer influência bastante acentuada sobre nós, gerando, não raro, limitações, tendências e julgamentos, cuja origem, via de regra, não conseguimos detectar.

É frequente que os recalques façam parte do que nós, espíritas, conhecemos como tendências inatas, ou seja, comportamentos e tendências comportamentais que trazemos profundamente alojados em nosso subconsciente, cuja origem está em experiências vividas em encarnações passadas.

É claro que nem todos os recalques são assim tão antigos, pois podem ter nascido de experiências de nossa atual existência física.

O mais comum é que ambos os tipos estejam associados: um comportamento, ou tendência comportamental do presente, pode ter sido originado por experiências muito marcantes na atual encarnação, que por si só geraram um recalque; mas este recalque potencializou outro recalque que já existia anteriormente.

No campo sexual, um recalque costuma nascer de experiências traumáticas ou dolorosas, frequentemente acompanhadas de uma enorme sensação de culpa ou repulsa. Possuem algo em comum com os 'pecados' que estudamos acima, com a diferença de que não sentimos nenhum prazer em rememorá-los.

Todavia, independente de nossa vontade, os recalques continuam exercendo influência em nossas vidas. Tal fenômeno é muito conhecido no meio espírita como 'reverberação' do passado, que insiste em se mostrar de alguma forma no presente.

– Mas como é que alguma coisa que eu escondi, lá no fundo, pode influenciar minha vida sexual?

Bem, diferente dos pequenos, médios e grandes 'pecados', onde a reverberação ocorre por causa de boas sensações físicas ou emocionais, ainda que nossa consciência não as aprove, nos recalques esta reverberação ocorre por mecanismos de defesa psíquica, sendo o medo o principal deles.

Desse modo, toda vez que passarmos por experiências que nos façam recordar uma parte ou o todo das vivências recalcadas, passaremos automaticamente a agir de forma a evitá-las, ainda que tais experiências não representem perigo real.

Isso quer dizer que mesmo que tivermos à nossa frente uma boa oportunidade de vivenciar relacionamentos que poderiam nos proporcionar crescimento afetivo, mas que tenham qualquer semelhança com o passado, que está lá bem escondidinho, nós as descartaremos de pronto, arranjando desculpas e justificativas, que não convenceriam sequer a nós mesmos.

E isso passa a ser fonte de conflitos, pois saberemos que poderia ter sido bom, mas que decidimos não arriscar. Teremos a percepção de que alguma coisa parece estar errada, mas o medo ou o ressentimento ainda falam mais alto.

Por aí já deve ter dado para perceber o quão sutil é a diferença entre as ações influenciadas por recalques, por memórias do passado ou por simples decisões do dia a dia. É por isso que é tão difícil para muitos indivíduos perceberem que algo precisa ser modificado em seus critérios decisórios, pois todos eles parecem muito naturais.

Toda vez que chega a hora de tomar decisões, os passos parecem ser dados de maneira tão automática, que não nos questionamos quanto ao motivo de agirmos desta ou daquela maneira.

E assim vamos levando a vida, sendo quase que comandados por conceitos, costumes e medos, originados no passado, mas que ditam nossas ações no presente.

Torna-se complicado encontrar solução para conflitos que sequer enxergamos, e cujas causas estamos longe de compreender. Sobretudo quando nossa maneira de agir e de pensar, ainda que influenciada por tais conflitos, pareça-nos tão automática e natural.

Ficamos a pensar no trabalho que vai dar para mudar tudo isso!

Bem, mas para "mudar tudo isso" teremos que ser, mais uma vez, bastante honestos conosco mesmos.

Será sempre preciso estudar com sinceridade as situações que nos incomodam, tentando descobrir o que está por detrás de nossos pensamentos e ações atuais. É preciso que nos 'sentemos diante do espelho' e perguntemos a nós mesmos o que verdadeiramente nos incomoda nesta ou naquela situação.

– Por que não me permito viver essa experiência?

– Por que não levo adiante um compromisso afetivo?

– Por que não aceito o desafio do casamento?

– Por que não tolero tais hábitos do companheiro?

– Por que reajo de maneira tão agressiva ou repulsiva a determinadas situações?

Coisas desse tipo. E não basta encontrarmos as primeiras respostas! Elas nos apontarão, logicamente, o caminho a seguir mas, ainda assim, não resolverão os recalques.

As primeiras respostas envolvem o processo de conhecer-se a si mesmo, que permite identificar, em meio às nossas defesas psíquicas, o que, de fato, pensamos.

Neste passo, aprenderemos a não nos deixar enganar por nossas próprias mentiras, que tentam evitar o enfrentamento necessário de nossas limitações. Enquanto isso, os passos seguintes provocarão justamente esse enfrentamento.

Quando admitirmos, ou descobrirmos, que estamos equivocados ou ignorantes a respeito de coisas importantes quanto à nossa maneira de vivenciar a sexualidade, o passo seguinte será correr atrás das modificações que precisam acontecer.

O processo é gradual, deve ser persistente, e será tanto mais dificultoso, quanto mais profundamente estiver 'enterrado' o recalque.

Muitas vezes precisaremos de ajuda profissional competente para auxiliar-nos, como instrumento indispensável para nosso direcionamento nas primeiras tentativas.

Acima de tudo, porém, nossa disposição íntima para aprender é o que mais haverá de colaborar nesse processo de reeducação.

Por mais que pese o medo, devemos nos conscientizar da possibilidade real de conquistarmos nossa tranquilidade e relativa paz, sorrindo para a esperança que nos visita toda vez que descobrimos algo novo, que nos poderá ajudar.

Mais uma vez, chamamos a atenção para os conceitos mais básicos e fundamentais, relativos às manifestações da libido e sua real importância, que expusemos nos primeiros capítulos. A compreensão de tais conceitos é o primeiro passo para o entendimento dos conflitos múltiplos da vivência sexual.

É assim que resolvemos os recalques: primeiramente precisamos desconfiar que eles existem; em seguida, devemos mergulhar fundo em nossas razões íntimas para identificá-los; então, precisaremos separar os conceitos e valores a serem modificados; finalmente, será necessário que busquemos conhecimento e orientação, a fim de aplicarmos nosso próprio esforço no burilamento íntimo.

Não é um processo simples, mas é eficaz! E, acima de tudo, é capaz de nos devolver a paz de que tanto precisamos para viver melhor, a confiança na capacidade de conseguirmos relacionamentos afetivos e compromissos morais que nos farão crescer, a alegria de voltar a sorrir, redescobrindo os prazeres simples e profundos da realização afetiva equilibrada, seja de caráter eventual, matrimonial ou familiar.

FRUSTRAÇÕES

Toda vez que nossas experiências não nos proporcionam aquilo que esperávamos, como produtos de retorno, surge a frustração. Sempre que nossas expectativas com relação à vivência sexual não são atendidas, lá está a frustração no final dos acontecimentos. E quanto mais intensa for a expectativa não atendida, maior será a frustração.

A frustração sexual é um sentimento difícil de lidar, já que a libido é uma força bastante poderosa e sempre presente em nossas vidas. Quanto mais ligada às manifestações intensas da libido, mais primitiva será a frustração; quanto mais relacionada à necessidade das sensações físicas que o sexo proporciona, mais intensa e menos tolerável para aqueles que a experimentam.

A pessoa frustrada, que se entrega intensamente à contrariedade, acaba por culpar, quase sempre, o objeto que ela relaciona à sua frustração, seja o companheiro, parceiro, cônjuge, namorado, noivo, 'ficante', 'caso' ou até a si mesmo.

Sim, em tais situações é frequente que o outro se transforme no 'objeto' que não serviu, por mais chocante que possa ser essa ideia.

Sem considerarmos o fato de a pessoa frustrada estar ou não com a razão, vamos limitar-nos a analisar apenas seu comportamento reativo, evidenciando que as manifestações características da frustração são basicamente orientadas pelo egoísmo, como não poderia deixar de ser.

Pois é, na verdade, o ego é que está sendo diretamente contrariado. As expectativas, a satisfação esperada e as sensações programadas são todas dele. E quando não são atendidas, provocam um verdadeiro 'golpe' contra ele.

Se não tivermos controle ou bom-senso em tais momentos, toda a contrariedade instintiva e primitiva de nossas personalidades irá se manifestar, podendo nos tornar cegos ao fato de que temos diante de nós outro ser humano, que passaremos a tratar como um objeto, uma 'coisa' que não nos serviu conforme esperávamos.

É claro que estamos exagerando os fatos e extremando as manifestações características da frustração para sermos mais didáticos.

Ninguém aí se entregaria tanto assim, não é mesmo...?

Bem, falando de maneira mais moderada agora, encontraremos na prática indivíduos que vivenciam conflitos muito intensos e duradouros, ocasionados pela frustração, em que há, de um lado, a expectativa não atendida, modulada por um relativo bom-senso que, de maneira geral, já adquirimos, e, do outro, o parceiro, ou parceira, que também deve ser compreendido.

O problema surge quando tal situação se prolonga sem apresentar melhoras, e começamos a suspeitar que a frustração vá ser duradoura.

Aí as fantasias aparecem, e o 'ego' começa a falar mais alto:

– Ih! Já vi que vai ser sempre assim.

– Puxa, não é como eu queria e, pelo jeito, nunca vai ser!

– Nossa! Assim, não vai dar! Como é que eu vou simplesmente 'engolir' minhas necessidades e me calar para sempre?

– É, não vai nem adiantar falar. Vou ter que me acostumar com as coisas desse jeito mesmo!

– Ah não! Assim não dá! Adeus!

Quantos de nós já não ouvimos comentários como esses, ou variações semelhantes? Quantos de nós já não dissemos essas coisas?

Quase todos carregamos algum tipo de frustração, passageira ou crônica, nas vivências sexuais, sobretudo depois que assumimos um compromisso permanente.

Quantos casamentos não carregam a nódoa evidente da frustração na sexualidade e na vida afetiva, impedindo os frutos maduros do amor e do companheirismo?

Quantos homens e mulheres calam-se diante delas e resolvem viver com suas necessidades secretas não atendidas, acariciando-as intimamente, até que elas se transformem nos monstros do ressentimento e da mágoa?

Quantos outros usam a frustração como desculpa para a prática de seus 'pecados', lavando as mãos e deixando toda a responsabilidade para outros fatores ou pessoas?

Alguém, com certeza, já deve estar dizendo:

– É, mas tem coisas que a gente não consegue mudar mesmo! O outro tem suas limitações, e eu continuo com minhas necessidades! Fazer o quê?

– Eu tenho o direito de viver, não tenho? Por que ficar carregando uma frustração que não tem mais remédio?

Vamos analisar a situação: há dois componentes que precisam ser avaliados na frustração de natureza sexual: as expectativas não atendidas e a incapacidade de tolerar o adiamento da satisfação.

A expectativa mais comum é aquela ideia 'vendida' pelas diversas formas de mídia, que diz que o relacionamento ideal é aquele que atende a todos os nossos desejos e satisfaz a todas as nossas necessidades.

Para quem já despertou um mínimo que seja para a vida real, não será difícil entender que isso não passa de ilusão das mais fantasiosas, que não resiste à mais superficial das análises.

Para que tal acontecesse entre nós, humanos, seria necessário que o outro desistisse de todas suas necessidades e expectativas e vivesse para nos satisfazer, transformando-se no 'objeto' de nossos caprichos.

– Ah, mas e se a gente encontrasse uma pessoa que tivesse exatamente as mesmas necessidades que nós?

Bem, aí é que seria mesmo impossível! Alguém teria que ficar sem nada, pois os dois querem a mesma coisa!

– Mas e se a gente partilhasse?

Ora, aí poderia dar resultado. Isso se você encontrasse alguém que tivesse 'exatamente' as mesmas necessidades que você, e vocês aprendessem a partilhar sempre, nunca se preocupando apenas com os próprios desejos. Básico, não é mesmo...?

Quando nos cansássemos de procurar, teríamos que nos sujeitar ao que encontramos mesmo por aí, certo?

E o que encontramos?

Encontramos uma realidade bem diferente das expectativas pintadas e propagadas como o ideal.

Problema da mídia? Das conversas? De nossos sonhos? De nossas ilusões?

Basicamente, o que encontramos e encontraremos sempre é o cenário evolutivo da Terra, construído para o progresso do ser espiritual que somos, e conduzido pela Providência Divina para os fins que ainda ignoramos quase completamente.

Por mais que queiramos criar nosso próprio universo particular, seremos defrontados com uma realidade que pode ou não bater de frente com nossos íntimos desejos, mais ou menos egoístas.

Devemos nos recordar, mais uma vez, dos estudos que fizemos nos primeiros capítulos, sobre a verdadeira finalidade da libido, que atrai os seres para um objetivo muito bem definido, que só agora começamos a descobrir e estudar.

Se conhecermos esta realidade e nos conduzirmos dentro dela, teremos muito mais chances de acerto e satisfação, diminuindo a incidência da frustração.

Contrariando nossos instintos egoístas, as relações sexualizadas, reprodutoras e afetivas entre os humanos foram concebidas pela evolução justamente para substituir esse instinto egoísta e individualista pelas noções mais nobres da sociedade fraterna do futuro.

Para isso, elas promovem cenários reencarnatórios e situações que educam esses sentimentos egoístas, visando transformar os indivíduos solitários e primitivos em espíritos com noções mais adiantadas de amor, carinho, fidelidade, compromisso e sensibilidade espiritual.

Desse ponto de vista mais amplo, fica claro que a realidade pessoal terá que ser submetida às leis evolutivas gerais, fato que muitas pessoas desconhecem, desejando coisas que não podem ser satisfeitas, pela simples razão de que promovem um movimento contrário a essas mesmas Leis. Por essa razão, chocam-se e frustram-se, desiludidas.

No cenário real da vida na Terra, o que encontramos é a luta para aproximarmo-nos de nossas escolhas ideais, que quase sempre ainda apresentam incongruências diversas com as propostas evolutivas das Leis Divinas.

Isso é o natural e o esperado. São tais incongruências que nos farão analisar, sofrer, refletir, aprender e nos modificar, enfim, levando-nos ao reajuste e ao progresso.

Assim, frente à realidade diversa de suas expectativas, o ser humano costuma reagir, frustrando-se, incapaz de compreender e modificar-se, ainda que momentaneamente; é que está sendo compelido a exercer, ainda que a contragosto, a reflexão, o perdão, a tolerância e a renúncia por amor.

Lembremo-nos de que os espíritos superiores deixaram registrado nas obras básicas da doutrina espírita que o sacrifício mais agradável a Deus é a renúncia a seus próprios interesses em favor do próximo.

Longe de praticar com perfeição o ato da renúncia e do amor ao próximo, devemos tomar essa informação como padrão do que seria o ideal, e compreendermos que o que se espera de nós, com relação aos demais, é o respeito às suas necessidades, da mesma forma que respeitamos as nossas. Em outras palavras, devemos amar ao próximo como a nós mesmos e fazer aos outros o que gostaríamos que fizessem por nós.

Sob este ponto de vista, a frustração bem entendida, cujas causas passam a ser identificadas por aquele que a carrega, transforma-se em convite para mudanças, outro sinal de que precisamos procurar informação e aprendizado.

Só não podemos perder de vista os princípios básicos que motivam a existência da libido, se quisermos realmente descobrir os produtos mais sublimes de sua vivência espiritualizada.

Podemos agora analisar o outro componente da frustração de natureza sexual: a incapacidade de tolerar o adiamento ou impossibilidade da satisfação desejada.

Este é o comportamento que mais sinaliza a presença de nossas reações instintivas mais primitivas e egoicas, que nos pressionam toda vez que não estão disciplinadas pela razão, reflexão e bom-senso.

Quanto maior a intolerância, maior a frustração imediata.

Enquanto as expectativas não atendidas nos levam à mágoa e ao ressentimento, a incapacidade de tolerar o adiamento da satisfação nos leva à raiva e à agressão, seja verbal, física ou pelo pensamento. É como um 'termômetro', que indica a quantas anda nosso controle racional sobre as manifestações de nossa própria libido.

– Ah, então você está querendo dizer que quanto mais conseguirmos 'segurar' nossa libido, mais evoluídos seremos?

Não é bem assim, não.

– E está dizendo que deveríamos ser iguais aos 'monges celibatários', que renunciam à própria satisfação sexual?!

Calma, aí, pessoal!

– ...e que o bom é viver a vida frustrado mesmo, tentando ser feliz com muito pouco?

– E os meus direitos morais? Meus sonhos derrubados, meus sacrifícios não reconhecidos, minha tristeza solitária, meu abandono, meu desgosto não percebido, minha solidão, as agressões que sofri e sofro, as humilhações... O que é que eu faço com tudo isso, hein?!?

O que é que vocês querem que eu responda? "Chuta o balde! Joga tudo para o ar, abandona tudo e sai por aí procurando coisas que o satisfaçam? Taca tudo na cara do outro, para ver se ele, ou ela, acorda logo de uma vez? Sai pelo mundo, procurando quem te satisfaça as mais íntimas necessidades, supondo que você já saiba quais elas são? Vira rebelde sem causa e sai por aí curtindo tudo o que aparecer? Esquece os limites e depois aguenta as consequências que vierem? Apaga tudo o que existe de bom no relacionamento, para focar apenas sua frustração, deixando que ela assuma o comando?"

É, quantos de nós não fazemos exatamente isso? E depois percebemos que com o monte de incômodos dos quais nos livramos, foram-se também muitas coisas boas que nos fazem falta.

– Então você está dizendo também que a gente tem é que abaixar a cabeça para as frustrações, para não perder algumas coisas boas junto com elas?

Não. Frustração não é para ser 'aguentada', nem esquecida. É para ser resolvida. Mas antes de agredir e tomar atitudes precipitadas, é melhor refletirmos.

As atitudes e pensamentos que abrigarmos, inspirados pela intolerância e pela raiva, excluirão qualquer argumento que contrarie nosso ego. E nisto está, com frequência, nosso erro. Por um lado, porque nosso julgamento não é perfeito; por outro, porque o relacionamento sexual nunca é unilateral.

O que desejamos é que todos percebam que o caminho da raiva e da agressividade, sugerido pela frustração aguda ou crônica, nunca é o melhor, resultando, no mais das vezes, em desmoronamento de construções afetivas antigas ou de laços afetivos promissores, provocando antipatias, ódio e os mais variados dramas passionais.

Nós espíritas, principalmente, devemos nos precaver de tais atitudes lamentáveis, não nos deixando arrastar pelas paixões infrenes, que são sempre bastante egoístas e frequentemente cegas e perigosas, uma vez que quando contrariadas desencadeiam as reações mais primitivas de nossos egos desequilibrados.

Então, como "administrar" a frustração?

Se o problema é com as expectativas não atendidas, devemos colocar 'o pé no chão' e estudarmos melhor nossa realidade.

Se o problema é a intolerância, pelo adiamento da satisfação de nossas necessidades, devemos educar melhor nossos impulsos instintivos, percebendo que a vivência sexual é bem mais ampla que o mero relacionamento físico sexual, e que a libido pode nos proporcionar outros prazeres tão intensos quanto o orgasmo sexual.

– Ah! Na teoria é fácil!

Pois é. A vivência sexual nos convida à evolução. Não podemos nos esquecer disso. E evolução é um constante aprender, mudar e se readaptar.

É nestas horas difíceis que acordamos para o fato de que o prazer sexual é apenas a recompensa pelos nossos esforços no trabalho de aprimoramento dos compromissos, vínculos e aproximação entre os seres.

Não podemos simplesmente 'viver de sexo' ou viver para o sexo. Ele não é um objetivo em si, mas simplesmente uma manifestação agradável da prática da libido; ela, por sua vez, é um instrumento de evolução para a sociedade da Terra, como vimos nos primeiros capítulos.

Se priorizarmos unicamente o prazer sexual em nossos relacionamentos, tornando-o nossa principal expectativa, decerto haveremos de nos frustrar logo adiante, pois esse prazer, por sua própria natureza, é fugaz.

Quando falamos de reajuste de expectativas, não queremos apenas dizer que devemos deixar nossas necessidades sexuais de lado, mas, sim, que devemos ampliar nossas expectativas, almejando construir algo mais permanente dentro de nossos relacionamentos. Algo como a amizade, o amor, a fraternidade, o companheirismo, o respeito, a solicitude, as responsabilidades compartilhadas, a consideração para com as limitações alheias, etc.

Veja que tudo isso flutua para longe do 'eu', convidando-nos ao 'nós'. Portanto, é natural que ao nos depararmos com estas construções altruístas, sintamo-nos automaticamente 'solapados' em nossos 'direitos pessoais'. É o egoísmo falando mais alto.

Como já estudamos antes, a aproximação entre os seres é essencialmente um convite à vivência de interesses compartilhados, contrariando nossa milenar tendência de vivermos sozinhos, a qual trazemos desde nossas experiências evolutivas mais primitivas.

O que acontece é que não estamos cientes disso e queremos privilegiar nossos interesses, priorizando nosso bem-estar antes de qualquer coisa, esquecendo-nos de que para dar certo, os relacionamentos devem ser vias de mão dupla.

Mudar nossas expectativas, portanto, é um processo que envolve a conscientização da realidade que nos cerca como proposta evolutiva e guia da humanidade toda e não somente de nossos interesses individuais.

Devemos labutar durante nossa encarnação, a fim de ajustarmos, pouco a pouco, o que desejamos para nós, confrontando esses desejos com o que é possível e o que não é. Quando acertamos, a recompensa aparece na forma de satisfação; quando erramos, é a frustração que nos visita.

Sabemos muito bem que nenhum de nós é 'santo'. Por essa razão, sentiremos ainda a frustração como um elemento quase sempre presente, em algum grau, dentro de nossa vivência sexual. Mas se identificarmos suas causas, saberemos aproveitá-las como sinal de que algo deve ser repensado em nossas atitudes e desejos.

Contudo, se ainda não estivermos despertos e nos abandonarmos às reações egoístas do antigo instinto, certamente não vamos tolerar o adiamento da satisfação de nossas expectativas, e é aí que os problemas maiores aparecerão, como já dissemos.

O que nos ajuda a lidar com a frustração é justamente a capacidade de refletir nos momentos em que ela nos incomoda. Se não tivermos algum grau de discernimento, agiremos de maneira destrutiva, caminhando contra a proposta evolutiva dos relacionamentos, que é essencialmente a partilha, os interesses em comum, o respeito.

Enfim, queridos leitores, aquela velha coisa de que tolerar frustrações é sinal de equilíbrio tem certa razão de ser. É bom para nós mesmos e é bom para as pessoas que nos cercam.

Mais uma vez, queremos deixar claro para os que já estão pensando que esta conversa é para gente passiva, que fica calada, 'aguentando as coisas', que gritar mais alto, 'chutar o balde' e não levar desaforo para casa não é o melhor remédio.

Mas nem por isso deixaremos de expressar firmemente nossas opiniões, toda vez que estivermos sendo agredidos em nossos direitos e dignidade. Nem por isso deixaremos de conversar com o outro sobre nossas frustrações. Mas isso é outra forma de reagir, nada tendo em comum com o descontrole e a agressividade.

Existem situações que são realmente intoleráveis por questões de salvaguarda pessoal, de dignidade e até mesmo de saúde espiritual, física e psíquica. Mas devem ser resolvidas pelos caminhos do entendimento ativo, até mesmo firme, embora cordial e respeitoso, na medida do possível, tomando decisões refletidas e sérias, e não impulsivas, das quais poderemos nos arrepender depois.

Assim sendo, da mesma forma que os pecados e recalques, as frustrações são acontecimentos corriqueiros em nossas vivências sexuais, e se analisados sob o ângulo dos conhecimentos espíritas, significam oportunidades de análise de nossas construções afetivas, de nosso posicionamento pessoal e de nossos conhecimentos a respeito dos laços afetivos que nos dispomos a realizar.

O fato de que diante das frustrações deveremos aprender a reajustar nossas expectativas e a tolerar mais o adiamento da satisfação de nossos desejos não afasta a necessidade de considerarmos os acontecimentos que as acarretaram.

Dominar a frustração, tolerá-la e usá-la na autoeducação não significa que devemos nos submeter às agressões à nossa dignidade e aos nossos direitos legítimos, mas tão somente agir de forma civilizada e moralmente mais evoluída.

INFIDELIDADE

A infidelidade, longe de ser um comportamento moderno, é um hábito antigo e ancestral, que remonta ao modo de ser dos antigos membros dos bandos, manadas, matilhas, alcateias, cardumes, e outros agrupamentos de seres de menor evolução.

O objetivo da infidelidade era, e ainda é, entre estes seres, garantir a reprodução da espécie e a variabilidade genética, através da disseminação mais generalizada possível das características de cada indivíduo.

Num mundo em que as condições de existência são frágeis, precárias e pouco garantidas, a infidelidade é um modo de agir apreendido pelo Princípio inteligente, a fim de não deixar que uma coletividade especial seja extinta.

Portanto, trazemos em nós, profundamente guardados, os resquícios de tal comportamento, que ainda insiste em se manifestar sempre que julgarmos que as condições o permitam.

No entanto, apressamo-nos em dizer, é um dos comportamentos atávicos que nos fazem estacar na marcha evolutiva, impedindo que as manifestações mais espiritualizadas da libido sejam desenvolvidas.

Enquanto o convite ao desenvolvimento da sexualidade moralizada prioriza o relacionamento, o compromisso e o afeto, com suas consequências dignificadoras, a infidelidade representa uma das manifestações mais clássicas do egoísmo, fincada nos argumentos instintivos do prazer inconsequente das épocas em que o princípio inteligente era total e inconscientemente conduzido pela libido férrea, sem saber das razões maiores a que esta se prestava.

Na proposta evolutiva atual para a humanidade, o compromisso é a atitude pessoal que garante a participação do indivíduo em uma estrutura social que lhe permita sobreviver, e que lhe fornece o ambiente psíquico adequado para obter os estímulos que o impulsionem no desenvolvimento de suas potencialidades morais, afetivas e espirituais.

Portanto, manter vínculos afetivos estáveis e complexos é o que caracteriza o ser humano mais evoluído, que já está longe da sexualidade eventual e irrefletida dos irracionais.

Na sociedade moderna, esses vínculos afetivos tornaram-se extremamente complexos, e os valores que os orientam são, da mesma forma, variáveis.

É claro que os indivíduos não escolhem ser infiéis por simples questões instintivas, mas também são impulsionados por acontecimentos comuns da vida sexual, que envolvem a frustração, os recalques, os 'pecados' e outros conflitos não resolvidos, que acabam por arrastá-los a escolhas menos felizes.

Assim sendo, julgar a pessoa que um dia foi infiel, ou que está sendo infiel, como um ser abominável e irrecuperável, é, no mínimo, precipitado. O indivíduo está, sim, desajustado, em conflito, frustrado, revoltado, inconformado, etc. , e reage de modo inconsequente, instintivo, egoísta, e, de muitas formas, imaturo.

A maioria de nós, em tais situações, tem a noção de que o sofrimento íntimo é intolerável e deseja escapar, de alguma forma, das amarras que lhe estão causando a frustração.

Além disso, passamos a acreditar que nossos direitos sexuais são indispensáveis, urgentes e inalienáveis, devendo ser assegurados o mais rápido possível.

Alimentada pelo ressentimento, raiva e às vezes até pelo ódio, a atitude infiel caracteriza o ser que está desistindo de dar o devido valor ao modo de ser e ao direito do outro, como quem desiste de acreditar que a relação possa dar mais frutos, deixando de considerar esse outro alguém como um ser especial, que tinha a primazia de suas considerações.

Ao mesmo tempo, a pessoa infiel não deseja romper totalmente suas relações, por considerar que uma série de comodidades não pode ser perdida, nem extraviados outros ganhos de natureza econômica e social.

Neste estado, a pessoa despreza ou esquece-se do compromisso de natureza afetiva com seu cônjuge, mas não abre mão de outras coisas que conseguiram em conjunto: casa, filhos, propriedades, comodidades do lar, etc.

De certa forma, isso mostra que tais pessoas valorizam as construções do lar somente na medida em que atendem às suas necessidades, assim como demonstra, também, que não tiveram a honradez de desfazer seu compromisso antes de partir para a busca unilateral do prazer sexual. Valorizam esse prazer acima de seu compromisso familiar, mas, paradoxalmente, como com frequência costumam alegar, não acham que a procura do prazer sexual fora do compromisso conjugal possa ser significativo a ponto de levar ao rompimento desse mesmo compromisso.

Alegam, para si mesmos, que o prazer sexual fora do casamento, ou do compromisso assumido, é apenas uma atividade pontual, sem muita importância, que não ameaçará o cônjuge, os filhos e a família. Ao mesmo tempo, todavia, acreditam que sem esse prazer sexual eventual, o cônjuge, os filhos e a família tornam-se intoleráveis, que sua felicidade pessoal estará ameaçada e que seus direitos nunca serão atendidos.

Amargurados pela frustração e incapazes de disciplinar a libido ou resolver seus conflitos, mergulham no conhecido sofisma, muito disseminado, que prega que as necessidades físicas sexuais atendidas fora do casamento não são mais que aventuras passageiras, indignas de serem tomadas como algo que possa prejudicar o relacionamento conjugal... desde que o cônjuge não fique sabendo.

Anestesiando mais e mais o aviso de sua consciência, alimenta vidas, e, às vezes, famílias paralelas, complicando sua situação moral e social que, mais cedo ou mais tarde, sem dúvida, virá à tona.

Já comentamos o fato de o prazer sexual funcionar como 'recompensa', um atrativo para os seres, que são induzidos a se aproximarem, a fim de se submeterem aos desafios da convivência.

Já dissemos, também, que a convivência entre os seres, na forma de compromissos de natureza afetiva, é o laboratório dos estímulos que desenvolverão as emoções, sentimentos e considerações de ordem moral mais evoluída, contrariando os impulsos instintivos atávicos, que paralisam o desenvolvimento espiritual.

Tais fatos, contudo, são desconhecidos por boa parte dos indivíduos, que padecem de uma educação deficiente no que diz respeito às realidades morais dos relacionamentos sexuais e dos compromissos afetivos, sendo, por essa razão, surpreendidos, com frequência, pela desilusão.

A infidelidade tem, na maioria das vezes, suas raízes fincadas na desilusão.

Despreparados para o enfrentamento dos desafios educativos da convivência, esperamos somente prazer e felicidade, esquecidos de que não podemos permanecer em eterna situação de enamoramento deslumbrado, alheios às construções dignas para nosso próprio progresso.

Colecionando frustrações, ressentimentos e amargura, vamos, pouco a pouco, adentrando numa atmosfera psíquica que nos afasta sempre mais desta realidade maior, e passamos a acalentar fantasias e pensamentos mágicos, entremeados com a ideia de que estamos sendo intimamente lesados em nossos direitos sexuais legítimos.

Nestas criações pessoais da mente, sentimo-nos como verdadeiros heróis, que tudo suportam e nada ganham, criaturas impassíveis que de nada reclamam porque, afinal de contas, de nada adiantaria.

Entramos, sem perceber, em importantes processos de fixação mental unilateral, que vão, pouco a pouco, afastando-nos do caminho do bom-senso e da verdadeira realidade.

Por fim, acabamos por nos defrontar com situações insuportáveis, criadas por nós mesmos e, não raro, complicadas por ocorrências de natureza obsessiva. E, frente ao desespero que causam, tornam-se justificáveis quaisquer medidas para fugir de tais situações.

Envolvidos pelos argumentos que criamos, ou que nos são sugeridos pelas vias mentais da obsessão, tornamo-nos fascinados por nossas próprias justificativas, perdendo qualquer senso crítico ou contato com a realidade moral mais abrangente. Focando nosso interesse tão somente na necessidade inadiável do prazer sexual e da compreensão irrestrita da qual necessitamos, enriquecida pelos ressentimentos cultivados por muito tempo contra o companheiro de relacionamento, perdemos o bom rumo.

Assim sendo, todos os impedimentos emocionais, escrúpulos e barreiras psíquicas acabam por desmoronar, pouco a pouco, e as portas da infidelidade se abrem, oferecendo um caminho aparentemente viável e promissor para a solução imediata de nossas frustrações. E ainda com a vantagem de não termos que romper com as partes interessantes de nosso compromisso!

Então, adentramos pelas vias da clandestinidade e optamos por esconder dos outros, que mereceriam nossa maior confiança, atos que nos envergonhamos de praticar e que, ao mesmo tempo, parecem-nos indispensáveis.

Esse é, com raras exceções, o estado psíquico e moral daqueles que adentram pelas portas da infidelidade: cheios de justificativas pessoais, de anseios cegos e urgentes, e da covardia, apoiada pelo egoísmo.

Sem rodeios.

– Espera aí! Você não acha que está sendo muito preconceituoso, não? Não acha que está se fazendo de muito bom e santinho? E o respeito e acolhimento que devemos ter com aqueles que erram?

– Ei! Eu também estou acompanhando a leitura, e discordo de vocês dois! Vocês não estão levando em conta o inferno que é passar por uma situação dessas. Devem ignorar o quanto a gente, que vive tais circunstâncias, sofre.

– E quem disse que estamos errando? Nunca passou pela cabeça de vocês que talvez a gente esteja fazendo o melhor que pode, para não piorar ainda mais as coisas? E se eu 'largar' meu cônjuge e ele se perder na vida? E se cometer suicídio? E se for totalmente dependente e não conseguir se virar? Não é melhor que ele continue na ignorância, sem saber de nada? E os filhos pequenos? Será que também não seria egoísmo da minha parte chegar assim de pronto e dizer que os estou abandonando, porque achei 'coisa melhor'? Pensam que é fácil?

– É isso mesmo! E quero lembrar que, às vezes, acabamos por achar outra pessoa que é muito especial, que nos completa muito mais, quase uma alma gêmea, alguém que, finalmente, nos entende. Devemos deixar isso para trás? Temos, por acaso, culpa de ter encontrado esse novo alguém só agora? Aconteceu! Como poderei escolher entre viver longe do meu verdadeiro amor, ou dos filhos e do lar que construí?

– Meu caso, então, é ainda pior. Como posso escolher entre duas famílias? Tenho responsabilidades para com os filhos de uma e de outra. E também não acho que possa abandonar um dos dois parceiros, pois aprendi a amar os dois! Não é tão fácil assim!

De fato, não é nada fácil.

Nosso papel, aqui, não é julgar as condutas pessoais, nem analisar cada situação em especial, mas, sim, estudar a conduta que serve de base à infidelidade, descobrindo o posicionamento geral das pessoas que optam por praticá-la.

Nem por isso vamos nos furtar a dar nossa opinião a respeito dos casos mais comuns e, logicamente, de analisar as justificativas e consequências, que surgem na maioria das vezes.

É claro que quando enfrentamos problemas desse tipo em nossos relacionamentos afetivos, ficamos mergulhados até o pescoço nas questões conflituosas que aparecem e, com frequência, acabamos fazendo o melhor que podemos.

E é justamente por acreditar que estamos fazendo o melhor que encontramos, com facilidade, justificativas para nossas ações, sejam elas quais forem, pois não sabemos de outra solução mais interessante.

Sem perceber, todavia, e sem maiores ponderações, optamos por defender o interesse que consideramos prioritário: o nosso.

Acontece que, acima de nossas conveniências e de nosso conhecimento limitado, ainda pairam as diretrizes evolutivas, para as quais a libido deveria nos conduzir. Portanto, a 'pressão' de nossas consciências pode ser deixada de lado, mas não esmorece nunca. E para conviver com ela, nós é que acabamos por sustentar, com intensidade cada vez maior, nossas justificativas pessoais.

Um dia, no entanto, nossa resistência acaba por desmoronar, sobretudo quando as consequências de nossos atos começam a nos atingir, e entramos em processos depressivos e ansiosos, que nos compelem à resolução de nossos conflitos.

Assim sendo, a infidelidade representa sempre um estado transitório, por mais longo que seja o período pelo qual a sustentemos, pois suas próprias consequências nos conduzirão a um reajuste, qualquer que seja.

Portanto, sem desconsiderar o drama íntimo de quem acaba se envolvendo com a infidelidade, devemos compreender quais são as melhores atitudes a tomar frente tal situação. Isso é o que falta, muitas vezes, à pessoa que busca solução para suas frustrações na conduta infiel.

Então vejamos: há dois momentos a se considerar nos argumentos que foram manifestados há pouco: o 'antes' e o 'depois' da infidelidade consumada.

O 'antes' é o momento que ainda nos deixa tempo para reflexão acerca das consequências de nossos atos.

Como vimos, cada um acaba por tomar a atitude que julga ser melhor, com base em seus conhecimentos e conveniências, estando pressionados por um 'sofrimento' relativo.

Mas notem que, quando somos honestos perante nossa consciência, consideramos todos os argumentos de que dispomos a respeito de nossa futura decisão: os 'prós' e os 'contras', e não somente os 'prós'.

Quem vai ganhar?

Tudo vai depender de nosso conhecimento e de nossa conscientização, pois aquilo que consideramos como sendo os 'prós' ou os 'contra' pode variar, dependendo do momento.

Sim, pois este julgamento sempre vai depender do que acreditamos que será melhor para nós num dado momento.

E cada qual considera o que é melhor para si, segundo seus valores e aprendizados.

Portanto, é lógico esperar que a pessoa egoísta e ignorante em matéria de compromissos morais, vá escolher justificativas que não a obriguem a renunciar, compartilhar, perdoar ou compreender.

Para ela, os fatores 'contra' são aqueles que envolvem a paciência, o ato de ceder, de tolerar e de aprimoramento de seu aprendizado.

Para alguém melhor informado, ou que tenha o hábito de tomar como parâmetro os convites das leis evolutivas, os 'prós' são, quase sempre, o que a pessoa mais egoísta considera como sendo 'contra'.

– E daí?

Daí que precisamos prestar muita atenção ao nosso estado emocional, psíquico e moral nos momentos em que precisamos tomar a decisão de ser, ou não, infiel.

Estamos em condições de considerar nossas opções com imparcialidade? Temos conhecimento e experiência suficientes para saber o que vamos fazer? Se não estamos em condições de avaliar nossas escolhas de maneira imparcial e não possuímos conhecimento e experiência, basta que os procuremos!

Busquemos o aconselhamento amigo, a leitura edificante, a informação técnica, a orientação profissional, a prece, a intuição de nossos amigos espirituais, o encaminhamento religioso, e tantos outros recursos positivos e seguros.

E, para dizer a verdade, não há quem não encontre explicações, conselhos e aprendizados preciosos por estes meios.

– Tudo bem, mas acontece que eu nem sempre acho o que procuro. Nem sempre escuto o que já compreendo e, na maioria das vezes, eu não concordo com o que dizem.

Ah, sei! Então quer dizer que você já estava esperando encontrar uma resposta que estivesse de acordo com seu jeito de pensar?

Proponho considerarmos a verdade, combinado?

Acontece que gostaríamos muito de ouvir opiniões e ensinamentos que nos autorizassem a fazer exatamente o que estamos pensando em fazer, não é verdade?

Mas se você for realmente honesto e tiver um conhecimento mínimo das leis morais e evolutivas, vai concordar que a prática da infidelidade é definitivamente inadequada para os espíritos mais amadurecidos.

– Isso me chateia! Não era o que eu queria, nem estava disposto a entender! Isso não resolve o meu problema!

Sinto muito, você tem duas opções: pode agir de acordo com as orientações mais honestas e tentar reajustar suas expectativas, colaborando para seu próprio progresso. Dentro dessa hipótese, você pode desistir da infidelidade e investir no resgate de seu compromisso. Mas pode, também, romper seu antigo compromisso de maneira honrada, antes de partir para um novo relacionamento, se é que vale a pena.

A outra opção seria ouvir outras opiniões. Afinal de contas, ninguém está com a verdade suprema, não é mesmo?

A propósito, conhecemos algumas pessoas que foram buscar opiniões diferentes..., e acharam! Justamente aquelas que queriam achar! Consultaram conhecidos que já têm 'experiência no assunto' e levam uma 'vida normal'; acharam referências na internet e dicas de como levar a vida numa boa, aproveitando o que há de melhor nessas situações; encontraram diversos relatos de como a aventura pode ser eletrizante, a ponto de renovar, totalmente, nossas concepções retrógradas com relação à família e ao casamento.

Sim, acharam tudo isso e muito mais! Afinal de contas, existem opiniões das mais diversas, não é mesmo? E todo mundo tem o seu livre-arbítrio, certo?

Correto. Mas não se esqueça de pensar no 'depois', combinado?

Pois bem.

Agora, vamos voltar: ali estamos nós, na iminência de tomar uma decisão. Por nossas cabeças passam todos aqueles argumentos mencionados algumas páginas atrás, além de outros que chegaram até nós a partir de fontes diversas.

Qual deles vai falar mais alto?

Bem, em geral, na prática, buscamos defender nossos interesses de maneira que não se choquem muito com o que seria o ideal do ponto de vista das leis morais. Procuraremos achar um 'jeitinho' mais para o meio termo, que não entre muito em conflito com nossa consciência, de maneira que esta possa aceitar 'mais ou menos' nossas decisões.

E isso porque, segundo a doutrina espírita, todos nós trazemos as Leis Divinas inscritas em nossa consciência...

Quanto mais relutantes estivermos em concordar com a proposta educacional e evolutiva da situação complicada em que nos encontramos, mais tentaremos fugir ou protelar as modificações relativas ao nosso caráter, as renúncias necessárias e o investimento árduo no relacionamento atual.

– Mas é claro! É difícil a gente se transformar assim, de uma hora para outra.

Pois é. Mas, mesmo assim teremos que perceber o que está por trás de nossas decisões. É preciso que admitamos que fugir das mudanças internas que precisamos realizar em nós mesmos, do aprendizado acerca da sexualidade e dos compromissos afetivos, da constatação da necessidade de estarmos dispostos a renunciar por uma série de fatores importantes para nós por medo, muito embora conscientes de que essas seriam as atitudes mais corretas, caracterizam um comportamento covarde de nossa parte.

Sim, pois o fato de sabermos que nossa opção pela infidelidade trará vários tipos de danos à família, ao nosso cônjuge e filhos e, ainda assim escolhermos sustentá-la dá provas de egoísmo de nossa parte, não é mesmo?

Além disso, o fato de darmos ouvidos a conselhos levianos e desequilibrados, oriundos de fontes irresponsáveis, em detrimento dos apontamentos sadios aos quais, porventura, já tenhamos tido acesso, caracteriza um comportamento orgulhoso, uma vez que estaremos desprezando a 'carolice' das Leis Morais, em favor das 'modernidades' do comportamento sexual desregrado.

Resumindo: o fato é que o orgulho, o egoísmo e boa dose de covardia norteiam a decisão pela infidelidade.

– Mas...

Sem 'mas' agora.

É certo que a situação envolve sentimentos legítimos de frustração, desejo sexual, sonhos desfeitos e toda uma série de dificuldades que estamos enfrentando. Ninguém vai negar isso.

Todos os argumentos mais sérios que poderíamos relacionar, na tentativa de justificar a decisão pela infidelidade, partiriam de dramas penosos e sofrimento real. Quanto a isso não há dúvida.

Entretanto, o que tira, de maneira irrefutável, a legitimidade da escolha pela atitude infiel entre os espíritos esclarecidos, é a opção pelo engodo, pela mentira e pela clandestinidade de nossas ações, dando as costas à honestidade, à correção moral e, sobretudo, aos direitos espirituais de pessoas que ainda confiam em nós.

Por mais que nos atraia o apelo à infidelidade, teremos sempre a opção de romper o compromisso que não mais toleramos antes de partirmos para uma nova relação, de maneira a liberarmos o parceiro e a nós mesmos de piores consequências morais.

– Mas isso é bem difícil... Já pensou no escândalo? Além do mais eu não estaria disposto (a) a expor meus filhos inocentes e a infelicitar meu cônjuge, quem sabe, para sempre. Ele (a) poderia cometer uma insanidade! E, depois, onde é que eu iria morar, comer e dormir? Puxa, ia dar um trabalhão partilhar os bens materiais! Não, o mais sensato seria eu permanecer calado (a), sem perturbar ninguém. Afinal, o que os olhos não veem o coração não sente, não é mesmo?

Realmente gostaríamos muito de acreditar que agindo assim estaríamos poupando os outros e evitando complicações e comprometimentos dolorosos. Mas a verdade é que, por trás dessas alegações tão corriqueiras de se estar visando o bem alheio, estamos é pensando em nós mesmos e buscando fugir ao enfrentamento das consequências de nossos atos.

Se realmente estivéssemos preocupados com os filhos e o cônjuge, teríamos pensado neles antes de optar pela infidelidade.

Mais uma vez fica claro que não queremos assumir a responsabilidade total pelas nossas decisões morais. Queremos ficar num meio-termo confortável, mantendo a relação extraconjugal que nos interessa, sem ter que assumir as consequências familiares que ela acarreta, fugindo, assim, ao enfrentamento moral que se espera de nós.

Mais uma vez repetimos: por baixo de todos os argumentos que apresentamos para justificar nossa conduta infiel, estão escondidos o orgulho, o egoísmo e o medo de enfrentarmos as consequências desagradáveis de atos que são de nossa inteira responsabilidade.

Analisemos, agora, outro momento: o depois.

Uma vez consumada a infidelidade, muitas vezes mantida por anos a fio, o panorama moral se modifica, complicando-se. Os frutos da infidelidade já apareceram, enredando-nos moralmente no emaranhado de efeitos inevitáveis. Afetos já se sedimentaram, novos filhos vieram a somar-se aos que já tínhamos, relações de dependência econômica foram geradas, direitos sociais e conjugais adquiridos, além de toda uma série de outras consequências.

Nesse ponto as decisões realmente se complicam, pois se continuarmos a considerar apenas nossas conveniências, ainda mais almas sofrerão. Ou seja, criamos novos compromissos e relações afetivas pelas quais nos tornamos também responsáveis, o que torna ainda mais complexa nossa vivência afetiva e sexual.

Muitas vezes, procurando fugir das frustrações de uma relação esmagadora e conflitante, acabamos por descobrir que todas as relações, mais cedo ou mais tarde, haverão de constituir desafios, inclusive aquelas que tivermos vivido na clandestinidade. Acabamos por ser surpreendidos por exigências ainda maiores no campo sexual e afetivo, que reclamarão exclusividade e atenção, uma vez que todos os envolvidos desejarão, é claro, sua contrapartida no recebimento de satisfações.

Interessante, aqui, é analisar que, quando optamos pela infidelidade, estamos de tal modo submissos às nossas próprias necessidades pessoais e envolvidos pelo egoísmo e pelo orgulho, que nem sequer levamos em conta o fato de que a libido direcionada pelas Leis Divinas irá nos acompanhar onde formos.

Afinal, em qualquer relacionamento afetivo, a libido estará aproximando seres humanos, para o exercício do desenvolvimento psíquico e moral, através dos desafios do ajuste de personalidades e necessidades.

Assim, enquanto estamos descuidadamente vivenciando nossa nova 'lua de mel' com o alvo de nossa infidelidade, a libido nos está enredando em novos desafios morais, que exigirão nossa dedicação e comprometimento, mesmo que não queiramos.

Desde relacionamentos clandestinos passageiros até os que durarão vários anos, todos eles cobrarão seu quinhão de compromisso e peso afetivo, com reflexos diretos sobre nossa vivência sexual que já estava em curso antes que a nova relação tivesse início.

Ao fim de certo tempo nos reconheceremos ainda mais sobrecarregados com os 'problemas' que arranjamos para nós mesmos, que do ponto de vista evolutivo não passam de obstáculos mais duros para nossa educação sexual.

Lamentavelmente, muitos dos que são surpreendidos pelas consequências não previstas do comportamento infiel continuam dando ouvidos somente às suas próprias necessidades, 'cansando-se' depressa de suas outras famílias e afetos, passando a buscar novas aventuras e continuando a emaranhar-se em outros laços afetivos, que um dia também lhes cobrarão compromisso.

– O que fazer, então, quando a gente já se encontra numa situação de infidelidade?

O melhor será agirmos de maneira digna, segundo as normas orientadoras do caráter do homem de bem, e esclarecermos nossa situação. É óbvio que não haverá maneiras fáceis de fazer isso.

Se nos mantivemos avessos a posicionamentos claros durante tanto tempo, não será de uma hora para outra que nos haveremos de transformar. Não obstante, o enfrentamento das consequências de nossos atos faz parte do processo de reajuste.

Assim, o mais importante será refletir com honestidade e tomar consciência dos próprios erros, cultivando a vontade íntima de nos tornarmos melhores.

É certo que iremos encontrar inúmeros 'espinhos' nesse processo de burilamento pessoal, que apontarão para a inadiável necessidade de nos colocarmos frente a frente com sentimentos e decisões, que produzirão amargos dissabores como remédio drástico do qual necessitamos.

E é aí que provaremos até onde nosso aprendizado e reflexão irão nos levar. Ficará bem depressa evidente que o que mais será exigido de nós será justamente aquilo que mais protelamos: humildade, paciência e coragem.

Mas não encontraremos somente espinhos neste processo, pois todo investimento e reajuste moral evolutivo trarão recompensas.

Começando com a busca de respostas e socorro, forçados que fomos pelas complicações que nossas decisões equivocadas acabaram por acarretar, encontraremos, decerto, informações novas, ajuda espiritual e orientação segura. Logo depois, ficaremos cara a cara com nossos pontos fracos e com nosso mundo íntimo, que por tanto tempo vínhamos negligenciando.

Adentraremos pelo autoconhecimento eficiente, descortinando nuances da personalidade que antes escondíamos de nós mesmos.

Acima de tudo, deveremos atualizar nosso conhecimento a respeito da sexualidade e da libido disciplinada, propondo-nos a reforma de nosso comportamento, que se fará paulatinamente.

Pouco a pouco, o alívio de nosso estado psíquico se fará notar, e as pressões animalizadas e egoicas, que as necessidades sexuais exerciam sobre nós, irão perdendo terreno, passando a ser substituídas por anseios mais abrangentes e nobres.

Depois de havermos percebido o quão sós estivemos intimamente e por tanto tempo por conta da busca de sensações de natureza sexual, muito embora estivéssemos sempre acompanhados no campo externo, acabamos por nos presentear com a coragem e disposição de investir no compromisso mútuo, seja ele qual for, a fim de preencher o vazio emocional.

Depois de esgotadas nossas tentativas desesperadas de acudir as frustrações da sexualidade, perceberemos, mais cedo para alguns, muito mais tarde para outros, que as construções emocionais, de que tanto necessitávamos para sobreviver, permaneceram frágeis e incapazes de nos sustentar.

Quando o enfado surgir e o cansaço psíquico nos tornar indispostos, a ponto de provocar a repulsa pelo desequilíbrio da vida emocional que dispendiosamente mantemos, esbanjando preciosos recursos mentais, então estaremos capacitados a perceber o impacto favorável da disciplina da libido e da vivência sexual.

Nesse momento, já estaremos em parte transformados pela dor, a mesma dor da qual fugimos anteriormente por medo de esforços que julgamos demasiados para salvar um relacionamento conjugal que acreditávamos falido. Mas, surpresa: estaremos, agora, sendo capazes de enfrentar o sofrimento superlativamente aumentado, devido aos meandros de nossos relacionamentos clandestinos complicados.

Antes tivéssemos permanecido firmes, ou tivéssemos desfeito, de maneira honrada, os relacionamentos não mais desejados, ainda que tendo que enfrentar as inevitáveis e difíceis conversas!

O próximo passo, após o processo de conscientização e reeducação pessoal dos valores da sexualidade, será, justamente, o esclarecimento honesto de nossos atos ocultos junto àqueles que sentem ou sentirão os efeitos de nossas ações: o cônjuge, os filhos e as pessoas com as quais mantivemos uma relação que foi mantida na clandestinidade.

Esse momento delicado exige firmeza de posição, humildade e honestidade, uma vez que, decerto, as tempestades do desequilíbrio poderão carregar novamente nossas consciências, sobretudo se não tivermos serenidade suficiente para enfrentar as possíveis reações de nossos entes queridos. Contudo, desde que estejamos devidamente embasados em nosso senso de dever, demonstraremos o sincero desejo de reparação, que não passará despercebido a essas pessoas importantes de nossas vidas, passadas as primeiras impressões mais desagradáveis.

Lembremo-nos de que nosso comportamento e exemplo diz mais sobre nós do que as palavras. E é assim que, pela perseverança em nossos processos de autoeducação, suportaremos os primeiros momentos tempestuosos do reajuste moral, com a certeza íntima de quem está colhendo os frutos plantados anteriormente.

Não há dúvida de que nos descobriremos responsáveis por acontecimentos que afetarão muitas vidas, sobretudo se já vínhamos mantendo uma atitude de infidelidade há muito tempo. E, naturalmente, deles também teremos de prestar contas do ponto de vista moral.

É inegável que teremos que enfrentar as sérias consequências de nossas ações no momento em que aqueles a quem traímos tomarem conhecimento da verdade. A coragem moral, necessária para suportarmos as consequências de nossos atos, faz parte do 'pacote' do reajuste.

– Poxa! Do jeito que você fala, até parece que estamos indo para o abatedouro! Ainda penso que talvez o melhor fosse manter tudo em segredo. E se eu voltasse a ser fiel e não contasse nada do que aconteceu antes, para não magoar minha família?

Querido amigo, tudo que fizermos com honestidade e desprendimento reais a favor de nossos mais próximos, será sempre válido e aprovado pela nossa consciência. Todavia, quantos de nós pensamos no interesse do próximo em uma situação dessas?

Se arcar com o peso do silêncio, nesses casos, em prol do bem alheio, fosse a medida mais correta a ser tomada, certamente nossa consciência a aprovaria. Mas se isso nada mais for que um subterfúgio mal disfarçado, a fim de fugirmos do necessário reajuste e enfrentamento das consequências de nossos atos, então estaremos tão somente adiando futuros problemas, que terão ainda mais tempo para crescer e se complicar.

Como sempre, a decisão deverá ser pessoal.

Bem, resta compreendermos, com clareza, que o reajuste da infidelidade está baseado diretamente na compreensão que temos do papel da libido e da maneira como deixamos que ela conduza nossas vidas, da educação dos valores sexuais que já detemos e, sobretudo, do esforço que fizermos para adquirir novos conceitos e aprendizados, aplicando-os a nós mesmos.

Como sabemos que a libido sublimada conduz o ser humano ao trajeto da superação do egoísmo, certamente que o produto de nossa educação sexual será a restauração de laços afetivos sexuais, emocionais e espirituais, familiares e sociais, transformando-nos em melhores exemplos de cidadania e humanização.

Cabe a cada um decidir.

definição de promiscuidade sempre foi algo relativo às culturas e épocas, de modo que adotaremos, como padrão comportamental desejável, a mesma orientação que estamos buscando ao estudar as Leis Divinas no campo do conhecimento da libido e suas manifestações.

Por isso, levaremos em conta muito mais a capacidade de criar vínculos afetivos e deixar-se conduzir pelos desafios da sexualidade amadurecida, do que apenas ao número de relacionamentos passageiros de uma mesma pessoa.

Muito embora costumemos associar a promiscuidade ao hábito de relacionar-se sexualmente com vários parceiros, não raro a incapacidade de criar vínculos afetivos estáveis é que nos chamará mais a atenção para ocorrências desse tipo.

Por essa razão, a pessoa promíscua permanece na vivência puramente física da sexualidade, experimentando, quando muito, sensações emocionais ligadas à satisfação imediata de suas expectativas, dirigidas quase que exclusivamente para o desempenho material de suas funções sexuais.

Diferentes motivos podem estar sustentando esse hábito: entre eles, a imaturidade emocional e a curiosidade aliada à inexperiência, mais comum entre os jovens; também teremos a expressa opção deste tipo de prática pelos que se tornaram cépticos em relação aos produtos dos relacionamentos estáveis, em decorrência de frustrações, preconceitos, e valores mal orientados; outros, ainda, cultivarão a promiscuidade por se deixarem escravizar por sensações puramente físicas, engolfados pela urgência do prazer sem reflexão, muitas vezes conduzidos por processos obsessivos concomitantes.

Por fim, temos aqueles indivíduos que fazem da promiscuidade uma profissão, optando por ganhar a vida e vantagens materiais a partir de um hábito que primeiro lhes é prazeroso, depois torturador e, finalmente, escravizador.

Não nos cabe julgar as escolhas de cada um. Devemos, contudo, analisar os frutos que colheremos depois de cada ação praticada ou sustentada por nossas escolhas.

Depois de havermos compreendido mais profundamente a função e a missão da libido entre os seres humanos, fica difícil não percebermos o que falta na prática da promiscuidade: o vínculo afetivo estável.

– Ei, espera ai! Tem muita gente vivendo muito bem desse jeito. Aliás, existem verdadeiras comunidades unidas por este estilo de vida, que se apoiam mutuamente, visando se protegerem contra o preconceito da sociedade. Isso também não é vínculo afetivo?

É verdade. Todo ser humano luta para conseguir o melhor, e as comunidades que você menciona não são exceção.

Mas o vínculo, aí, é estável? É verdadeiro?

Não podemos fechar os olhos para o fato de que esse apoio existe enquanto comunidade que defende interesses comuns, não contribuindo para os desafios do desenvolvimento emocional muito mais profundo, que ocorre na relação íntima estável.

Basta que o integrante discorde de algo, ou comece a pensar de maneira diferente, para que seja logo excluído da comunidade. Basta que se sinta entediado, para desligar-se quando queira. Ou seja, tais comunidades só existem enquanto interesses superficiais coincidem. Uma vez colocadas à prova, entretanto, acabam por se desmantelar.

Há limites que as associações coletivas não conseguem superar, mesmo quando assumem certo ar de afetividade e coleguismo.

Uma boa diferença consiste no fato de que nas relações afetivas estáveis existe a obrigação de fidelidade mútua, que exige uma ética comportamental baseada na tolerância, na compreensão e na renúncia.

Para que nos sustentemos e sobrevivamos em uma relação desse tipo, deveremos necessariamente descobrir o afeto verdadeiro e o amor incondicional, relativo às nossas capacidades. É um tipo de vínculo que ocupará, sem dúvida, um espaço interno em cada um de nós, que, via de regra, estará fechado e resguardado contra invasões. Para abri-lo serão necessárias qualidades morais, desenvolvidas através do exercício do convívio, e na experiência que nos convida a viver fraternalmente.

O vínculo afetivo estável ataca diretamente nosso ego e nosso egoísmo, desafiando, com frequência, nosso orgulho. Para nos recompensar com os frutos altamente desejados do afeto e do desenvolvimento espiritual, tal vínculo precisa primeiro desmontar nossa estrutura de defesas egoicas, por longo tempo elaboradas pela vida centrada em nós mesmos.

Nem todos estão dispostos a pagar este preço, embora busquem a satisfação sexual. Temos aí uma das principais origens da promiscuidade.

– Mas e os amigos, a quem dedicamos amizade sincera e duradoura, aos quais somos fiéis? E nossos pais, a quem continuamos sempre a amar e cuidar? Não são igualmente laços afetivos estáveis? Há pessoas sexualmente promíscuas, que mesmo assim conservam esses laços como verdadeiros tesouros!

Sem dúvida que esses são vínculos estáveis preciosos, mas não de caráter sexual. Não estão submetidos à influência da libido e à necessidade de educação da mesma.

A amizade sincera pode realmente abarcar boas quantidades de renúncia, fidelidade e fraternidade, assim como o dever filial pode estar eivado das noções de responsabilidade moral e senso de gratidão. Mas, na certa, todos concordarão que o ambiente íntimo de um núcleo familiar pessoal é um laboratório muito mais comprometedor, requerendo doses bem maiores de todas as virtudes fraternais.

Amigos não partilham nossa maior intimidade durante as vinte e quatro horas do dia, todos os dias de nossa vida. O dever filial não é o mesmo que o dever paternal ou maternal, embora sejam aparentados.

O vínculo conjugal estável e seus produtos, como o lar e os filhos, não permitem que queiramos 'dar um tempo' sempre que desejarmos. Como dizia uma querida irmã e confrade: ali a gente pode pular para um lado ou para o outro; pode pular para frente ou para trás; só não pode é 'pular fora'!

Enfim, é muito difícil encontrarmos um ambiente tão desafiador e recompensador quanto o verdadeiro lar.

– Mas e os milhares e milhares de pessoas sexualmente ativas, que não estão atualmente inseridas em núcleos familiares? Serão todas consideradas promíscuas?

Longe disso! Um bom número delas encontra-se em situações mais adequadas ao seu aprendizado ou ao desempenho de suas missões. Se não fogem voluntariamente do compromisso sexual e afetivo estável, decerto outras condições as direcionam para necessidades mais específicas do momento evolutivo em que se encontram.

Nunca poderemos julgar as condições específicas e as situações especiais de cada pessoa. Nunca, na Terra, teremos vistas abrangentes o suficiente para entender, com precisão, todos os motivos que levam os indivíduos a tomarem certas decisões.

Portanto, não poderemos condenar ou julgar a quem quer que seja por suas opções sexuais, nem pelos tipos de vínculos que criam ou deixam de criar.

No entanto, à medida que vamos conhecendo a proposta evolutiva que as Leis Divinas nos apresentam, e conhecendo as funções mais enobrecidas da libido junto à humanidade, estaremos aptos a deduzir o que estamos ganhando ou perdendo, onde estamos construindo e onde estamos destruindo, onde evoluiremos e onde permaneceremos estacionados, tornando-nos, pouco a pouco, conscientes das consequências pessoais de nossas decisões.

Por isso estamos autorizados a afirmar que pelos vínculos estáveis de natureza sexual, afetiva e emocional, encontraremos meios de desenvolver potencialidades espirituais que dificilmente desenvolveríamos de outra forma, considerando o atual estágio evolutivo da humanidade.

Dentro da promiscuidade também sofreremos induções e estímulos psíquicos, que terão impacto no desenvolvimento de características psíquicas que devem ser consideradas, a fim de conhecermos o campo por onde adentramos, caminhando pela vida sem vínculos afetivos estáveis.

Praticando a promiscuidade, estaremos dando livre acesso aos apetites de natureza puramente física, sem limites que respeitem a existência alheia, pois estaremos desobrigados de considerações duradouras com relação aos parceiros sexuais. Em tal circunstância, os únicos estímulos com os quais aprenderemos serão aqueles que desenvolverão nossas expectativas mais instintivas e urgentes com relação ao sexo, que, indisciplinadas e sem limites, acabarão por tomar corpo dentro da nossa estrutura mental e espiritual, escravizando-nos, sem que consigamos opor-lhes argumentos e hábitos mais equilibrados.

Ao invés de descobrirmos os aspectos afetivos da sexualidade, enobrecendo o exercício da libido, iremos, pouco a pouco, nos brutalizando, infantilizando e vulgarizando.

Descobriremos, também, nos parceiros eventuais, as atitudes egoístas, grosseiras e indiferentes que terão para conosco, por algum tempo, usando-nos como objetos. Incapazes de conversar e analisar nossas relações, por falta de convívio, seremos limitados a trocar gracejos e impressões menos dignas durante as relações, infantilizando-nos paulatinamente.

Desejando imprimir dignidade e autenticidade às aventuras, que de maneira alguma se encaixariam nos ambientes e circunstâncias mais espiritualizados, vestimo-nos, comportamo-nos e falamos de maneira deslocada, tornando-nos vulgares e irreverentes, sem o perceber.

E, gradualmente, seremos conduzidos às manifestações mais animalizadas da libido, adquirindo uma vivência sexual incompatível com as expectativas evolutivas para a humanidade.

Nesse processo, que caminha na contramão do desenvolvimento espiritual, iremos nos associando aos indivíduos desencarnados que não respeitam limites, sendo atraídos e submetidos às influências vampirizantes dos representantes dos planos espirituais inferiores.

Engolfados pelas sensações anestesiantes, seremos transformados em verdadeiros fantoches de entidades desequilibradas, que persistem no processo de fascinação, até nos subjugarem completamente.

Caso nos deixemos arrastar, seremos fatalmente transformados em agentes terrenos dos planos nefastos da espiritualidade inferior, trazendo à Terra as manifestações mais vis e grosseiras do desequilíbrio da sexualidade, por inspiração daqueles que se interessam em manter a humanidade sob seu jugo, longe do desenvolvimento moral.

Enfim, basta que tenhamos consciência de que a promiscuidade é a antítese da vivência sexual enobrecida pelos vínculos afetivos duradouros, que levam o ser humano a viver a experiência do núcleo familiar, da disciplina da libido, da educação das tendências instintivas, das aquisições do respeito, da fraternidade e da cidadania. Núcleo familiar este que prepara o ser humano para viver e construir dentro de uma sociedade mais espiritualizada.

Como dissemos anteriormente, cada qual possui suas próprias razões para escolher um determinado tipo de vivência sexual, sem que possamos estabelecer julgamentos. Nosso papel é informar, ou seja, conscientizar os leitores acerca de sua própria situação, tomando como padrão as propostas evolutivas das Leis Divinas.

Cada um fará suas opções e, evidentemente, passará a colher os frutos do que plantou.

UMA HISTÓRIA

Um dia..., quando era mais jovem..., ainda no sexto ano da faculdade..., durante um plantão noturno nas dependências da enfermaria da especialidade de moléstias infecciosas, dentro de um determinado hospital... Eram já umas três horas da manhã e todos dormiam... Um paciente falava, cheio de ansiedade e saudade, sobre sua história de vida a um aluno que se deixava ficar em uma cadeira, interessado na narrativa.

O paciente fora um rapaz privilegiado pela organização corporal, atraente para os padrões da época. Recém-emancipado pela maioridade, saíra de sua casa, na periferia, devido a desacertos com as ideias retrógradas de seus pais.

Tinha decidido morar com colegas que o acolheram, todos participantes de seu círculo de atividades noturnas habituais e que primavam pela 'caça' às sensações estimulantes da vivência sexual livre, à qual se entregavam diariamente.

Sem mais entraves que o impedissem, logo conheceu a promiscuidade em larga escala, passando a extrair dela seu sustento e conhecendo intimamente o submundo do tráfico sexual nos ambientes requintados da prostituição de luxo na capital paulista.

Logo se deu conta de que tinha atração pelo palco e pela transexualidade, sentindo-se, ao mesmo tempo, o rei e a rainha nas apresentações frequentes em diversas casas noturnas, contava ele.

Com a mesma rapidez com a qual se envolveu na vivência sexual sem limites, descobriu-se portador do vírus HIV alguns meses depois de sair de casa.

Agora se encontrava ali, no leito de um quarto do isolamento daquela enfermaria, pois a toxoplasmose cerebral oportunista o incapacitava para a vida que levava.

Com olhos vibrantes e gesticulação excessiva, voz alteada e com a mente transportada para outros ambientes, continuava o rapaz a recordar suas aventuras, em detalhes que seriam inconvenientes para os ouvidos comuns. Contudo, dizia, estava diante de um médico e, por isso, iria tudo relatar.

E assim fez.

Ao raiar o dia, o paciente findava sua história banhado em lágrimas de tristeza. Tristeza pela juventude enferma, pela falta de assistência carinhosa no momento de tanta necessidade, sem contato com os pais e sem a presença dos companheiros que, diziam, tinham de continuar trabalhando para se manter.

Tinha conhecimento de seu diagnóstico e do perigo constante de perder a vida corporal. Lamentava-se, ao mesmo tempo, de ter perdido para sempre, segundo acreditava, a liberdade de viver e se entregar aos prazeres do mundo, de ter perdido as referências de um lar e de não ter vivido, nem cultivado, relações permanentes.

Tarde percebia as verdadeiras necessidades afetivas do espírito, desejando que alguém tivesse motivos para renunciar às próprias comodidades, para ficar ali, ao lado dele. Sentia falta de alguém que pudesse compartilhar memórias e realizações e, acima de tudo, reclamava por que não deixaria no mundo nenhum traço de sua passagem, pois sabia que, no palco de suas antigas apresentações, outro já o teria substituído. Até mesmo porque ninguém sabia como se chamava, de fato, conhecendo-o apenas pelo 'nome de guerra'.

Os pais e os irmãos não sabiam de seu paradeiro e nunca viriam a encontrá-lo, a não ser que o serviço social do hospital os encontrasse.

Sem amigos, sem pais, sem referências e sem os prazeres do mundo... A certa distância dele, apenas um jovem estudante de medicina o escutava, sonolento, entre aturdido e penalizado.

Duas semanas mais tarde, o jovem desencarnava. Como ninguém viesse reclamar seu corpo, classificaram-no como 'indigente'.

Mas devem ter falado dele ainda por muitos anos, pois aquele jovem estudante de medicina nunca poderia esquecê-lo, nem se quisesse. Nos laboratórios de anatomia, junto aos cadáveres utilizados para estudo, reconheceu o daquele paciente infeliz, pela tatuagem característica, que trazia no antebraço esquerdo.

Naquela época as leis assim permitiam, e aquela faculdade se gabava de possuir o maior curso de anatomia do Brasil. Hoje não é mais assim...

Ah, Deus!...

Esta triste história verídica nos faz lembrar que o ser humano é livre para agir como bem quiser. Entretanto, não conseguirá mudar suas verdadeiras necessidades espirituais, que surgirão nos momentos adequados. Caso ele se esqueça de que é criatura imortal, a caminho da evolução, negligenciando seus deveres e direitos de progredir, as próprias Leis que o regem, queira ele ou não, farão com que se lembre disso.

O que estamos dizendo é que a realidade espiritual existe acima de nossas noções limitadas do mundo material. Ainda que decidamos fugir ao convite dos desafios evolutivos, entregando-nos às vivências egoicas da sexualidade, seremos surpreendidos pela frustração em algum ponto de nosso caminho na Terra. Decepcionados, receberemos nada, ou quase nada, no futuro, como resultado da vida intensamente movimentada que tivemos no passado, quando pouco ou nada demos por nós mesmos para outrem.

Enfim, resta deixarmos claro que a promiscuidade é uma forma de vivência sexual centrada na busca pelos prazeres físicos, na satisfação própria e na opção por não manter compromissos, a fim de evitar as 'complicações' que seriam as inevitáveis modificações pessoais, necessárias dentro de um vínculo afetivo estável.

Neste estado, deixamos de contribuir para nossa própria evolução espiritual e afetiva, privando-nos do exercício do amor, do respeito, da dedicação, da renúncia, do companheirismo, da amizade, da cidadania, da fraternidade, etc., exercício esse que nos transforma em seres socialmente mais adaptados e espiritualmente mais evoluídos, à custa de um meritório esforço pessoal.

Portanto, não poderemos nos espantar quando, ao final da vida na Terra, ou nos momentos de maior necessidade, viermos a nos deparar com a solidão total, mesmo estando na presença de 'alegres' pessoas, que sabem 'curtir' a vida, mas que não são capazes de se importar com o sofrimento alheio, muito menos de cuidarem de outrem.

Para que nos sintamos protegidos, acolhidos, valorizados e incluídos é preciso que tenhamos, nós também, protegido, acolhido, valorizado e incluído o outro, ou os outros em nossas vidas.

É para isso que servem as propostas enobrecidas da libido e da sexualidade disciplinada e compartilhada. É para isso que servem o casamento e a família, que embora exijam sua cota de esforços, recompensam-nos com uma intensidade que uma vida sem laços afetivos responsáveis e duradouros não é capaz de fazer.

ão separeis o que Deus uniu.

A frase acima é a que mais polêmica gerou em torno do divórcio, desde que as religiões cristãs ocidentais se firmaram no panorama do mundo, substituindo o cristianismo primitivo.

Contudo, uma vez que o próprio Jesus declarou que o casamento entre os seres humanos não pode ser indissolúvel – "por causa da dureza de nossos corações" – muito questionamento se fez em torno dessa questão.

A solução foi dar autoridade às religiões, sobretudo ao catolicismo, para que seus representantes se fizessem os porta-vozes de Deus, quando o assunto é divórcio. Assim sendo, se a cerimônia do casamento for realizada em caráter religioso, ficará subentendido que o próprio Deus uniu os cônjuges, já que ambos pediram Sua bênção e em Sua 'casa' realizaram-se os esponsais.

O problema continuou, naturalmente, pois as pessoas continuaram a se divorciar, de qualquer modo.

Ouvimos diversos comentários sobre essa situação:

– Ah! É claro! Muitos são hipócritas e vão pedir a bênção de Deus, para traí-lo depois!

– Eu, não! Por mais difícil que seja meu casamento, aguentarei até o final! Serei fiel à promessa que fiz!

Outros rebatem:

– Que nada! Esse negócio de casamento religioso ficou para trás, não passa de acontecimento social! Não há nada de compromisso nele. Acreditar nessa história é que é ser hipócrita!

– Ora, a gente até paga para se casar! Quem é que acredita em bênção paga hoje em dia! Nem as igrejas acreditam mais nisso! É coisa dos antigos carolas!

Pois é, em quem acreditar, então? Como encontrar um posicionamento moralmente racional?

Bem, acreditamos que devemos considerar primeiro 'o quê' Deus uniu e 'como' Ele fez isso, se é que Ele de fato o fez, para depois saber o quanto e em que sentido nosso coração é duro, como disse Jesus.

A 'COLA' QUE DEUS USA

Com base na doutrina espírita, sabemos que existe a lei dos homens e a Lei de Deus, e que somente esta última é imutável e realmente perfeita.

Logo, não será difícil perceber que nas práticas casamenteiras de hoje em dia há uma mistura mal definida das duas leis, de tal forma arraigada, que o atavismo fez com que os costumes não separassem mais uma coisa da outra. Por isso, sem qualquer análise e reflexão, a maioria de nós permanece sem saber o que é dos homens e o que é de Deus. Juntem-se a isto nossos preconceitos e valores pessoais, familiares, nacionais, regionais e de raça, e a 'salada' está completa.

Não é à toa que muitas pessoas que buscam definição e esclarecimento, encontrando tradições e preconceitos, acabam por ironizar a situação, preferindo admitir que nada existe de 'oficialmente divino' no casamento em si, não sendo senão um costume dos homens.

Então, perguntamos: "O que Deus uniu, em termos de casamento?".

Com um pouco de estudo, nós todos seremos levados a perceber que as práticas do casamento nos diferentes povos são, na realidade, regidas pelas leis humanas.

No entanto, é igualmente importante que vejamos que indivíduos, pertencentes aos mais diferentes povos, em todos os tempos, escolheram unir-se permanentemente. A 'mão' de Deus está, sem dúvida, nesse desejo coletivo, mas não nas maneiras particulares como a união pelo casamento se realiza.

Conforme estudamos nos primeiros capítulos, esse desejo de unir-se teve sua origem nos impulsos evolutivos, provocados pela ação da libido, presente em todos os seres de nosso planeta.

Assim, deveremos considerar não somente 'o quê' Deus uniu – os seres humanos –, mas principalmente a 'maneira como' Deus os uniu e o 'motivo' pelo qual Ele o fez.

Basta recordarmos, ainda uma vez, do papel e das funções da libido, de suas diferentes manifestações, segundo o adiantamento e capacidade dos seres sobre os quais ela age, sua ação sobre os corpos físicos e o efeito que provoca, ao aproximá-los, dando surgimento a verdadeiros 'laboratórios' de convivência, que nos apresentam, com eficácia, as propostas evolutivas morais.

Portanto, Deus uniu os diferentes seres, e também o homem, com a finalidade de promover o progresso espiritual em âmbito geral, estimulando o despertar de suas capacidades afetivas e emocionais latentes, que leva ao controle do orgulho e do egoísmo brutalizados, a fim de moldar e modificar a sociedade humana que viria a ser formada.

Tal processo continua ativo, o que significa que a união relativamente estável dos seres humanos continua a ser, ainda, o meio mais efetivo para o desenvolvimento espiritual, direcionado pelas propostas evolutivas.

Muito bem, aí está 'o quê' Deus uniu, e 'o porquê'.

Mas isso não significa, de maneira alguma, que as uniões humanas estão fadadas à indissolubilidade, sob pena de ofender a Deus. Mesmo porque sabemos que não são sempre os mesmos espíritos que se unem, ao longo de suas muitas reencarnações. O que permanece eternamente são os laços espirituais conseguidos a duras penas, através de conquistas mútuas, com benefícios para todos.

Os afetos verdadeiros permanecerão mesmo após a desencarnação dos seres, e sendo incessantemente cultivados por todos os lados e por espíritos diversos, acabarão por preencher as consciências de todos os seres humanos, impulsionando a humanidade como um todo, no sentido da evolução.

As conquistas pessoais, obtidas dentro do 'laboratório familiar', permanecerão para sempre, transformando constantemente o caráter coletivo e destruindo, aos poucos, o império do instinto mais brutalizado.

Estes são os laços espirituais, de caráter permanente.

Rinha de galos

Já os laços materiais, como os do casamento na Terra, nem sempre se mantêm em consonância com os pensamentos e intenções dos seres que os vivenciam temporariamente. Sobretudo porque a vasta maioria das uniões conjugais de nosso planeta ainda é motivada por expiação ou dívidas morais, que reclamam reajustes mais urgentes entre espíritos que não possuem muita afinidade e, não raro, nenhuma!

É como colocar dois galos de briga em uma sala fechada!

– Ué! Para que tentar uma coisa destas? Não vai ser mais ruim do que bom? Para que aproximar pessoas, que depois se separarão? Por que não deixá-las escolher seus próprios companheiros? Olha só o 'pepino' que dá depois que se separam, ou quando tentam conviver sem sucesso!

Tem razão, mas há mais coisas envolvidas nestes processos, queridos leitores.

As pessoas não se aproximam, comandadas como se fossem robôs. Nós sabemos que o livre-arbítrio é soberano em todas as escolhas que fazemos na Terra.

Portanto, essas uniões, aparentemente catastróficas, são sempre iniciadas de comum acordo. A exceção são as uniões determinadas pelos parentes, sem a escolha dos nubentes, como ainda é relativamente comum nos países orientais. Mas também tais uniões possuem motivações, que iremos analisar.

Dá-se que, ainda no plano espiritual, muitos espíritos tomam consciência do mal que praticaram ou das dívidas que precisam reparar. Conscientizam-se de que, para serem mais felizes, a única condição é não deixar para trás as imperfeições morais que ainda possuem, e o sofrimento que provocaram em outras pessoas, por conta de suas atitudes impensadas.

Visto isso, labutam de todas as maneiras, e desejam aproveitar todas as oportunidades de voltarem à Terra junto daqueles que antes prejudicaram, a fim de construírem um futuro melhor para si mesmos. Por isso planejam a reaproximação com antigos desafetos ou com antigos credores do passado, na esperança de poderem diminuir suas diferenças através da união conjugal, recebendo como filhos outros tantos espíritos envolvidos em equívocos de outrora.

Tal planejamento inclui, naturalmente, as ocasiões e acontecimentos que induzirão às aproximações necessárias na Terra, inclusive os casamentos 'arranjados', nos países em que isso é ainda prática comum.

No entanto, a maioria ainda trará consigo as mesmas imperfeições de caráter, a serem buriladas. A diferença é que, desta vez, estarão um pouco mais conscientes e trarão um aprendizado, que influenciará em suas futuras decisões. Reencarnam, então, com propostas mais dignas e com propósitos de resgate e recuperação de sua posição moral frente às Leis Divinas.

Contudo, o que acontece na prática é que a maioria de nós logo 'se esquece' dos propósitos superiores, assim que os desafios aparecem, decidindo fugir, mais uma vez, da oportunidade duramente conquistada e planejada, quando ainda na pátria espiritual.

É por isso que assistimos à volta das velhas justificativas de sempre, ao apelo aos velhos direitos 'inalienáveis' e as mesmas reclamações contra as 'injustiças' da vida e a infelicidade inaceitável.

Desse modo é que acabamos por escolher caminhos diferentes daqueles que havíamos planejado, adiando, indefinidamente, a felicidade que poderíamos desfrutar no âmbito da vida imortal.

LEDO ENGANO

Outra justificativa muito utilizada por nós, em se tratando das decepções que encontramos no casamento é:

"– Casei enganado (a)! Nunca supus que ele – ou ela – fosse a pessoa que é! Que se transformaria em alguém tão difícil de conviver!"

É muito comum ouvirmos coisas desse tipo, não é mesmo? É natural que as pessoas se transformem com o tempo. Estávamos enganados, sim, se esse for nosso caso. No entanto, quem nos enganou fomos nós mesmos!

Será que a vida não nos tem mostrado, diariamente, que as pessoas mudam de acordo com as experiências que vivenciam? Não é de se esperar que, com o passar dos anos, os desafios tragam à tona novas características em todos nós? Não somos, todos, forçados a nos adaptar constantemente, a fim de superarmos obstáculos?

Sim, mudamos, com certeza. Isso é fato comprovado. Ingênuos somos nós, quando passamos a acreditar que a doce ventura do namoro e do noivado durarão para sempre. É verdade que há casos em que ela realmente dura, mas seríamos ingênuos em acreditar que aquela atmosfera de sonho será a única coisa que desfrutaremos ao longo do casamento.

Mal preparados estamos, quando não nos damos conta de que o casamento é sempre um desafio voluntariamente escolhido, rumo à convivência construída passo a passo, conquistada pelas vitórias sucessivas sobre os acontecimentos do dia a dia. Realmente enganados estamos, quando resolvemos acreditar que a pessoa escolhida só possui qualidades, e nunca deficiências. Estamos iludidos quando preferimos não procurar, constatar ou ignorar as deficiências de caráter e as pequenas imperfeições naturais, que cada ser humano leva consigo.

E olha que, em geral, tivemos tempo de sobra para isso durante o namoro e noivado! Pelo menos de acordo com os costumes do Brasil.

Muitos de nós poderemos alegar, com justiça, que não fomos informados disso na juventude, que nossos pais não nos prepararam para essa realidade, que a sociedade não oferece noções reais da união conjugal.

Concordamos com isso. Tanto é que este nosso trabalho pretende colaborar com informações úteis para o futuro de nossos jovens do presente. Mas também não podemos acreditar que a Providência Divina, na pessoa de nossos orientadores e mentores espirituais, possa nos ter abandonado nessa importante fase da vida, sem que tivéssemos avisos íntimos e intuições variadas. Será que fomos receptivos a tais avisos e intuições?

Vamos a uma pergunta:

– Será que eu acreditaria, quando era jovem, se me tivessem dito o que eu precisava saber? Teria dado crédito aos meus pais, ou menosprezado seus conselhos? Teria acreditado mais no que me dissessem os amigos, ou em minhas próprias impressões pessoais, no esforço para comandar minha própria vida? Teria dado a justa importância às evidências de futuros desgostos e aos necessários reajustes, ou os teria desconsiderado, em face de tantas outras coisas que me teriam parecido agradáveis?

Pois é, muitas vezes nos esquecemos de que a presença de tantas coisas boas não exclui as ruins. Um dia elas se haverão de manifestar.

É claro que deveremos encontrar no futuro companheiro muito mais coisas boas do que ruins, do contrário nem sequer teríamos cogitado escolhê-lo para o casamento! No entanto, não fomos acostumados a avaliar o outro de maneira mais amadurecida, preferindo nos entregar somente às boas impressões.

Desse modo, casamos realmente 'enganados'! Mas fomos nós que nos enganamos!

A DUREZA DE NOSSOS CORAÇÕES

Já sabemos, queridos amigos, que a separação conjugal é um direito nosso. A lei dos homens garante isso. O que muitas vezes deixamos de considerar, entretanto, é que, às vezes, ao exercermos esse direito, estaremos nos privando de outras conquistas, às quais também fazemos jus. Afinal, as Leis Divinas nos garantem estágios regeneradores e evolutivos nos laboratórios familiares.

Portanto, Jesus está logicamente correto: é por causa da dureza de nossos corações que o divórcio é permitido, por causa de nossa intolerância, de nosso orgulho e egoísmo, por causa de nossa falta de consciência e conhecimento, de nosso pouco progresso moral e resistência aos desafios afetivos.

Mas, tudo bem, Deus sabe que isso é inerente ao nosso nível de adiantamento espiritual. A 'culpa', todavia, não é d'Ele! Nós é que pedimos a união conjugal, nós é que a planejamos, nós é que usamos de nosso livre-arbítrio e fomos patrocinados pela espiritualidade superior.

Bem, também não seremos condenados ao 'fogo do inferno' por termos novamente adiado nossas conquistas. Outras oportunidades nos serão dadas sempre. O problema é que podem demorar ainda mais.

Mas ninguém é obrigado a suportar um compromisso no qual nada mais enxerga de útil ou de realizável, no qual o ódio e o ressentimento ameaçam levar à perda da dignidade e à agressão da integridade física e moral. Em tais casos, a separação é a melhor escolha.

Por outro lado, contudo, existem milhares de casamentos que se desfazem por imaturidade ou ignorância moral dos cônjuges, que à primeira contrariedade optam por desfazerem os compromissos assumidos, impulsionados pelo orgulho e egoísmo persistentes, para irem em busca da 'liberdade', de que antes dispunham. Nem sequer se dão conta do verdadeiro papel dos laços familiares, nem dos compromissos de natureza espiritual que possam ter, porventura, adquirido junto ao cônjuge.

A razão pela qual incluímos este capítulo no presente estudo, é que julgamos essencial que se possa ter acesso à informação esclarecedora com respeito ao tema divórcio, o que muito poderá ajudar no momento da tomada de decisões importantes.

Nem sempre sabemos avaliar todos os ângulos e consequências de nossos atos, adentrando por caminhos que nos reservam surpresas desagradáveis e decepções.

Portanto, queridos leitores, vale a pena anotar: o divórcio é um direito nosso, e podemos deliberar em relação a ele, exercendo nosso livre-arbítrio, como em qualquer outra ocasião, sobretudo quando nossa dignidade moral, espiritual e social está em risco, e quando enfrentamos a possibilidade de agressões reais. Isso é verdadeiro, principalmente, quando o companheiro, ou companheira, age de forma a impedir nosso progresso espiritual e/ou nega-se terminantemente a progredir e se ajustar, transformando a convivência em uma tarefa impossível e perigosa.

No entanto, por mais justificativas que tenhamos, sempre valerá a pena levar em conta nossa tarefa de reajuste e resgate. Será que esta será prejudicada? Será que poderá ser completada de outra maneira? Será que já desempenhei totalmente meu papel dentro dela? Poderei ajudar essa outra alma de maneira diferente? Não estarei adiando minhas próprias realizações?

Se ainda pairam dúvidas quanto ao que seria o melhor a fazer, ou se motivos egoísticos ou levianos pareciam estar impulsionando a decisão, é importante levar em conta que, nesse caso, seremos também responsáveis pelo adiamento das realizações da alma de nosso cônjuge, mesmo que esta consiga ajustar-se por si mesma, mais tarde.

DO OUTRO LADO

Procuremos ver agora o outro lado da moeda, ou seja, a situação através dos olhos do cônjuge que foi surpreendido pelo pedido de divórcio por parte do companheiro ou companheira. Como proceder? O que pensar?

Dizer que 'fomos pegos totalmente de surpresa' nesses casos, quase nunca coincide com a realidade. Venhamos e convenhamos: é preciso estar bastante inconsciente do que se passa ao nosso redor, para não percebermos que o relacionamento afetivo não anda bem, sobretudo porque cinquenta por cento deste correu por nossa conta.

Pode ser que, de fato, o afastamento emocional tenha ocasionado despercebidas mudanças íntimas no companheiro, a ponto de não prevermos que o mesmo pudesse chegar a pedir a separação. Mas a surpresa que nos acomete em tais ocasiões é muito mais o fruto de uma posição acomodada do que realmente uma ignorância dos fatos.

– Ei! Ei! Como assim?!?

Bom, é que a gente não demora a perceber que algo não vai bem, mas, via de regra, acabamos por abordar o assunto de maneira infeliz. Daí advém inúmeras discussões, até que, por fim, resolvemos não 'abrir mais a boca', a fim de evitar contrariedades. Afinal de contas, como diz o ditado, 'quando um não quer dois não brigam', não é mesmo? E assim, vamos empurrando a situação com a barriga, fazendo de conta que ela não existe, e que está tudo bem.

– Xi! Isso logo passa! Ele – ou ela – está com a lua virada hoje....

Supomos que, do mesmo jeito que suportamos a relação conflituosa com certa impassibilidade, o outro também deve pensar da mesma maneira, não é mesmo?

– Ele – ou ela – nunca vai ter coragem de tomar uma atitude drástica.

Ou, então, minimizamos:

– Ora, a coisa não está tão grave assim. São fatos que acontecem com todo mundo....

E aí nos mantemos aparentemente impassíveis, como verdadeiros inconscientes, procurando dizer a nós mesmos que somos perfeitamente felizes na vida que estamos levando, esquecidos de que o outro não partilha nosso ponto de vista.

Às vezes, por medo de termos que enfrentar situações difíceis ou de nos vermos forçados a encarar problemas mais sérios, preferimos calar e fazer de conta que não estamos enxergando a insatisfação do outro, ignorando seus avisos verbais e não verbais de que não está feliz.

E qual é o resultado? Um dia as consequências aparecem, inevitavelmente. E uma delas pode ser um pedido de divórcio. E aí nos surpreendemos, por não termos imaginado que a insatisfação do outro pudesse chegar a tal ponto.

Vamos considerar a situação em que um dos cônjuges agiu de maneira puramente unilateral, ou seja, deu-se conta de que estava infeliz com o casamento, desinteressou-se do relacionamento e decidiu, sozinho, partir para outra vida, sem sinalizar que algo estava errado, comunicando ao parceiro sua opção pela separação apenas no momento em que exigiu o divórcio.

Bem, isto seria realmente uma surpresa total!

De fato, muitas pessoas relatam experiências em que foram surpreendidas por uma separação iminente.

Mas o que perguntamos é: como é possível que não tenham percebido absolutamente nada?!? Não notaram nenhuma mudança no cônjuge? Ou será que nunca se preocuparam em notar nada? Nunca participaram da vida do outro, a ponto de não notar que o principal laço afetivo se estava rompendo? Nesse caso, parece mais que estavam já separados antes que um deles verbalizasse sua intenção!

O que estamos querendo dizer, caros amigos, é que num laço tão estreito quanto o casamento, torna-se imprescindível, e na verdade inevitável, que um esteja de fato presente na vida psíquica do outro. A própria convivência prolongada nos habitua a receber os pensamentos do outro e a reagir quase que automaticamente a eles, ou seja, passamos a participar de uma psicosfera dupla, onde as reações de uma parte são refletidas na outra, de maneira inevitável.

Tal psicosfera se mantém nos bons e maus momentos, desde que a convivência próxima persista. Ainda que estejam 'brigados', 'de cara virada', 'cada um na sua', mas morando sob o mesmo teto, cada atitude ainda traz reflexos, que repercutirão na vida do outro.

Por isso acreditamos ser muito difícil, quase impossível mesmo, que um cônjuge não perceba o que está acontecendo com o relacionamento, já que os dois 'respiram' a mesma atmosfera psíquica e qualquer mudança significativa será sentida por ambos.

Uma única hipótese nos ocorre para explicar uma possível exceção: que o vínculo afetivo já não existia de fato, e que o casamento não passava de 'fachada'. Os dois apenas moravam sob um mesmo teto.

Mas olha que mesmo assim fica difícil a gente não formar nenhum laço psíquico, hein? É preciso uma completa indiferença entre os dois! Por isso é que dissemos, ali atrás, que já havia a separação antes que alguém verbalizasse o desejo de separar-se.

No entanto, podemos admitir perfeitamente que, por vontade própria, um ou outro pode optar por isolar-se dos acontecimentos menos felizes, a fim de se proteger dos impactos desagradáveis, ou para fugir aos esforços necessários para a manutenção da saúde emocional do casamento, seja por medo, preguiça, covardia, comodidade ou mesmo por ignorância.

Portanto, a 'surpresa' no momento do pedido de separação é realmente decorrente mais da nossa posição acomodada do que de um legítimo desconhecimento dos fatos.

Isso leva a crer que, se nos mantemos inertes frente a uma possibilidade de divórcio, ou frente a um conflito crônico no casamento, é porque temos medo de tomar as devidas atitudes, ou porque acabamos por nos viciar na atitude cômoda da tolerância indevida. Ou desejamos realmente que a situação se resolva pelo pior...

Muito bem. Uma das primeiras, senão a primeira forma de reação que aparece em tais momentos, é a sensação de estarmos sendo vítimas do inesperado.

A segunda costuma ser pensarmos que estamos sendo traídos, inclusive sexualmente, e que fomos passados para trás, o que, às vezes, procede.

A terceira é a sensação de incerteza sobre como será nosso futuro, uma vez sozinhos.

A quarta é a preocupação quanto ao que será de nossos filhos.

A quinta, em geral, é com relação ao que vão pensar a família e os amigos.

Somente depois de algumas horas, ou dias, é que aparecerão as reflexões morais acerca do próprio casamento, momento em que finalmente nos damos conta do que estava e está ocorrendo com o relacionamento.

É óbvio que não é possível generalizar, pois as coisas não ocorrem sempre nessa mesma ordem.

E AGORA, O QUE FAREMOS?

De um lado, aquele que perdeu as esperanças de encontrar satisfação e felicidade no relacionamento; do outro lado, aquele que foi relativamente surpreendido, ou não, pelo pedido de separação, e que vinha acreditando, mais ou menos, na permanência do laço afetivo.

A crueza dos fatos é sempre um estímulo diferente, mesmo para quem já estava se preparando para os acontecimentos.

Quando o pedido de divórcio se torna um elemento real, alguns recursos que estavam guardados podem surgir, como se estivessem esperando o momento certo para vir à tona.

Por incrível que pareça, somente uma 'quantidade' considerável de medo, incômodo ou sofrimento é capaz de superar o orgulho e mobilizar nossa boa vontade, a fim de que possamos resolver, de uma vez por todas, as diferenças pendentes há muito tempo!

Pois é!

Em alguns casos, somente depois que a ameaça se torna realidade é que a carapaça dura dos corações finalmente se quebra, e as possibilidades do diálogo abrem-se, por fim, de maneira mais séria.

É claro que nem todos reagem assim, mas grande parte dos casais resolve, depois de uma boa conversa, colocar os pingos nos 'is' e investir novamente no próprio casamento: procuram terapia de casais, viajam, têm uma nova lua de mel, etc.

Nem sempre isso dá certo; nem sempre é possível resgatar o que já estava perdido há tempo demais. Mas uma boa parte consegue recuperar, a tempo, a vontade de investir no casamento.

Quando resta ainda uma esperança de fazê-lo, isto é, quando os laços afetivos estão afetados muito mais por orgulho do que pela indiferença, o choque da realidade desagradável vence a resistência do posicionamento rígido, e percebemos que precisamos tomar uma atitude, antes que coloquemos a perder tudo o que ainda resta.

E, caros amigos, é surpreendente notar que, na maioria destes casos, ainda resta muito mais do que se supõe! Quando uma das partes 'dá o braço a torcer' pelo bem do entendimento, a outra acaba por despertar, caso ainda não esteja dominada pela indiferença, e o véu do egoísmo cai, fazendo com que os dois parceiros percebam o que estavam deixando para trás, o que já haviam construído juntos.

É claro que isso não elimina as diferenças, frustrações e motivos que levaram aos conflitos. Contudo, é a partir deste momento que as possibilidades de reajuste surgem: pelo diálogo, pelo bom-senso, pelo espírito de colaboração. É nesses momentos de choque que nos tornamos cientes de que não poderemos viver somente para nós mesmos, se quisermos manter o casamento, que enxergamos o quanto nos desviamos do caminho que leva às realizações conjuntas.

Bem, tudo isso se ainda avaliarmos que é possível 'investir' na união.

E isso, como todos sabem, só depende de nosso livre-arbítrio.

Nesses momentos é preciso refletir acerca de todas as razões pelas quais optamos, um dia, pelo casamento. É preciso que estejamos conscientes de todos os motivos que justificariam mantê-lo, seja moral, espiritual, emocional ou socialmente. É aqui, na redefinição de nossa escolha, que esses valores vão fazer diferença frente aos nossos raciocínios e à nossa consciência.

Vale a pena investir?

Há momentos do casamento em que o outro estava 'vestido' de pessoa comum e indesejável e, por algum processo quase 'mágico', passa a se 'vestir', de novo, do ser amado e querido, despertando-nos sentimentos que há muito não se manifestavam e que julgávamos perdidos.

Quem o vestiu assim de novo? É claro que fomos nós mesmos! É que colecionando mágoas, frustrações, julgamentos e surpresas desagradáveis, cobrimos o outro com a imagem da indiferença, do desrespeito, da raiva e até da repulsa.

Contudo, por mais que os motivos para isso sejam verdadeiros, a outra pessoa pode ainda carregar as mesmas características boas, que um dia nos fizeram elegê-la para cônjuge. Estão lá, mas por uma série de motivos, não mais se manifestam.

O interessante deste processo recuperador é vivenciar as antigas emoções, que retornaram como por milagre, como se sempre tivessem permanecido ali mesmo, à disposição. Um sonho, uma comoção, um choque moral ou uma intuição são suficientes para despertar o que estava adormecido.

Naturalmente, o que está por trás desse processo é a ação de nossos mentores espirituais, quando julgam ser útil nos dar um 'empurrãozinho terapêutico'.

Essas são as ocasiões em que nos perguntamos: vale a pena investir? Ainda há pelo que lutar? E o outro? Também estaria disposto a fazê-lo? Teria tido a mesma impressão? Ainda achará que vale a pena? Se a resposta for positiva, estaremos dando início, aqui, ao processo de recuperação da harmonia conjugal.

É comum que seja necessária ajuda profissional para auxiliar no processo, uma vez que, apesar das boas intenções, ainda estão presentes as desavenças, e nem todos conseguem a modificação de seus pontos de vista de uma hora para outra, necessitando de orientação para conseguir localizar aspectos que devem ser modificados.

Embora seja difícil, o mais importante neste processo é que dele saiamos muito mais amadurecidos do que quando entramos.

Muitos de nós passaremos a perceber, pela primeira vez, os pontos moralmente relevantes do casamento. Passaremos a considerar os aspectos da responsabilidade do vínculo, da necessidade de renúncia, da modificação íntima a favor do outro, da fraternidade e do companheirismo. Mesmo porque as primeiras ilusões já se foram, e a vivência sexual deixou de ser a principal preocupação.

Ainda que a duras penas, acabamos por fazer um 'curso intensivo' acerca das finalidades práticas do casamento, acabamos por resgatar os verdadeiros valores que sempre deveriam ter existido, mas que se encontravam como que 'abafados' pela nossa imaturidade e inexperiência emocional.

Conscientes de que nós e o outro somos seres ainda imperfeitos e com necessidades próprias, aceitamos conviver pacificamente, adotando posições menos egoístas, que permitam que a vida a dois floresça. Não teremos mais as ilusões inconsequentes dos espíritos ainda imaturos, nem as explosões de êxtase emocional, nem nos daremos às grandes contrariedades. Nosso casamento não será somente uma 'aventura', mas uma 'caminhada' mais tranquila também.

Muitos poderão se ressentir, porque precisariam de algo mais 'apimentado'. Ora, isso é perfeitamente possível de conseguir! Quanto mais paz interior e confiança na persistência do laço afetivo, mais dedicação ao outro estaremos dispostos a investir, inclusive na vivência sexual.

Estando mais maduros, não nos surpreenderemos com os altos e baixos emocionais de todos os dias. Nesse aspecto nosso casamento não será mais uma montanha russa, cheia de perigos, mas, sim, um voo suave e prazeroso. Com isso, sobrará disposição para colocarmos dedicação em outras áreas, que estavam sendo negligenciadas , e para dedicarmos atenção ao cônjuge a aos filhos.

Teremos passado a nos preocupar menos com as exigências e mais com a indulgência, a favor da paz no lar. Exigiremos menos e acabaremos por receber mais, já que os outros percebem o clima de confiança, amor, carinho e dedicação, tornando-se dispostos a retribuir e colaborar.

Não poderemos nos esquecer, todavia, de que mesmo assim a luta, a renúncia, a responsabilidade e os desafios morais constantes continuarão a nos visitar sempre. Afinal de contas, o casamento é uma construção coletiva, que deve ser sempre ampliada, conservada e, até mesmo, reformada.

Quando o vínculo termina

Não raro acontece de decidirmos, finalmente, que não é mais possível, nem útil, nem seguro ou nem sequer necessário prosseguir com o vínculo afetivo, que deu origem ao casamento.

Quando esta percepção acontece de comum acordo, o processo de separação é mais fácil, e costuma não deixar sequelas emocionais, nem dívidas morais para o futuro. Trata-se de acontecimento pautado na conversação respeitosa e na conclusão mútua de que a união não deve mais ser mantida, por motivos variados. Na realidade, estes são os tipos mais raros de separação conjugal. Neles, o respeito sempre está presente e a honestidade é a forma que os cônjuges adotam para discutir seus pontos de vista.

– Ora, veja! Então quer dizer que existe 'boa separação'?

Bem, nós diríamos que existe uma maneira mais correta de proceder em tais casos. Entre os inúmeros motivos para a separação conjugal, temos de considerar aqueles que podem ser, de fato, suficientemente legítimos.

– Hã?

É, suficientemente legítimos!

– Por que "suficientemente"?

Bom, é que mesmo que a gente aja com honestidade, respeito e educação, não significa que estaremos sempre com a absoluta razão.

Dissemos que existem maneiras mais 'corretas' de conduzir a separação, isto é, sem raiva, ódio ou ressentimentos, sem brigas jurídicas, sem traumas para os dois envolvidos, para os filhos e para os demais familiares. Nesses casos, os antigos cônjuges continuam se relacionando amigavelmente, facilitando muito a condução das responsabilidades mútuas, que não podem ser anuladas, como, por exemplo, a educação dos filhos ainda menores.

Mas somente nossa consciência pode julgar, com acerto, se fizemos, de fato, o correto.

Além do mais, não podemos nos esquecer de que o 'acaso' em nossas uniões não existe. Logo, para que o motivo de separação seja absolutamente legítimo, é preciso que o motivo da união já não tenha mais razão de ser. E quem julgará isso senão nossas próprias consciências?

SEGUNDAS NÚPCIAS

Quando conseguimos resolver razoavelmente as nossas pendências de um casamento extinto, muitas vezes encontramos nova oportunidade de nos consorciarmos, e adentramos novamente pelas portas de novo compromisso.

Isso é errado?

Esse tipo de atitude já foi e é considerada indevida por muitas sociedades, dependendo dos valores morais que cada uma adota e dos costumes e leis de cada país.

Do ponto de vista espírita, deveremos nos ater ao que é fundamental: o compromisso, os laços de afeto e o desenvolvimento afetivo e moral das criaturas, com a consequente disciplina e espiritualização das manifestações da libido.

Portanto, qualquer oportunidade legítima e honesta, que possibilite a retomada de experiências educativas, é sempre bem-vinda.

No entanto, devemos frisar que esses novos laços, por melhores que sejam, nunca anularão ou substituirão os deveres que assumimos no passado, e não poderão acobertar compromissos não resolvidos entre os antigos cônjuges e familiares.

Assim, é preferível que trabalhemos por findar um compromisso afetivo e familiar antes de assumirmos outro. E, como dissemos, findar um compromisso significa avaliar honestamente nossa consciência, com o objetivo de encontrar quaisquer vestígios de conflito, ressentimento ou outros elementos que ainda possam nos prender, obrigando-nos a um ressarcimento possivelmente mais doloroso no futuro.

Já dissemos que são relativamente raros os casamentos que terminam com os cônjuges ainda amigos. Mais raros ainda são aqueles casamentos que terminam com a completa satisfação das condições morais, que aproximaram os espíritos consorciados. Isso porque as condições evolutivas dos seres humanos ainda são bastante comprometedoras. Nem por isso deveremos considerar, contudo, que casos assim não existam.

Há também casos em que os compromissos morais podem ainda ser resgatados, mesmo que os antigos laços afetivos tenham sido rompidos, desde que os interessados mantenham-se unidos de outra maneira: pela amizade, pelo interesse que partilham em relação aos filhos, pelo respeito que ainda mantêm entre si, etc.. Nesse caso, os antigos parceiros poderão auxiliar-se mutuamente de várias maneiras, a ponto de beneficiarem um ao outro fora do casamento.

Para a Providência Divina os caminhos são inúmeros, desde que as Leis Divinas encontrem ocasião de se manifestar, conduzindo a evolução sexual, afetiva e moral dos espíritos em questão.

Relembrando

Deus, por meio de seus ajudantes maiores, une as criaturas, usando do potencial e do enorme poder da libido, que se manifesta entre essas mesmas criaturas, de acordo com sua capacidade de entendimento e consciência.

Para os seres humanos, a libido é instrumento dos mais eficazes na luta contra a brutalidade que ainda conservam, resquício dos reinos inferiores, que há pouco abandonaram.

Aproximando os seres de maneira quase irresistível, a libido obriga cada indivíduo a adaptar-se às consequências das uniões que consumam, modificando-os no âmbito espiritual, enquanto buscam uma satisfação aparentemente física.

A necessidade de dar proteção e orientação à prole, além das modificações do comportamento pessoal, impostas pela proximidade entre os seres, geram as experiências que originam sentimentos e emoções diferentes, que por sua vez modificam a natureza dos espíritos, alçando-os aos degraus maiores do amor, do respeito, da cidadania, da criação das leis dos homens e do entendimento das Leis de Deus.

Ao passarem a regulamentar suas uniões, surgem os costumes sociais entre os seres humanos. Entre eles, o casamento.

Neste ponto, a família torna-se o cenário insubstituível para os ensaios únicos e valiosíssimos, que possibilitam a educação moral pelo compromisso e por suas consequentes obrigações, que possibilitam aos indivíduos conhecer e pensar na fraternidade, na renúncia, na partilha, no perdão, na tolerância e na compreensão.

É na família que muitos seres desorientados, perdidos e desviados das noções mais superiores da vida encontrarão oportunidades de recomeço, reajuste e educação.

A doutrina espírita nos ensina que qualquer união matrimonial é antecipadamente estudada, em diferentes tempos, a fim de que tamanha dádiva não seja desperdiçada de maneira leviana.

Nosso estudo pretende fazer lembrar a todos os detalhes, às vezes esquecidos, que envolvem os laços familiares, sejam eles conflituosos ou não, a fim de que tenhamos mais consciência da verdadeira dimensão do casamento e dos compromissos que assumimos na Terra e nos planos espirituais.

Já vimos que temos muitos direitos neste campo, graças à misericórdia do Alto, que conhece a dureza de nossos corações. Ainda assim, contudo, permanece em nossas mãos a obrigação de evoluirmos por nossos próprios esforços, incluindo a resolução de dívidas morais que nos atam a outros seres humanos e que constituem os deveres dos quais não poderemos fugir, mas apenas adiar, conforme nossa consciência.

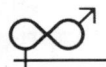

Neste estudo, entenderemos por distúrbios do desejo, a incompreensão mais ou menos importante das finalidades, objetivos e expressões da libido, que levam necessariamente à vivência sexual inadequada.

Por esta definição perceberemos que o leque de tais distúrbios pode ser enorme, caso sejam consideradas todas as manifestações que a libido desequilibrada pode desencadear.

Portanto, teremos que selecionar classes que reúnam estes distúrbios por semelhanças.

Assim, falaremos mais detidamente das fantasias, dos fetiches, das manias, das fixações mentais e das subjugações comportamentais relacionadas à sexualidade, em escala crescente de intensidade.

Ao sabor das ondas

É incrivelmente grande o número de pessoas que vivencia algum tipo de distúrbio do desejo ou da expressão da libido, sobretudo nos dias de hoje, em que os padrões da 'normalidade' são tão... 'abrangentes'.

Vivendo sob a filosofia de vida que os modernos sociólogos e estudiosos da psique denominam 'padrões líquidos', estamos nos perdendo sem a orientação dos limites necessários ao bom-senso.

Por 'padrões líquidos' devemos entender aqueles que se ajustam a tudo, ou seja, que se adaptam a todos os moldes, espaços e situações, sem que surjam conflitos de inadaptação. Isto quer dizer que neles tudo é aceito e incorporado, ajustado e considerado como sendo 'normal'. Nada existe que não deva ser esperado. Cada um 'na sua', cada qual no que acha estar certo.

Não existe mais preocupação de análise e de critério, nem tampouco com o chamado 'padrão geral'. Cada qual possui o seu, que deve ser respeitado e aceito como livre expressão do jeito de ser de cada um.

Existe uma pseudofilosofia da fraternidade, tolerância e integração social nestes valores, disfarçando a permissividade excessiva, a ausência de diretrizes saudáveis, a covardia e o medo, incentivando a inércia e o desculpismo em escalas nunca antes vistas. O resultado é o império das manifestações brutalizadas e toscas no campo da sexualidade, já que a libido enobrecida exige burilamento constante, o que não é necessário nesses padrões.

Assistimos ao crescimento desenfreado, mas não inesperado, da popularização do modo de vida de espíritos empobrecidos em termos de evolução, tal como previam os mentores do mais alto quando se intensificou o chamamento à vida material para os espíritos mais rudes, que povoam as regiões inferiores dos planos espirituais.

Somos os trabalhadores da última hora, que recebemos nossas derradeiras oportunidades de educação, antes que o planeta complete sua atual transição.

Portanto, não nos surpreende que os distúrbios do desejo sexual estejam campeando sem limites, despercebidos na maioria das vezes, ou tomados como manifestações normais da sexualidade moderna.

– Ih! Agora deu! Vai começar o papo furado do 'conservadorismo'?

CONSERVADORISMO?

Então, eu lhe pergunto, querido amigo: o que é conservadorismo para você, na área da sexualidade? Você sabe definir? Ainda se lembra do que é?

Sabe, eu pergunto isso por que no nosso tempo conservadorismo era ser 'careta', não seguir a moda vigente, o progresso; não ser 'liberal', não curtir as novidades, ficar enterrado em casa, etc.

Acontece que hoje, até mesmo os que querem ficar em casa e curtir seu modo 'retrô' de ser são também considerados 'normais'.

Hoje nos parece que conservador é todo aquele que não nos deixa fazer o que queremos, tentando influenciar nossas escolhas.

E o gozado é que defendemos que todos podem ter sua opinião e fazer o que lhes parecer melhor! Até mesmo expressar suas ideias, para tentar convencer os demais...

Mas o ponto x da questão parece ser a tal 'liberdade' de fazer o que quisermos: os outros podem fazer e pensar o que quiserem, desde que não queiram interferir com o que nós queremos fazer e pensar. Interessante, não é?

Pois é...

Então, esse negócio de acusar de conservadorismo, hoje em dia, é muito mais um rótulo de 'defesa' dos próprios interesses do que uma definição da atitude de outra pessoa. É muito mais um disfarce para a posição acomodada e egoísta, disfarçada de cidadania fraternal e tolerante.

Mas permanece a questão: há o certo e o errado no campo da sexualidade? Na expressão da libido? Nas preferências sexuais?

Nas linhas anteriores, já traçamos diversas análises que poderiam fornecer uma base do ponto de vista espírita. Mas temos que prosseguir, definindo formas de pensar e considerar estas questões, que não sejam excludentes, que não agridam, mas que informem.

Exclusão

Estamos insistindo nestas argumentações, antes de entrarmos no estudo dos distúrbios propriamente ditos, para definirmos nossa linha de pensamento frente ao julgamento de nossos queridos leitores.

Fazemos isso, sobretudo para aqueles de nós que fomos conduzidos a estas linhas na condição de portadores de sofrimentos, vítimas de nossas dúvidas, massacrados pelos segredos íntimos, torturados pela consciência ou reconhecendo a necessidade urgente de redirecionamento de nossas vivências sexuais.

Queremos que saibam que o aparente 'conservadorismo' é um rótulo, que não nos cabe, de fato, seja no sentido 'tradicional', seja no sentido moderno.

Não estamos escrevendo do alto de cátedras, nem por trás de mesas cômodas, nem defendendo teorias que nos excluem da realidade. Estamos interessados em acolher e, principalmente, esclarecer. Temos consciência de que nossa sociedade ainda não sabe lidar, totalmente, com os que são, de certa maneira, diferentes. No caso em estudo, com os que estão vivenciando a sexualidade de maneira não socialmente aceita, sendo por vezes identificados até como criminosos, desviados e doentes...

Por isso, sabemos que todos os que se encontram em tais situações estão sempre sendo excluídos, afastados, evitados.

Então, amigos, saibam que o objetivo deste estudo e deste capítulo é incluir, mas nunca iludir, ludibriar, fazer 'vista grossa', aceitar tudo sem medidas.

Estamos na posição de quem aprecia o 'depois', ou seja, as consequências das diferentes opções, que aparecem, irremediavelmente, após algum tempo.

Assim como a desencarnação, outra certeza da vida material é a lei de ação e reação, que nos envia de volta às tais consequências de todos os nossos atos, de maneira inapelável.

E é com base nessas consequências, mais do que em qualquer outra coisa, que formulamos os conceitos que são aqui oferecidos a você, caro leitor.

Longe de julgar, estamos definindo parâmetros que sempre nos faltam, para que possamos escolher, por nós mesmos, nossos caminhos de maneira mais acertada.

É claro que temos um padrão já explicitado e cabe a você conhecê-lo e decidir-se.

Enfim, até mesmo aqueles de nós que erramos bastante, que estamos cansados de escutar reprimendas, que escolhemos agir de maneira diferente, ou que sofremos conflitos inconfessáveis, poderemos aqui encontrar direcionamento, informação e opinião.

Para ter um melhor entendimento, você provavelmente terá que ter percebido os resultados de sua própria vivência sexual. E caso esses resultados não tenham sido aqueles que você esperava, terá que concordar com o fato de que algo precisa ser arrumado, não é mesmo? Pois, então, coragem e sigamos adiante!

Mas se para você a vivência sexual está aparentemente perfeita, e ainda não foi motivo de preocupação, bem..., ou você é somente um curioso, ou deve estar querendo melhorar ainda mais! De qualquer forma, convidamos você a avançar conosco.

FANTASIAS SEXUAIS

Fantasias sexuais não são, a rigor, distúrbios do desejo. Mas representam o portal pelo qual todos os outros distúrbios iniciam sua manifestação.

Por isso, iremos analisá-las primeiro, a fim de compreender o mecanismo comum, que está presente na quase totalidade das origens dos distúrbios sexuais.

Dentre outras definições, consideraremos que as fantasias sexuais são criações exclusivamente espirituais, isto é, elas têm origem na dinâmica psíquica do próprio espírito. Envolvem estímulos, aprendizados, memória, dedução e ideias, organizados pela vontade.

Sem oportunidade nem conveniência de explicar cada um desses elementos no presente estudo, gostaríamos que os leitores compreendessem, todavia, que tais elementos são, todos eles, faculdades e componentes estruturais do próprio espírito e, assim sendo, são de natureza imaterial.

Desse modo, as fantasias sexuais são frutos diretos de nossa essência mais íntima. Naturalmente que dependem dos valores, educação, experiências e escolhas de cada um, ferramentas essas que o meio material externo nos oferece.

As fantasias sexuais são formadas, ainda, por elementos psíquicos, emocionais e morais, que extraímos do ambiente material em que vivemos. Não são constituídas nem de elementos de matéria densa, nem de elementos de matéria fluídica.

– Mas, e as substâncias psicoativas, como remédios, bebidas alcoólicas e drogas ilícitas? Não influenciam nosso espírito, provocando a criação dessas fantasias?

Bem lembrado. Mas a resposta é não!

Tais substâncias podem estimular apenas nossos cérebros físicos e, possivelmente, algumas estruturas fluídicas, proporcionando estados 'criativos' e momentos favoráveis para a síntese e exteriorização das fantasias, com conteúdos mais, ou menos, equilibrados. Sua ação isolada não nos pode influenciar nas escolhas destas ou daquelas imagens, memórias, valores, etc., e não pode interferir diretamente em nosso livre-arbítrio.

Dito isso, ficará mais fácil compreender que as fantasias sexuais são resultado dos desejos do próprio espírito, que estabelece para si mesmo as condições que melhor atenderão a tais desejos.

Com o passar do tempo, com a experiência e a vivência sexual, cada um imagina, cria, escolhe e idealiza maneiras de se satisfazer sexualmente, com base em sua noção particular do que é sexualmente satisfatório. Naturalmente que as fantasias sexuais mudam, surgem e desaparecem, de acordo com nossa vontade, que é dirigida por essa noção. Enquanto consideradas úteis, continuam a ser alimentadas. No momento em que já não correspondem ao idealizado, deixam de existir.

De qualquer modo, repetimos: o importante é observar que as fantasias sexuais são produtos muito íntimos do próprio espírito, criadas diretamente no cerne de nossa essência imaterial. Este fato é de suma importância para a compreensão do elevado poder das fantasias sexuais.

Antes de qualquer outra coisa, uma fantasia sexual é uma ideia elaborada com base no conteúdo de nossos núcleos de aprendizado. Uma ideia, só para esclarecer, é um conjunto de imagens, sons, sensações, sentimentos e outros elementos associados a um núcleo de aprendizado qualquer. Portanto, qualquer fantasia sexual é constituída de tais elementos, associados à vivência sexual.

Muito bem. Imediatamente, essa ideia é lançada à mente, fonte geradora do pensamento. No interior da mente, a fantasia sexual, como qualquer outra ideia, provoca intensas reações fluídicas, que modificarão os padrões vibratórios basais.

Essas reações fluídicas darão origem a uma cascata de fenômenos.

Dentro da própria mente logo surgem imagens fluídicas, que traduzem o conteúdo da fantasia sexual. Nós, espíritas, as conhecemos como 'quadros mentais'.

São esses quadros mentais que podem ser 'assistidos' por outros espíritos desencarnados, habilitados ou treinados para isso.

Simultaneamente, a reação fluídica prossegue, sintetizando comandos mentais, que partirão da mente em direção aos centros de comando do corpo físico, aos quais ela está diretamente ligada: o sistema nervoso, o sistema hormonal, o músculo esquelético, o imunológico e o hematopoiético, sendo este último formador dos elementos sanguíneos.

O impacto desses comandos mentais gera diversos tipos de estímulos, que por sua vez provocarão outros tantos fenômenos em nosso corpo: mudanças de padrões de expressão, gesticulação, grande modificação no funcionamento momentâneo dos órgãos sexuais e sensoriais, além de muitas outras modificações momentâneas no padrão de funcionamento automático dos órgãos físicos.

Como se não bastasse, as reações fluídicas mentais ainda prosseguem, criando pensamentos que atuarão no meio externo. Dependendo de sua intensidade e conteúdo, esses pensamentos serão captados por outras mentes encarnadas ou desencarnadas, que poderão, ou não, entrar em sintonia com eles.

Esses pensamentos exteriorizados podem, eventualmente, recrutar fluidos do meio ambiente no qual se propagam, fazendo surgir outras tantas imagens ou elementos visuais, que podem permanecer visíveis para aqueles que os puderem enxergar, à semelhança de quadros decorativos, suspensos no próprio ambiente. Este processo é muito conhecido no Espiritismo como ideoplastia. Tais imagens são as tão comentadas formas-pensamentos, já descritas por outros autores.

– Nossa cara! Complicado esse negócio, não é?

É verdade! E tudo isso para dizer que as fantasias sexuais são mais poderosas do que a maioria costuma supor. Veja que, antes de qualquer coisa, elas são alimentadas pela libido, que é uma das mais poderosas vontades que têm origem nos anseios do espírito. Além disso, são capazes de modificar a própria estrutura fluídica da mente e provocar inúmeras mudanças no funcionamento dos corpos fluídicos e do corpo físico. Se tudo isso não bastasse, podem ainda exercer influência direta sobre outras mentes e sobre o próprio ambiente fluídico em que se encontra.

Será que dá para pensar que as fantasias sexuais são apenas ideias inertes?

Reparem que, até aqui, tudo ainda nem sequer saiu do 'planejamento'. É 'apenas' uma ideia de caráter sexual.

– Mas, vem cá: você está dizendo que, quando a gente pensa em sexo, tudo isso acontece?!

Claro! Estes são os mecanismos básicos de nossa mecânica psíquica. Sempre que idealizamos, refletimos, raciocinamos e lembramos, todas estas coisas acontecem, naturalmente com suas necessárias variações. Qualquer mobilização dos conteúdos espirituais gera esses fenômenos em cadeia, e não somente o conteúdo sexual.

– Está bem, mas o que isso tem a ver com a 'vida real'?

– De que maneira isso vai influenciar minha vida?

– Que importância isso tem pra mim?

Você não é espírita, certo? Bem, até quem é tem dificuldade para entender essas coisas.

Vamos tentar esclarecer:

A gente não pode continuar acreditando que 'pensamentos são só pensamentos'. Eles não desaparecem simplesmente no ar, quando paramos de pensar. Antes disso, eles revelam a quem for capaz de ver, o que verdadeiramente somos na intimidade mais recôndita de nosso ser. Depois, eles modificam todo o funcionamento físico e fluídico de nossas estruturas, às vezes em caráter temporário, outras vezes em caráter permanente. Na sequência, ainda saem por aí estimulando outros indivíduos que, porventura, pensem mais ou menos como nós. E ainda podem interferir nos fluidos que nos cercam.

Você acredita, querido amigo, que quem pensa com frequência numa mesma coisa não acaba provocando uma série de eventos em si mesmo e no ambiente que o cerca? E sabendo que nunca estamos realmente sozinhos, conectados que somos com várias outras mentes que nos rodeiam, tanto encarnadas quanto desencarnadas, você ainda acha que as fantasias sexuais são exclusivamente criação nossa?!?

– Poxa! Então vou ter que ficar me regulando a todo o momento? Quem consegue isso?

Depende do que você está pensando. É preciso que nos lembremos de que pensar em sexo é um impulso absolutamente normal. O problema surge quando consideramos o conteúdo do que pensamos. As fantasias sexuais geram efeitos e isso é uma certeza. Então, o que temos de considerar é: quais serão os efeitos das minhas fantasias sexuais?

Quando elas possuem elementos que se referem somente a mim, apenas eu experimentarei seus efeitos, retroalimentando-me, conforme as alimento. Ainda assim, devo ficar atento aos efeitos que tais fantasias terão sobre minha própria mente, sobre minhas estruturas fluídicas e meu corpo físico.

Toda vez que minhas fantasias envolverem outras pessoas, o assunto fica mais delicado. Ainda que sejam só fantasias e que nunca sejam postas em prática, será que não acabarão por influenciar a mente dessas outras pessoas? E de que forma isso se dará? Acabarão por gerar perturbação ou satisfação?

Quando envolvemos em nossas fantasias aquelas pessoas com as quais já temos compromissos, os efeitos podem ser benéficos, gerando ligações mentais que estimularão o relacionamento, desde que o conteúdo de tais fantasias seja coerente com o respeito, o compromisso e a dignidade do relacionamento. Contudo, mesmo nesses casos poderemos acabar por exercer uma ação perturbadora sobre essas pessoas, caso insistamos, de maneira desequilibrada, nos mesmos estímulos.

É dessa forma desequilibrada que as fantasias passam a ser consideradas distúrbios do desejo sexual. Ao invés de alimentarem os aspectos positivos da segurança e intimidade dentro dos relacionamentos, essas fantasias podem causar perturbações extremas nas pessoas que são alvo delas, caso tais pessoas estejam oferecendo sintonia mental suficiente para que isso aconteça.

Além disso, sempre que as fantasias sexuais provoquem a síntese constante de pensamentos de baixo teor moral, acabarão por transformar, pouco a pouco, o comportamento da pessoa que as cria, levando-a a manifestações mais primitivas e egoicas da libido.

E não podemos esquecer que as aberturas e os convites mentais, veiculados pelas fantasias inconsequentes, são frequentemente captados, aceitos e incentivados pelos desencarnados que os apreciam, os quais passam, então, a manter vínculos mais próximos com o encarnado invigilante.

Por fim, devemos lembrar que os hábitos mentais longamente sustentados criam um sistema de reflexos e condicionamentos que servem a tais hábitos, que se instalam nos mais diferentes departamentos do espírito, dos corpos fluídicos e dos sistemas físicos corporais, sendo de difícil remoção, uma vez completamente estabelecidos.

É muito frequente que quando os resultados da síntese de uma fantasia sexual tenham resultados considerados satisfatórios, os mesmos passem a ser perseguidos com insistência. Assim sendo, acabamos por utilizar a mesma 'fórmula' repetidas vezes, visitando amiúde os campos da memória onde guardamos as fantasias criadas com sucesso.

Caso seja mantido sem vigilância e sem a maturidade necessária para limitá-lo aos padrões convenientes, esse processo acaba por gerar mecanismos de fixação mental e reverberação da memória, que darão origem a futuros distúrbios mais sérios da expressão da libido.

Bom, então é isso: cada qual será sempre livre para elaborar as fantasias sexuais que quiser. Isso é garantido pelo livre-arbítrio e pelas regras de respeito aos direitos do próximo. No entanto, não podemos nos esquecer de que as fantasias sexuais, assim como qualquer outra criação espiritual e mental, não são inócuas, como poderíamos ter acreditado até agora. Elas provocam fenômenos diversos em nós mesmos, no ambiente em que estamos inseridos e naqueles que nos rodeiam, tanto encarnados quanto desencarnados. E esses fenômenos são sempre seguidos de reações, importantes ou passageiras, mas sempre presentes, que podem ser boas ou ruins.

Nossa intenção, como já dissemos, é informar. Portanto, acolhemos a todos que buscam respostas, sem julgamentos, nem preconceito, mostrando os mecanismos que estão por trás de nossas escolhas e, sobretudo, as consequências que estas podem acarretar, uma vez feitas.

Estando conscientes, poderemos ter o cuidado de selecionar nossas ações. E vamos em frente!

FETICHES

Quase sempre nossas fantasias sexuais contêm objetos que canalizam ou expressam nossos desejos e valores. Não raro esses objetos são revestidos do poder de seduzir e/ou excitar, provocando estímulos, que acreditamos serem altamente necessários para nosso bom desempenho sexual. De tal forma os valorizamos, que podem passar de ingredientes secundários a principais, vindo a ocupar o lugar de honra em nossas vivências e relacionamentos sexuais.

Ninguém estranharia se disséssemos que tal perfume ou tal roupa é estimulante ou 'sexy', não é mesmo?

Todos conhecem os apelos explicitamente sexuais de determinados objetos em certas situações específicas: os perfumes provocantes, os decotes, as roupas justas, a seda, o couro, o vinil, os lençóis de cetim, os saltos altos, os carros importados, os bancos de couro, as motos esportivas, o 'esporte chique', o estilo, a meia-luz, o vinho, a champanhe, as formas do nariz, dos lábios, dos quadris, dos seios, do tórax, do abdome, e daí por diante. São coisas às quais imputamos significados sexuais coletivamente conhecidos.

Existem outras coisas, contudo, mencionadas apenas entre quatro paredes, que divergem bastante do senso comum, mas que são igualmente valorizadas pelas pessoas que as elegeram como símbolos do estímulo sexual.

Lembramo-nos de algumas: portas abertas, vasos de cerâmica, buzinas específicas, cheiro de combustível, flores, etc. Recordamos, também, outras, nem tão inocentes: insetos venenosos, sangue, cheiros pútridos, excrementos, torturas físicas e morais, animais em cópula, objetos de tortura, etc.

Cada escolha reflete, inevitavelmente, o teor das fantasias e dos valores que cada um procura manter em sua vivência sexual, o que também, de maneira invariável, diz muito acerca de quem somos.

Escolhas à parte, o que se nota de mais significativo no fetiche é que existe um desvio do objeto principal de satisfação, que seria o outro ser humano, é óbvio. No entanto, existe também um desvio do que é considerado satisfatório.

No modelo esperado, dentro da visão evolutiva, espera-se que a satisfação sexual seja motivo suficiente para superarmos nossa milenar tendência egoica, a fim de permitirmos a aproximação de outros seres, firmando compromissos e criando relações que nos estimulem a ultrapassar uma existência autocentrada. No cultivo exagerado dos fetiches, a pessoa direciona toda a sua satisfação para a sensação que o objeto escolhido lhe proporciona, deixando de entreter relacionamentos estimulantes e, ao contrário, cultuando a vivência sexual autocentrada, sem a participação de outro indivíduo.

Com isso, a proposta evolutiva da expressão da libido é frontalmente contrariada, e a pessoa em questão deixa de conquistar e participar de uma série de sensações e estímulos de natureza mais complexa e desafiadora, de tal forma que vai perdendo a capacidade de se relacionar com os demais. Vai desviando-se, por vezes sem perceber, utilizando repetidas e repetidas vezes o objeto do fetiche, e transferindo para ele todas suas expectativas.

Estamos falando do sujeito que, por exemplo, é louco por sapato de salto alto, e solicita à sua parceira que mantenha-se calçada com eles durante o ato sexual, argumentando que isso o 'deixa em ponto de bala'. Interessada, ela faz de tudo para colaborar. Durante o ato sexual, contudo, percebe que o parceiro só tem olhos para seus pés. Nota, também, que enquanto se despe, ele contempla apenas suas pernas, seus sapatos. Se 'bobear', poderá até confundir o nome da parceira, chamando-a pelo nome da marca do sapato!

Pois é...

Será que deu então para entender?

Todos nós temos algum tipo de fetiche, mais, ou menos, discreto. O problema surge quando ele passa de acessório a objeto principal. E pior: quando achamos que o máximo do prazer e da realização sexual virá unicamente das sensações que aquele objeto proporcionará, isolando-nos do verdadeiro objetivo da vivência sexual mais enobrecida, que nos prepara para os desafios de novas aquisições espirituais.

Com isso, estaremos optando por estacionar no campo do desenvolvimento dos sentimentos e do afeto, cultuando o personalismo desmedido, hipnotizados pelas nossas próprias fantasias e seus objetos materiais.

MANIAS

De certa forma, veremos que as manias englobam os fetiches, mas abrangem um universo maior no comportamento sexual.

Algumas fantasias sexuais, cultivadas por tempo excessivo e incorporadas por mentes invigilantes, acabam por desenvolver grandes processos de dependência psíquica, levando a hábitos francamente grotescos, dos quais a pessoa não consegue facilmente fugir, sequer ao dar-se conta do caminho perigoso por onde transita.

Como todo processo de ideação fixa e formação restrita de pensamentos, essas fantasias vão, pouco a pouco, transformando completamente o comportamento e os valores desses indivíduos, a ponto de torná-los fascinados e escravizados às suas pseudorrazões.

De início, passam a buscar a concretização do que era somente uma ideia. Depois vão se ajustando aos ambientes onde esse tipo de ideia pode ser concretizada, adotando comportamento, linguagem e maneiras de vestir, conformes a tais ambientes. Aos poucos, substituem seus valores antigos pelos que são encontrados nos meios em que o interesse principal é obter a materialização de seus anseios hipnotizantes.

Como em tudo, há tipos e tipos de manias, das menos às mais complexas, das que geram pequenas e grandes consequências.

Há pessoas que precisam estar de portas abertas durante o ato sexual, outras de luzes sempre acesas ou sempre apagadas. Há aquelas que insistem em roupas íntimas de tal ou qual cor, ou que fazem questão deste ou daquele perfume, a fim de garantir maior satisfação.

Mas há também aqueles indivíduos que só sentem prazer com determinadas posições sexuais, não importando o gosto do parceiro ou os incômodos que isso lhe posso causar, acreditando que somente daquela maneira específica é que poderão satisfazer-se plenamente. Ou aqueles que insistem em lugares e ocasiões inusitadas, perigosas ou vexatórias, expondo-se a riscos e perigos que já não percebem, minimizando-os, na defensiva. Isso quando não passar a causar medo e total frustração em seus parceiros.

Nesses casos, a mania já não considera mais a opinião do outro, e a pessoa que a cultiva já não dá importância à pessoa com quem esteja, mas, sim, ao corpo que lhe irá satisfazer, tal o grau de egotização a que chegou.

Por fim, em não raros casos, a mania incentivada por desequilíbrios profundos da própria personalidade e alimentada por mentes desencarnadas em processos obsessivos dos mais complexos, atinge os píncaros da loucura, levando o ser humano à degradação explícita, à promiscuidade descuidada, ao desamor e ao completo domínio do sadismo, da tortura, do crime e da morte.

E aí vemos, queridos amigos, a que ponto podemos chegar, se dermos guarida à busca desenfreada pela satisfação exclusivamente pessoal.

Notem que expressar a libido através de um relacionamento enobrecido pelos valores morais é, também, um poderoso preventivo contra nossas próprias tendências egoísticas, que podem facilmente nos escravizar, caso não sejam 'domadas' pela razão, prudência e moderação.

Fixações mentais ligadas ao sexo

O termo fixação mental é bastante genérico, muito empregado em quase todos os campos de estudo da doutrina espírita. Aqui, contudo, consideraremos apenas as fixações mentais ligadas à sexualidade, para darmos continuidade ao estudo dos distúrbios do desejo.

Fixação mental é um processo mais adiantado de condicionamento espiritual, onde a pessoa por ela vitimada está completamente envolvida pelo processo contínuo de expressão dos mesmos núcleos de aprendizado da memória. Estamos falando da formação e sustentação de pensamentos, quadros mentais e comandos mentais praticamente invariáveis, exceção feita àqueles essenciais à manutenção da vida, de tal forma que o indivíduo pode vir a tornar-se um completo autômato, um hebetado, fixado fortemente num único objetivo, conservando apenas as faculdades necessárias para alcançá-lo.

Esse processo também possui suas inúmeras variantes e, quando muito intenso, é conhecido nos meios espíritas como monoideísmo.

A fixação sustentada na expressão dos mesmos sentimentos e ideias acaba por levar à criação de 'caminhos' prioritários, pelos meandros da mente, como que cadeias de reações espírito-mente-fluídico-físicas altamente especializadas em dar continuidade à estruturação das fantasias sexuais, das manias, dos fetiches, etc.

Imaginemos, a esta altura, as transformações a que podem chegar os mecanismos de síntese do pensamento, de comando das funções corporais e de trânsito fluídico; distúrbios orgânicos fisiológicos e, não raro, anatômicos, expressos por uma série de sintomas psicossomáticos, doenças crônicas de difícil controle e distúrbios emocionais, cerebrais e neuríticos de impossível controle medicamentoso.

Na área sexual, as pessoas que assim se encontram apresentam-se como 'viciados em sexo', ou sexólatras, naturalmente em diversos graus de fixação mental.

Há os que ainda conservam a crítica em relação à sua condição, mas, na maioria dos casos, os indivíduos mostram-se incapazes de se afastar das causas profundas de seu estado.

Há também aqueles que já não possuem mais discernimento adequado, submetendo-se a condições sub-humanas da prática sexual e da existência como um todo, vindo a comprometer seriamente a saúde psíquica e física.

Há, ainda, os que acabam por desencarnar mantendo o processo de fixação atroz, vindo quase sempre a ligar-se, por longos períodos, àqueles desencarnados com os quais já conviviam de longa data. Neste caso, é comum que passem a ser utilizados, na sua inconsciência, como instrumento de tortura psíquica e obsessão prolongada de outros encarnados, manipulados por inteligências maléficas das regiões espirituais umbralinas. Passam, também, por inacreditáveis transformações perispirituais transitórias, que refletem a brutalidade e hediondez de seu teor mental, integrando hostes de verdadeiros monstros e deformados, que pululam nas regiões trevosas dos círculos fluídicos de nosso planeta, até que a dor e a misericórdia do Alto os socorram a todos.

SUBJUGAÇÕES COMPORTAMENTAIS RELACIONADAS À SEXUALIDADE

Subjugações, como nós, espíritas, sabemos, são processos normalmente relacionados às obsessões de longo curso, nos quais o desencarnado dominante consegue inutilizar o livre-arbítrio e as atitudes críticas do encarnado, de tal modo que lhe influencia as faculdades e a expressão, como se manipulasse um fantoche desprovido de vontade.

Analisada profundamente, a subjugação pode ainda ser encontrada sob outras formas, podendo ser de encarnado para desencarnado, entre desencarnados e entre encarnados.

Quando nos restringimos ao campo da sexualidade, encontramos, igualmente, os processos obsessivos direcionados à exploração dos apetites sexuais, por razões inúmeras.

Os que ocupam o lugar de cobradores ou justiceiros podem estar explorando fragilidades do campo sexual da vítima, sem que eles mesmos se interessem pessoalmente pelo prazer sexual. Pode ocorrer, também, que o desequilíbrio sexual pertença exclusivamente ao desencarnado obsessor, que então passa a utilizar a indumentária física da vítima para se locupletar.

Na maioria das vezes, entretanto, são realmente parceiros que se desgostam e, ao mesmo tempo, usam um ao outro para apoiar seus apetites desmedidos.

As pessoas encarnadas, que podemos encontrar em tais estados, raramente conseguem continuar levando vida produtiva ou relativamente normal dentro da sociedade, visto que já perderam o autocontrole e a capacidade para buscar seus interesses vitais. Durante algum tempo, podem ainda viver nos antros do desequilíbrio desenfreado, até que o próprio processo de subjugação os torne inúteis para os outros e para os lugares que frequentam, quando acabam por serem expulsos em condições misérrimas de saúde física e psíquica, sendo recolhidos, de uma forma ou outra, por familiares, conhecidos ou pessoas caridosas em nosocômios, já em estado adiantado de desagregação da estrutura psíquica.

SOCORRO E SOLUÇÃO

– Ôpa! Espera aí! Quem disse que eu preciso de socorro? Quem disse que eu preciso de solução? Quem é que disse que eu preciso de 'cura'? O que é que você conhece da vida no sexo? Quem disse que é ruim ser 'louco por sexo'? Provavelmente você nunca experimentou nada mais do que um 'arroz e feijão' na área. Do contrário, não estaria aí falando como moralista preconceituoso!

Oh, querido amigo, avalie com mais atenção, se puder! Antes de qualquer coisa, não temos a intenção de julgar a quem quer que seja. Queremos que cada um faça seu próprio julgamento, utilizando-se das informações que colocamos neste trabalho. Este será nosso mérito. Caberá à sua própria consciência, então mais desperta, estabelecer a própria 'autorrotulação'.

É claro que seu livre-arbítrio deverá decidir se o que está exposto neste estudo é realmente passível de crédito. Somente então você poderá chegar a qualquer conclusão. E caso não concorde, estará livre para agir da maneira que quiser. E não pense que por isso será menos reconhecido como ser humano digno, ou incluído em algum 'rótulo' preconceituoso pelos conceitos expostos neste livro.

Por esta mesma razão, haveremos de nos reservar o direito de pensar e acreditar no que acharmos melhor, sem que por isso sejamos alvejados pelos preconceitos de quem se sente absolutamente seguro sobre sua própria condição.

Também não nos achamos perfeitamente seguros sobre todas as decisões que tomamos na vida. Por isso mesmo, estivemos à cata de informações, as mais dignas possíveis, para nortear nossos passos ainda vacilantes. Acabamos por encontrar inúmeros estudos e observações importantes que nos mostraram as consequências dos diferentes modos de agir.

Essas consequências, note bem, são universais, isto é, observadas por todos e por todos sentidas, independentemente de sua condição.

No entanto, nós mesmos discordamos de muitas delas num primeiro momento, pois era óbvio que não tínhamos 'sentido na pele' a maioria do que outros relatavam, e achávamos que jamais iríamos sentir.

O tempo nos ensinou, contudo, que a experiência não é assim tão desprezível, e que a velha lei de causa e efeito um dia mostra coisas que nunca havíamos visto antes.

Portanto, querido leitor, se pudermos oferecer algum conselho a você, que se sente agredido por nossas exposições, é que não as julgue, de pronto, desprezíveis, só porque você nunca viu nada disso acontecer.

Nenhum de nós é invulnerável, isso é certo.

Analise-se honestamente, antes de julgar. Veja se os caminhos que você vem tomando não o poderiam levar às consequências aqui apontadas. Pode ser que elas ainda não tenham chegado, mas será que não poderão chegar?

Se, depois de uma reflexão cuidadosa, você ainda estiver francamente convencido de que está imune a tudo isso, bem, então, você só pode estar no caminho certo, e não tem o que temer de nossa parte.

Se, ao contrário, você concorda que algumas coisas precisam ser modificadas, desejamos poder contribuir para que você possa, ao menos, localizar-se, ou seja, para que você possa situar-se dentro do universo da sexualidade, a fim de poder tomar boas decisões no futuro.

Perceba que este nosso estudo não possui caráter literalmente terapêutico, mas, sobretudo, profilático, uma vez que raras vezes nos referimos a prescrições de conduta. Isso porque sabemos que, em se tratando da maneira de ser de cada espírito, o importante mesmo é a informação, que trará ferramentas úteis para futuras decisões.

Indiretamente, contudo, este estudo poderá levar-nos a modificar nosso modo de agir, não há dúvida. Basta que reflitamos, comparemos e tiremos deduções acerca de nossa sexualidade, com base no que o presente trabalho vem propor.

É claro que este livro não encerra a verdade única e total. Longe disso! É apenas uma tentativa de acrescentar aos nossos conhecimentos, nada mais do que isso.

Por fim, o que desejamos com este trabalho é acolher, informar, inspirar, até mesmo 'sacudir' você, leitor, a fim de suscitar a reflexão, o aprendizado e, se necessário, mudanças de atitude. Queremos que você se sinta bem e que se interesse em aprender, a fim de não se sentir excluído. Desejamos suscitar seu interesse e sua esperança, caso esteja carente dela. Fizemos este trabalho para que você encontre um caminho, caso esteja querendo mudar o seu, para ajudar você, caso esteja necessitando de auxílio, para incluir você, caso esteja querendo tentar. Em outras palavras, o objetivo deste trabalho é nos ajudar a viver melhor.

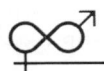
Para nós, espíritas, a homossexualidade também se constitui num desafio, uma vez que, como em todas as outras áreas da vivência sexual e da manifestação da libido, também tem suas causas, motivos, finalidades, aprendizados e consequências.

Muito comentada durante as últimas décadas, sobretudo ao longo dos últimos vinte anos, hoje em dia já não encontramos com facilidade quem queira falar sobre ela de maneira técnica, filosófica ou moral, pois a questão está passando por um período de profundas mudanças, que tendem a desestabilizar qualquer opinião que pretenda ser permanente e taxativa.

Autores espíritas, oradores, trabalhadores, todos escutamos referências pouco conclusivas e sem muita orientação atualizada com relação à homossexualidade.

Por ser um fenômeno psíquico e social muito presente nos dias de hoje, revivido mais uma vez ao longo da história, é para todos um tema que exige, mais do que nunca, posicionamento e orientação, já que teremos que lidar com ele como lidamos com tantos outros temas, sem a possibilidade de continuar a deixá-lo de lado, sufocado pelo preconceito e pela ignorância.

A doutrina espírita tem, neste contexto, papel relevante frente à sociedade, pela premente necessidade de estudo e direcionamento confiável de seus adeptos, sobretudo agora que, tão presente em todos os ambientes, a homossexualidade praticamente nos obriga a adotar um posicionamento particular a seu respeito.

Acontece que, por força de lei, a homossexualidade tornou-se fenômeno obrigatoriamente aceito na sociedade, contrariando a opinião de um número considerável de pessoas que, por medo de se expressarem em público, guardam suas conclusões pessoais para si mesmos ou para o círculo familiar íntimo.

Nosso intuito, difícil, diga-se de passagem, é analisar a homossexualidade do ponto de vista espírita, respeitando a força de lei, o direito à expressão e combatendo o preconceito, motivado pela ignorância. Tudo isso, é claro, só seria possível com o suporte do bom-senso científico, filosófico e religioso do espiritismo.

DEFINIR HOMOSSEXUALIDADE?

É possível definir homossexualidade? Difícil responder, não é? À primeira vista parece fácil.

– Ué! Não é aquela pessoa que gosta de gente do mesmo sexo?

– Não, rapaz! É aquele que 'transa' com alguém do mesmo sexo!

– E aquele que só gosta, mas não transa?

– Ah, esse aí não é homossexual não, ele ainda 'não saiu do armário'.

– Mas vai dar uma olhada no dicionário para você ver só! Lá está escrito que...

– Não, não! Dicionário é coisa para leigo! Tem que ver é nos livros de psicologia e de medicina psiquiátrica!

– Como assim? Não é doença! Por que haveria de constar em livros sobre patologias?

E por aí vai. A realidade é essa mesmo: não há consenso. As sociedades de psicologia, as sociedades de medicina e psiquiatria, o movimento que defende a homossexualidade, opiniões isoladas mais ou menos respeitáveis, os diferentes movimentos religiosos, as interpretações políticas e jurídicas, cada qual 'puxa a sardinha para o seu lado', defendendo posições mais ou menos semelhantes, mais ou menos diversas. E, em meio a tudo isso, as pessoas vão tirando suas conclusões, e aceitando aquilo que está mais de acordo com sua maneira de pensar.

O problema de não haver consenso é mais importante do que se imagina, porque prova que a ignorância acerca do assunto, em vários aspectos, ainda é muito grande e varia de grupo para grupo e de pessoa para pessoa.

Outro problema é que, paralelo a esta ignorância, existe ainda uma pressão enorme dos movimentos que defendem a homossexualidade, com o intuito de angariar conquistas sociais e legais, as mais imediatas possíveis.

– Mas isso é problema?

É claro que a garantia dos direitos básicos de respeito e inclusão social são fundamentais. Acontece, porém, como já tivemos a oportunidade de comentar, que a falta de consenso demonstra que muitas pessoas ainda têm opiniões discordantes em relação a esse assunto. Quando as conquistas sociais e jurídicas aparecem nesse contexto, são, na verdade, conquistas isoladas, que atendem somente aos movimentos que as reivindicam. Não há nada de mal nisso, é apenas um processo normal. No entanto, é à força de lei, e não de esclarecimentos adequados, que costumes novos são impostos aos que não concordam, o que acaba por gerar uma pseudoaceitação.

Como efeito imediato, a ideia imposta gera ainda mais preconceito e ressentimento por parte da sociedade em geral, que se vê 'forçada' a conviver com o que não quer e não compreende.

– Ei! Mas se fôssemos esperar pela boa vontade dos conservadores e ignorantes retrógrados, nenhuma ideia nova seria estabelecida na sociedade. Mesmo que seja à força, as gerações passam e costumes e conceitos acabam sendo incorporados. Além do mais, se não fosse pela pressão das minorias, elas jamais seriam incluídas, nem deixariam de sofrer o preconceito.

É verdade. Infelizmente, nas atuais condições evolutivas de nossa sociedade, é preciso lutar para conseguir os direitos mais básicos ao respeito e à vida.

Não estamos questionando o processo pelo qual os direitos dos homossexuais estão sendo conquistados. O que pretendemos analisar são as consequências que tais processos causam para todos nós.

Seria de desejar que a consciência social já estivesse evoluída o suficiente, para chegar às conclusões mais óbvias no que diz respeito à fraternidade, garantindo o direito e o dever de cada um de nós na comunidade geral.

No entanto, ainda não é isso que vemos. Por este motivo, não há os totalmente certos ou errados, e raros são os que têm bom-senso suficiente para se posicionar de maneira mais acertada.

Os que se defendem contra o preconceito e o desrespeito muitas vezes são preconceituosos e inconsequentes também. Os mesmos que alardeiam serem vítimas de agressões físicas e morais, também agridem física e moralmente, na crença equivocada de que possuem direito à revanche.

Não raras são as vezes em que a História nos mostra que, quando têm o poder nas mãos, os 'mocinhos' viram 'bandidos'.

Veja bem, querido leitor: não estamos julgando ou defendendo precipitadamente nenhuma dessas posições radicais. E quem, porventura, perceba nestas primeiras linhas algum laivo de preconceito, queira, por favor, aguardar os desdobramentos de nossos raciocínios. A 'coisa' não é assim tão simples.

Bem, digressões à parte, voltemos ao fato de que não há consenso sobre as definições da homossexualidade, embora já haja leis que regulamentem os direitos dos homossexuais e que é fato que os costumes vão mudando, em meio aos conflitos inevitáveis.

E qual será nossa posição?

Certamente ela não será universalmente aceita. Mas estaremos embasados nos conceitos da doutrina espírita que, por sua vez, baseia-se nos princípios morais cristãos, nas consequências de nossa filosofia de vida e nos fatos observados e estudados pelos diferentes ramos da ciência.

DO NOSSO PONTO DE VISTA:

Muito bem.

A Associação Brasileira de Psicologia baniu os termos 'doença', 'distúrbio' e 'desvio' no que diz respeito à homossexualidade, proibindo sequer qualquer terapêutica no sentido de 'tratá-la'.

O sentido do 'politicamente correto' evita hoje o termo homossexualismo, visto que os 'ismos' podem denotar síndromes, seitas e implicar outros significados que levem a julgamentos preconceituosos.

A medicina ainda considera o 'transtorno' de identidade de gênero, nos casos em que a pessoa possui psiquismo contrário ao sexo corporal, indicando a hormonioterapia e a cirurgia para mudança de sexo nos casos rigorosamente comprovados. São aqueles conhecidos como transgêneres.

De fato, o termo 'doença' não poderia ser utilizado, pois o homossexual não apresenta qualquer alteração fisiológica, anatômica ou genética em seu corpo físico. O termo 'distúrbio' tampouco seria correto, uma vez que o organismo físico funciona perfeitamente e a estrutura psíquica está preservada. Por fim, o termo 'desvio' leva a acreditar que existiria uma 'normalidade ideal', que não está sendo seguida. Dependendo do ponto de vista e da ideologia de quem analisa, esse termo ainda pode ser utilizado com frequência, embora seja condenado pelos próprios homossexuais, que se sentem e veem a si mesmos como perfeitamente normais.

O termo 'transtorno', que ainda não foi contestado, só pode ser aplicado aos casos em que existe sofrimento do indivíduo com relação à sua condição, seja ela qual for.

Então, como ficamos?

Muito embora não concordemos pessoalmente com todos os motivos que embasam os argumentos e definições acima, procuraremos respeitá-los, na medida do possível, uma vez que, de certa maneira todos eles possuem um aspecto da verdade que os fatos evidenciam.

Contudo, como não poderia deixar de ser, consideraremos a homossexualidade sob a lente do espiritismo. Para nós, espíritas, as pessoas não são somente 'corpos físicos, que possuem cérebro', nem vivem uma única existência, nem são eternamente homens ou mulheres, dentre outros muitos detalhes específicos do olhar da doutrina dos espíritos.

E isso muda muita coisa! Muda tanto, que vamos pedir licença para fugir às linhas clássicas de definição, adentrando pelos paradigmas da medicina espiritual.

Os fatos mostram muitas formas de comportamento dentro do que incluímos, nem sempre corretamente, nos domínios da homossexualidade.

Há as pessoas que notoriamente demonstram, voluntária ou involuntariamente, certa 'feminilização', embora possuam corpos masculinos, ou certa 'masculinização', embora possuam corpos femininos. Nem por isso, porém, desejam sexualmente pessoas do mesmo sexo, e estão satisfeitas com a própria condição. Há muitos que são chamados de homossexuais, quando não o são.

Por outro lado, há pessoas que se comportam de maneira perfeitamente adequada ao seu sexo corporal, mas que, por vezes, gostam de se vestir e de se comportar como pessoas do sexo oposto. Não procuram ter relacionamento sexual com pessoas do mesmo sexo, e se sentem satisfeitas com o sexo que possuem.

Outras pessoas, ainda, comportam-se e vivem de acordo com seu sexo corporal, sem sinais de transexualidade ou transformismo, mas possuem relacionamento afetivo e sexual somente com pessoas do mesmo sexo, e não querem mudar de sexo.

Há, também, indivíduos que se adequam ao seu próprio sexo corporal, não possuem sinais de transexualismo ou transformismo, mantêm relacionamento sexual com pessoas do sexo oposto, assim como com pessoas do mesmo sexo.

Outros, ainda, sentem atração sexual por pessoas do mesmo sexo, mas não chegam a vivenciar relações homossexuais. Muitas dessas pessoas gostariam de pertencer ao sexo oposto e reconhecem em si mesmas certo grau de masculinização ou feminilização em oposição ao sexo corporal que carregam, mas não chegam a fazer disso um problema, adaptando-se perfeitamente à vida.

Há aqueles indivíduos, entretanto, que se sentem absolutamente inadaptados ao sexo corporal que carregam, comportando-se e pensando como pessoas do sexo oposto e relacionando-se afetiva e sexualmente com pessoas do mesmo sexo.

Todas essas pessoas possuem em comum o fato de não condicionarem, totalmente, a 'polarização' sexual da personalidade à 'polarização' sexual do corpo, reconhecendo que existe nelas mesmas um modo de pensar e/ou de agir, que transcende os limites sexuais do corpo físico.

Ao mesmo tempo, contudo, diferem no que diz respeito ao grau de permissão que concedem a si mesmas para ultrapassar os limites prescritos pelo corpo físico.

Outro fator que diferencia esses indivíduos entre si, e que possui a maior importância, é a consciência que possuem disso: se estão de acordo, se estão felizes, se estão em conflito, infelizes, confusos, satisfeitos, a maneira como encaram sua própria condição, etc... Para nós, isto é muito importante mesmo, pois é a partir dessa consciência que estas pessoas definirão suas vidas.

Portanto, quando formos tentar definir a homossexualidade e buscar compreender a pessoa homossexual, levaremos em conta não somente as relações afetivo-sexuais com indivíduos do mesmo sexo, mas também o estado consciencial no qual essas pessoas se encontram.

Antes de fazê-lo porém, teceremos outras considerações.

MAIS CONSIDERANDOS...

Como não poderia deixar de ser, teremos que analisar o ponto de vista da doutrina espírita a respeito das polaridades sexuais e suas variáveis.

Para a ciência espírita, a reencarnação vem a ser o pilar que embasa o entendimento a respeito da homossexualidade.

As leis morais e físicas, que regem o fenômeno da reencarnação, são as que proporcionam o entendimento necessário.

Antes de prosseguir, todavia, é importante lembrar que o espírito, substância imaterial inteligente, na essência, não tem sexo. Em outras palavras: a existência imortal, já como espírito puro, não requer polaridades sexuais femininas ou masculinas. Na verdade, todas as virtudes e capacidades, que a libido pode ajudar o ser humano a desenvolver ao longo da evolução, estarão presentes neste avançado estágio, independentemente de polarizações masculinas e femininas.

Lembremo-nos de que o comportamento masculino ou feminino, do ponto de vista evolutivo espiritual, é determinado pelos próprios corpos orgânicos, que o princípio inteligente organiza, enquanto precisa estar ligado à matéria.

Esses corpos dependem de troca genética para se aperfeiçoarem e continuarem existindo como espécie. A esse processo de troca genética denominamos sexo.

Devemos considerar, ainda, que a divisão entre gametas masculinos e femininos surgiu ao longo da evolução, determinando comportamentos masculinos e femininos para os respectivos indivíduos que os produzem, a fim de assegurar o encontro desses gametas durante os processos de troca.

Portanto, em última análise, o comportamento masculino ou feminino foi definido pela evolução do princípio inteligente, a fim de garantir que os indivíduos com diferentes cargas genéticas pudessem sobreviver e desenvolver seus papéis específicos na conservação da espécie.

E como já estudamos lá no início, essa necessidade foi utilizada como estímulo para o desenvolvimento psicoafetivo moral e social, a partir de processos que foram enobrecendo e amadurecendo o impulso sexual, ou libido.

À medida que o espírito evolui e se desliga da matéria e das necessidades reencarnatórias, a polarização sexual vai desaparecendo e a libido vai se transformando: não mais o impulso primitivo para a atração entre os corpos físicos, mas a vontade consciente e poderosa, que une todos os seres da Criação.

Assim sendo, o sexo, como o conhecemos hoje, tipo macho e fêmea, homem e mulher, relações sexuais e atração física, etc., é coisa de nosso estágio evolutivo mesmo, que desaparecerá, conforme o espírito se desligue das necessidades da matéria para continuar existindo.

Outro ponto importante é que, ao reencarnar, o espírito pode escolher a polaridade genética sexual de seu corpo. Não estamos impedidos de mudar o sexo corporal, quando isto se fizer necessário.

Mas o grande 'porém' dessa possibilidade é que a imensa maioria dos espíritos desencarnados da Terra possui um comportamento psíquico sexual, condicionado por outras reencarnações. Isso quer dizer que temos nossas preferências comportamentais, às quais nos ligamos de maneira férrea e, não raro, por muito tempo. Trocando em miúdos: a maioria dos espíritos da Terra 'se acostumou' a agir e reencarnar como homens ou mulheres durante longos períodos, acabando por incorporar, de maneira profunda, o psiquismo masculino ou feminino que escolheram.

Acontece que o aprendizado e a vivência que envolvem as duas polaridades sexuais na matéria é condição imprescindível à evolução de todos nós neste planeta.

Teremos, mais cedo ou mais tarde, que reencarnar nas duas posições, a fim de exercermos os dois papéis sociais, o masculino e o feminino, com suas respectivas possibilidades, necessidades particulares e limitações. É a lei da evolução.

E é justamente nos momentos em que tentamos a experiência de troca da polaridade sexual corporal, numa nova reencarnação, que a homossexualidade pode surgir.

Se não houver um ajuste suficiente do comportamento psíquico sexual espiritual, que trazemos de nossa vivência anterior, com a polaridade genética sexual corporal da estrutura física presente, podem ocorrer 'distonias' ou 'diferenças de sintonia' das polaridades sexuais durante a encarnação vigente.

Essas 'distonias', de diversos graus, podem ou não fazer surgir o comportamento homossexual.

FINALMENTE UMA DEFINIÇÃO

Vai aí, então, finalmente, nossa definição pessoal:

"A homossexualidade é, do nosso ponto de vista espírita, o relacionamento de caráter sexual entre pessoas do mesmo sexo, que decorre, em sua vasta maioria, da distonia temporária que pode ocorrer entre a polaridade, ou o comportamento sexual espiritual e a polaridade sexual genética corporal, na atual reencarnação."

Embora seja, por fim, uma definição, não é a definição permanente. Temos que analisá-la:

Veja que dissemos que o relacionamento deve ser de caráter sexual, o que não envolve necessariamente o ato sexual, mas também pensamentos e atrações de caráter erótico.

E é importante ressaltar isso, porque existem afetos intensos e verdadeiros entre pessoas do mesmo sexo, sem que possuam caráter sexual. Não estamos nos referindo somente ao afeto entre parentes, mas também ao afeto que envolve carinho, cumplicidade, renúncia e amor entre não aparentados do mesmo sexo.

Tais casos não entram na definição de homossexualidade, pois não se relacionam diretamente ao sexo, mas à afinidade espiritual entre dois ou mais seres.

Veja bem, antes que alguém conteste, que não estamos dizendo que nos relacionamentos homossexuais não existe esse tipo de afeto, hein? Só estamos relacionando diferentes situações, para fins didáticos.

Outro ponto a se considerar é que o termo 'distonia', que utilizamos na definição, refere-se à falta de sincronicidade, de ajuste, de sintonia entre a polaridade sexual do espírito e de seu corpo físico, pelas razões que explicamos. Não o estamos utilizando com o significado de disfunção ou distúrbio, muitas vezes empregado em algumas áreas da medicina, por exemplo.

O fato de apresentar esta 'distonia' não imputa doença, distúrbio ou desvio ao homossexual, assim como a pessoa baixa demais ou alta demais em comparação com o esperado por seu grupo familiar não pode ser considerada anormal. Ocorre apenas que não existe o que seria comumente esperado.

É claro que existem casos em que a homossexualidade pode vir a ser um transtorno, ou seja, causar sofrimento à pessoa homossexual, se assim ela entender. Mas isso não pode ser generalizado.

Por fim, veja que consideramos essa 'distonia' como fenômeno temporário. Isto porque estamos compreendendo que ela existe na reencarnação presente, nada garantindo que tenha existido nas reencarnações anteriores, nem que persistirá nas futuras reencarnações.

Ainda temos que considerar os casos de homossexualidade, não menos comuns, onde não ocorre a distonia temporária de polaridades sexuais e que não entram nesta definição. Em tais casos, a pessoa não está encarnada em um corpo físico que contraria a polaridade sexual de seu psiquismo. A atração sexual por pessoas do mesmo sexo se dá por razões diferentes.

Na maioria das vezes, a outra pessoa do mesmo sexo pode ser considerada como 'objeto' de fetiche. Isto quer dizer que esse homossexual não está tendo relações homossexuais por que se sente deslocado, incapaz ou desinteressado dos relacionamentos com pessoas do sexo oposto, e sim porque transfere às relações com alguém do mesmo sexo os valores de satisfação sensual que está buscando.

Assim como alguém acha que será bastante excitante fazer sexo dentro de um carro em movimento, ou com alguém de sapatos de salto alto, este outro acredita que fazer sexo com pessoas do mesmo gênero é estimulante.

Portanto, o comportamento homossexual destas pessoas é geralmente diferente, visto que elas encaram a homossexualidade mais como uma opção para 'variar', de vez em quando, podendo muito ocasionalmente vir a ser uma opção permanente, pois acreditam que nela conseguem mais satisfação.

Pelo menos um bom número deles se considera bissexual, pois estão satisfeitos com seu gênero, praticam relações sexuais com pessoas do sexo oposto, mas também gostam de procurar prazer nas relações homossexuais.

Muitos deles não chegam a desenvolver relações afetivas intensas ou muito significativas com seus parceiros, pois os relacionamentos são utilizados muito mais para a busca de simples sensações e 'aventuras'.

É interessante saber que existem tais diferenças, pois as razões, justificativas e comportamento moral e espiritual, que envolvem a homossexualidade destas pessoas, são bastante diversos.

Muito bem...

Para darmos prosseguimento ao estudo da homossexualidade, decidimos dividir o tema em três focos de análise, que julgamos mais importantes: a homossexualidade como fenômeno; o indivíduo homossexual; a homossexualidade como movimento social.

Então vamos lá.

A HOMOSSEXUALIDADE COMO FENÔMENO

A homossexualidade é um fenômeno natural?

– Claro que é! Não está vendo quanta gente nasce 'assim'?

– Ôpa! Natural nada! Não tem nada de natural, não. Natural é o cara ser o que ele 'nasceu para ser'. Está lá, determinado pelos órgãos que ele carrega!

– Qual é? Não vê que no mundo inteiro tem gente assim, sempre teve e sempre vai ter?

– Nem vem! Se fosse pra sê muié, nascia muié. Se fosse pra sê home, nascia home!

Pois é, que pergunta, hein?

Mas é que a gente não se entende porque considera a questão de pontos de vista diferentes, não há dúvida. E, quando a gente não quer entender, ou não consegue entender o olhar do outro, o problema persiste.

Por isso já vou dizendo, minha gente: estamos considerando a questão do ponto de vista espírita, o que naturalmente não agrada a todos. Mas a ciência espírita está bem mais capacitada para analisar a homossexualidade do que muita opinião pessoal por aí. E, se você é um estudioso ou cientista, reserve a importância adequada que deve dar à análise de qualquer teoria científica, sem ser preconceituoso, rejeitando-a, antes de conhecê-la.

Mesmo assim, embora acreditemos firmemente no que estamos expondo, não podemos obrigar ninguém a acreditar também. Neste caso, a nossa se torna outra opinião no mundo, para quem gosta de comparar opiniões. E já que você está lendo...

Segundo a doutrina espírita, a substância imaterial inteligente, que na infância é chamada de princípio inteligente e na maturidade é reconhecida como espírito propriamente dito, não possui polaridade sexual eternamente definida. Essa polaridade é imposta, em caráter temporário, pelas necessidades de manutenção dos veículos físicos, necessários à sua evolução, enquanto precisa reencarnar.

No entanto, o comportamento estimulado e desenvolvido pelas polaridades sexuais é parte integrante do processo de evolução espiritual, já que faz surgir capacidades antes latentes.

Portanto, um fato que daí decorre é a necessidade de vivenciarmos as duas polaridades, sem o que não desenvolveríamos todas as capacidades latentes, rumo à evolução.

Por essa razão, é comum que uma grande quantidade de espíritos que reencarnam estejam, eventualmente, mudando o sexo de seus corpos, com relação aos que animaram suas reencarnações anteriores.

– Quer dizer que a homossexualidade é obrigatória?!?

Ôpa! Vamos com calma, amigo! Não dissemos nada disso. O que dissemos é que a experiência reencarnatória nas duas polaridades genéticas corporais é que é necessária.

Acontece, porém, que nem todos os espíritos que trocam essa polaridade sexual durante uma reencarnação serão homossexuais. Lembre-se bem disso.

Sim, pois muitos deles não sofrerão a tal 'distonia' que descrevemos antes. Um bom número deles não terá problema algum em se adaptar às novas exigências corporais. Uns porque estiveram em preparação pré-reencarnatória, conscientizando-se e condicionando-se para a nova mudança; outros, mais experientes, não terão problemas em acessarem comportamentos que já adquiriram em outras experiências semelhantes, no passado distante.

Muitos outros apresentarão dificuldades relativas de adaptação, numa distonia moderada, mas nem todos eles serão homossexuais, isto é, nem todos terão relacionamentos de caráter sexual com pessoas do mesmo sexo.

E haverá aqueles que apresentarão realmente a distonia entre corpo e espírito, optando por se relacionarem sexualmente com pessoas do mesmo sexo.

Mas falaremos disso mais adiante. Aguardemos.

O importante é saber que o fato da troca de polaridades sexuais corporais é um fenômeno relativamente corriqueiro na vida espiritual. Igualmente esperado é o fato de que nem todos os espíritos que reencarnam adaptem-se perfeitamente às propostas reencarnatórias programadas, podendo vir a se comportarem de maneira diferente daquela que foi planejada, pertencendo àquela grande massa de espíritos, que aproveitam apenas parcialmente todas as possibilidades que a experiência reencarnatória nos propicia.

Portanto, a homossexualidade decorrente da distonia sexual mal resolvida entre o espírito e o corpo em que está reencarnado é um acontecimento muito provável. Mas nem todos os que trocam de polaridade sexual numa próxima reencarnação irão desenvolver tal distonia.

Assim, podemos concluir que, para nossa realidade espírita, a troca da polaridade sexual é um fenômeno realmente natural, e a homossexualidade é um fenômeno esperado, quer dizer, que está presente como acontecimento inerente à condição evolutiva de nosso planeta.

A própria História comprova que a homossexualidade sempre esteve presente nas mais diversas épocas e nas mais diversas sociedades, desde as primeiras civilizações, provando que não é criação da modernidade.

De fato, não são somente os seres humanos que apresentam a flexibilidade de ajuste da polaridade sexual, podendo apresentar distonias transitórias: diversas espécies de animais, não somente mamíferos, mas sobretudo os invertebrados, peixes e anfíbios apresentam comportamento homossexual em determinadas circunstâncias. Uma boa parte deles, inclusive, muda realmente de sexo, permanentemente.

Mudanças hormonais e ambientais, que ameaçam a preservação da espécie são seus principais motivos, o que já não ocorre com os humanos, cujas causas são sempre de natureza psíquica.

Embora ocorra, a homossexualidade dos seres inferiores não pode ser equiparada à humana, pois os indivíduos não possuem livre-arbítrio para escolher, e obedecem mais aos impulsos que à vontade propriamente dita. Além do mais, não foram registradas entre eles ocorrências de indivíduos sãos, ou seja, sem alterações genéticas e hormonais, que adotam comportamento homossexual por toda a vida e, sim, em determinadas circunstâncias.

Mas com os mamíferos as coisas começam a ser diferentes.

Diferente desses mais primitivos são os comportamentos homossexuais observados e estudados em primatas não humanos, sobretudo entre os chimpanzés e os bonobos. Os bonobos, notadamente, segundo estudos mais atualizados, apresentam um comportamento homossexual mais próximo ao adotado pelos seres humanos, com motivação de caráter afetivo, embora ainda regido por mudanças hormonais ou interesses 'sociais' dentro da hierarquia do bando.

Muito bem.

Veja aí, querido leitor, que a homossexualidade é ocorrência mais comum do que todos costumávamos imaginar há algumas décadas.

– É, mas todo mundo pode perceber que a incidência dela está aumentando muito. Antes não era assim. O que está acontecendo?

Muitos fatores contribuíram para que a homossexualidade estivesse mais presente nos dias de hoje: a diminuição do preconceito e da ignorância, a liberdade de consciência e os direitos humanos característicos de nossa época, a ausência relativa de movimentos sectaristas violentos e punitivos, e até mesmo o incentivo fornecido aos que 'estavam escondidos', já que o medo de aparecer, embora ainda exista, é muito menor do que antes.

É claro que existem também razões de caráter moral e espiritual para isso, devido ao momento de transição planetária evolutiva que estamos atravessando. Fatores dos quais, por enquanto, poucas pessoas estão conscientes. Os adeptos do espiritismo devem estar conscientes das injunções especiais do momento e dos movimentos reencarnatórios em massa, bem como das características morais, sociais e afetivas, que estão exacerbadas nesta época. A homossexualidade é uma dessas características.

Vamos ver se entendemos.

O INDIVÍDUO HOMOSSEXUAL

Como sabemos, os problemas morais ligados à vivência da sexualidade são uma presença forte no conjunto dos espíritos que reencarnam nesta época de transição evolutiva.

Muitos de nós trazemos nossas aquisições deste campo ainda atrasadas, corrompidas, distorcidas ou simplesmente estacionadas.

Quantos de nós sofremos abusos e discriminação no passado reencarnatório? Quantos abusamos e discriminamos? Quantos de nós não desprezamos a condição masculina ou feminina, malbaratando as oportunidades da paternidade e da maternidade? Quantos não desprezamos a dignidade do exercício enobrecido da libido, para nos entregarmos às suas expressões mais brutalizadas? Quantos não abusamos da dignidade alheia, explorando-a sexualmente, para a satisfação de nossos próprios interesses e apetites? Quantos não teremos resvalado pelos caminhos da irracionalidade, entregando-nos e associando-nos ao franco desequilíbrio nos meandros de práticas horrendas? Quantos não abandonamos compromissos cheios de frutos, que necessitavam de nossa dedicação para amadurecer, deixando à mercê da agonia entes que nos eram queridos há pouco? Quantos de nós, por puro egoísmo, insistimos nos relacionamentos quase unilaterais, desprezando completamente as necessidades afetivas de nossos parceiros, criando, sem o saber, futuros monstros que nos perseguiriam? Quantos recalques, fixações mentais, preconceitos e frustrações estaremos carregando desde então, ou fizemos com que outros carregassem por nossa culpa? Quantos teremos fugido ao menor compromisso afetivo, arraigados que estamos na busca do prazer individual? Quantos boicotamos nossas próprias chances de evoluir moral, psíquica e afetivamente, porque não quisemos renunciar aos nossos pontos de vista, educar e disciplinar nosso comportamento sexual, moralizar nossa expressão da libido?

Difícil haver um de nós, que esteja isento de tais apontamentos.

Portanto, fica fácil compreender que um 'ingrediente' básico, quase onipresente no conjunto de nossas propostas, provas e tarefas reencarnatórias seja as programações de experiências que conduzirão nossa educação psico-afetivossexual.

Para uns, mais leves, para outros, mais intensas. Para alguns serão limitantes, para outros serão sacrificiais. Tudo dependerá de como as compreendermos.

– Já sei, já sei: você vai querer dizer agora que a homossexualidade é uma provação...

De jeito nenhum! Para nós, a homossexualidade é consequência de nossas opções, frente a essas provações. Bem diferente. Ninguém 'recebe' a homossexualidade como imposição reencarnatória.

– Espera aí, agora confundiu tudo! Você está querendo dizer que a pessoa escolhe ser homossexual? Só pode estar brincando. Você nunca ouviu dizer que o homossexual não tem culpa de se sentir assim? Que não pediu para nascer assim? Que simplesmente é assim? Cai na real!

Calma, leitor amigo. Vamos refletir.

Segundo nossa definição de homossexualidade, é preciso que haja relacionamento de caráter sexual com pessoas do mesmo sexo, certo? Ora, você há de convir comigo que ninguém nasce se relacionando sexualmente com parceiros do mesmo sexo desde bebê, não é mesmo? É claro que sabemos, e já comentamos isso, que até os bebês possuem libido e a expressam de maneiras características. Mas não vamos distorcer os fatos, para nos justificar.

Nunca negamos que o desejo ou o comportamento que poderá levar à homossexualidade não seja congênito, isto é, desde o nascimento.

– Mas e então!?

Então, não podemos esquecer que a homossexualidade é um fator que decorre daquela distonia entre a polaridade sexual do espírito reencarnante e a polaridade sexual de seu corpo físico. Certo?

E já dissemos que nem todos os que reencarnam com esta distonia serão homossexuais.

O que devemos levar em consideração é que esta distonia pode se manifestar de muitas maneiras e com intensidades diferentes.

Daí decorre que nem todos os espíritos que estão submetidos temporariamente à distonia de polaridades sexuais desenvolverão o comportamento homossexual.

Portanto, o que pode ser considerado mais ou menos como 'imposição' reencarnatória, ou 'provação', se preferir, é a distonia propriamente dita, ou seja, a reencarnação num corpo físico de polaridade sexual inversa à do espírito reencarnante.

Já as manifestações comportamentais, que irão aparecer como adaptações à distonia, dependem inteiramente do livre-arbítrio do próprio espírito. Inclusive a homossexualidade.

– Você está querendo dizer que a pessoa vai ter que lutar com uma coisa que ela mesma não pode vencer? Que ela vai ter que conviver com isso pelo resto da vida, frustrando-se para sempre? Que vai ter que ser infeliz?

É, acho que chegamos à questão principal, não é querido amigo? Peço a você que tenha um pouco mais de paciência, para que possamos construir uma linha de raciocínio e chegar à sua resposta.

Em primeiro lugar, esses conceitos de 'lutar contra', 'que não pode vencer', 'vida frustrada', 'para sempre' e 'infeliz' são relativos à sua forma de ver o acontecimento. Quando a gente centra a questão nas coisas que não podem ser como gostaríamos que fossem, tudo vira uma catástrofe, uma perda, uma dor. Mas quando a gente descobre que certos acontecimentos estão justamente programados para nosso aprendizado, para nossa evolução e para defender nossos interesses superiores, aí a gente faz o sacrifício que precisar, não é verdade?

Nosso maior problema, então, é ver a questão por este último olhar.

Pois é...

Quando estamos encarnados, o apelo imediatista e a visão materialista nos leva a crer que o sofrimento é insuportável, pois afinal de contas são períodos da vida que nós poderíamos estar 'curtindo', mas estamos sofrendo. Pensamos que nossa vida é curta demais para ser desperdiçada e que, se não tomarmos certas atitudes, iremos perder a chance de sermos felizes. É, naturalmente, o pensamento de 'uma existência só'. Nesse caso, entender a distonia de polaridades sexuais entre corpo e espírito como oportunidade educativa e experiencial é ilógico e impossível.

Entendemos e respeitamos quem acredita que é assim.

Acontece que, graças ao espiritismo, não acreditamos neste modo de ver a vida. Como dissemos, somente o fenômeno das reencarnações e as leis morais que a regulam é que podem justificar e explicar a distonia temporária de polaridades sexuais.

Quando o espírito, estando ainda encarnado, ou já desencarnado – o que é mais comum – se dá conta da realidade mais abrangente da existência espiritual, passa a entender de forma diferenciada as aparentes imposições reencarnatórias.

Muitos de nós somos daqueles espíritos que carregam infelizes experiências marcantes da vivência sexual passada, a invadir constantemente nossa tranquilidade, emergindo da memória como espinhos a nos incomodar.

E quando percebemos que a vida nunca tem fim e que, mesmo assim, essas memórias não nos deixam em paz, que não desaparecem espontaneamente, e que, pior, tornam-se mais cruas à medida que nos tornamos mais conscientes da realidade da vida moral e eterna, chega um momento em que temos que tomar alguma atitude.

É deste ponto em diante que adquirimos coragem moral para encarar a existência das más consequências de nossas ações e dos meios mais eficazes para mudarmos essa situação.

É a partir de então que passamos a buscar ajuda e orientação, e descobrimos que somente agindo de maneira diferente poderemos sanar as vivências que nos incomodam.

A princípio, somos tímidos e covardes, procurando primeiro os meios mais fáceis. É da natureza humana. Mas depois, percebemos que somente agindo verdadeiramente por nossa própria conta poderemos desconstruir e reconstruir nossas aquisições espirituais permanentes.

Logo tomamos consciência de que precisaremos de novas experiências e de novas vivências sexuais, que venham a nos proporcionar oportunidades para essas outras e melhores construções.

Se estivermos encarnados, tomamos várias atitudes que nos levam a perseguir outros objetivos, altamente contagiados pela necessidade e pelo entusiasmo de conquistar e vencer desafios diferentes. Sabemos perfeitamente que encontraremos grandes dificuldades, não há dúvidas quanto a isso.

Para os outros que nos observam o esforço nessa luta, somos somente 'sofredores', 'castrados', 'fanáticos' e iludidos. Para nós, entretanto, que passamos por todo o longo processo de conscientização e reconstrução de valores, essas relativamente árduas experiências, renúncias e sacrifícios estão solidamente justificadas. Aliás, a essa altura, não temos mais a tendência para interpretar os esforços pessoais como dores, sofrimentos, perdas e desgraças da vida, mas sim como processos indispensáveis à aquisição do aprendizado, da consciência e do mérito evolutivo, que culminam na manifestação da satisfação e da felicidade íntimas.

Caso estejamos desencarnados, acabaremos por descobrir nas novas oportunidades reencarnatórias os mais eficazes meios para a transformação verdadeira, traduzidos pelos desafios impostos pelo cenário material que defrontaremos ao voltar para o plano físico.

E é justamente nos momentos de planejamento dos acontecimentos mais importantes da nova jornada reencarnatória, que muitos de nós consideraremos de bom alvitre que nos submetamos à distonia temporária de polaridades sexuais, na esperança de que suas consequências especiais nos ajudem nas experiências intensivas, necessárias às novas aquisições afetivas e comportamentais.

Muitos outros, vítimas dos desequilíbrios mais sérios da vivência sexual, da subjugação, das fixações mentais e distúrbios obsessivos, acabarão, também, pela ação dos espíritos mais superiores que os assistem, por serem compulsoriamente levados à mesma situação, qual seja, a reencarnação com a distonia temporária das polaridades sexuais. Uma vez que poderiam colocar em risco a vida e a dignidade moral de si mesmos e de outras pessoas, caso reencarnassem sem contenções adequadas, são submetidos a experiências emergenciais, nas quais por vezes se inclui a imposição da vida sob a roupagem do outro sexo, antes desvalorizado.

Está dando para entender, querido amigo?

O espírito que sofre por saber que já fez outros sofrerem; aquele que carrega pela vida afora o remorso do tempo perdido diante das oportunidades que a sexualidade disciplinada já lhe ofereceu; aquele que simplesmente é obrigado a lamentar a impossibilidade de conquistar um estado evolutivo melhor, devido às suas poucas conquistas na área da sexualidade, quando seus afins já se encontram em planos melhores; aquele que se vê separado dos seus mais queridos afetos, porque não pode se livrar das consequências de antigos hábitos sexuais; aquele que não consegue paz e harmonia, por se encontrar escravizado aos pensamentos fixos em vontades que não podem mais ser satisfeitas; e ainda muitos outros, que possuem inúmeras razões de incômodo e sofrimento, devido à própria conduta sexual no passado.

Todos esses seres possuem motivos para optar espontaneamente por experiências reencarnatórias desafiadoras, isto é, que lhes forcem, de alguma maneira, provocando estímulos dos quais não poderão escapar, em regime intensivo de reflexão e readaptação, no interesse de deixarem para trás, o mais rápido possível, as antigas memórias desagradáveis, as consequências de atos e hábitos que agora julgam inadequados, além de seu estado atual que muito incomoda.

E como dissemos, a distonia temporária de polaridades sexuais entre o espírito e o corpo quase sempre representa esta grande oportunidade. Difícil, mas altamente meritória.

Muitos outros espíritos não possuem ainda clareza de avaliação de seu estado atual frente às Leis Divinas, colocando a razão de seu inevitável sofrimento, após a colheita dos frutos de suas ações, em objetos, situações e pessoas, e não em si mesmos, persistindo por longo período na escuridão consciencial.

Por vezes, tais espíritos recebem a assistência superior, seja por intervenção de parentes e amigos mais felizes, seja por socorro indireto quando, para ajudar a outros, é preciso ajudá-los. E pode ser que no programa de tal assistência esteja a reencarnação compulsória em corpos físicos de polaridade sexual diferente da que possuem.

Esses são os casos em que os indivíduos realmente 'não pediram para nascer' com a distonia de polaridades sexuais. Neles perceberemos também, por outro lado, a ação superior e sábia de mentores, que visam à estimulação urgente e emergencial desses seres, a fim de evitar que despenquem de vez nos abismos morais que bordejam.

Tais espíritos não pediram para nascer com a distonia sexual, mas fizeram por necessitá-la, como único instrumento eficaz, para sanar seus antigos equívocos. Em alguns desses casos existe franca revolta por parte do reencarnante, fruto da rebeldia frente aos desígnios superiores.

Mesmo em evidente equívoco, o livre-arbítrio será sempre respeitado, e o indivíduo poderá carregar ao seu bel-prazer o julgamento particular dessa questão, moldando futuras ações em desacordo com a condição na qual reencarnou.

Isso, contudo, não modifica as imposições que já estão determinadas pela lei de Justiça, que prevê as reações inevitáveis das ações antigas. Portanto, o espírito renascerá nas condições que intimamente não deseja, visto que não consegue vê-las como lhe sendo benéficas. Ainda assim, todavia, poderá portar-se como quiser, dentro das obrigatórias condições e limitações que traz consigo.

Sem o devido esclarecimento e com a revolta voluntária, o espírito reencarnado corre o risco de complicar ainda mais sua situação, razão pela qual a Providência Divina sempre supre tais pessoas com 'avisos', conselhos e diferentes pontos de vista, que lhes chegam pelos mais diversos caminhos. Mesmo assim, o livre-arbítrio continua a ser respeitado, pois o mérito ou demérito será sempre do espírito convidado a evoluir.

A propósito, acreditamos que essa necessidade de informações é mais uma das razões pelas quais nosso estudo teve que ser realizado.

De fato, segundo a doutrina espírita, podemos compreender alguns casos de sexualidade congênita ambígua, ou hermafroditismo, ou seja, a presença de órgãos sexuais simultaneamente masculinos e femininos ao nascer, pelo choque entre a determinação superior e o esforço destoante da vontade exercida pelo reencarnante, que atuam, ao mesmo tempo, sobre os arquivos espirituais da forma, modelando o perispírito que, por sua vez, modela o corpo físico.

Esta é apenas uma das complicações que podem surgir de tal desacordo. A não aceitação pode ser intensa a ponto de provocar a expressão genética ambivalente durante a formação fetal, que induzirá o desenvolvimento simultâneo de hormônios e órgãos masculinos e femininos.

É claro, lembramos sempre, que não podemos generalizar. Existem muitas outras causas físicas e espirituais para o hermafroditismo.

Bem, grande parte da sua questão já deve estar respondida, caro amigo:

sim, aqueles dentre nós que nascem com a distonia das polaridades sexuais teremos de conviver com ela durante toda a encarnação. Pelo nosso entendimento, contudo, longe de ser uma 'desgraça', tal condição é antes planejada por nós, ou pelos responsáveis por nosso programa de desenvolvimento reencarnatório, a fim de otimizar nosso processo de aprendizado.

Portanto, não se trata de 'lutar contra' essa condição, mas sim de lutar contra as inclinações que ela ajuda a inibir. E nunca, absolutamente nunca estaremos fadados a 'não poder vencê-la', já que ela não está lutando contra nós, e sim exercendo sua função a nosso favor.

Quanto a nos sentirmos infelizes e frustrados, irá depender de como iremos lidar com esta condição e de como iremos interpretá-la e compreendê-la.

Segundo nosso entendimento, nunca fomos 'obrigados' a ser homossexuais, caso não o quiséssemos. O que ocorre é que, diante das circunstâncias, optamos pela homossexualidade, por conta de toda uma miríade de motivos particulares.

Você pode não concordar, é claro, mas homossexualidade é mesmo questão de opção. O que não pode ser mudado, pelo menos nesta encarnação, é o estado de distonia temporária das polaridades sexuais entre espírito e corpo físico.

– Pelo jeito que você coloca, os homossexuais parecem ser sempre indivíduos 'fracos', que acabam 'cedendo à tentação'. Parecem sempre estar 'em dívida' com Deus, 'errados' em sua opção, em sua escolha. Desse jeito, fica caracterizada uma verdadeira 'exclusão', disfarçada de argumentação religiosa moralista!

Parece né? Mas só parece.

Há mesmo quem vá pensar assim, mas se você refletir com honestidade, verá que não dissemos nada quanto a isso. Pelo contrário. Segundo nossa argumentação, o único 'pecado' da pessoa que opta pela homossexualidade é não conseguir agir perfeitamente, cem por cento de acordo com seu programa reencarnatório.

– Viu? Isso é excludente!

Calma aí, querido amigo! Quantas pessoas você conhece que agem perfeitamente e cem por cento de acordo com seu programa reencarnatório, hein? Aqui na Terra mesmo, a condição predominante é a contrária, se é que você ainda não notou!

Têm aqueles que são intolerantes. Reencarnam com uma 'baita' gastrite, a fim de tentarem se educar. Mas continuam sendo intolerantes e sofrendo com a gastrite; há aqueles que são muito vaidosos. Pedem para reencarnar em um corpo físico considerado feio, ou mesmo deformado, para aprenderem a modéstia e a simplicidade, mas continuam sendo muito vaidosos e enfeitando o corpo feio; há aqueles que odeiam determinadas pessoas e pedem para reencarnar como seus filhos ou parentes próximos, a fim de aprenderem a amá-las, mas continuam a odiá-las, embora tenham que suportar sua presença; há os que foram grandes ladrões dos recursos alheios e pedem para reencarnar como representantes da lei, a fim de aprenderem a respeitá-la. Entretanto, continuam a roubar com ajuda do abuso de autoridade, e se encarceram, por vontade própria, nas reações que receberão pela Lei de Justiça.

O que estamos querendo dizer é que quase todos nascemos com nossas 'missões particulares', isto é, com programas reencarnatórios específicos, que enfatizam nossos pontos ainda fracos, visando desenvolvê-los pelo exercício intensivo, ao longo de situações educativas e probatórias de nossas existências.

Agora, se conseguimos dar conta 'cem por cento' desses planos, já é outra coisa.

Veja bem: o intolerante, o vaidoso, o corrupto, os que não toleram determinadas pessoas, os que são tímidos, medrosos, depressivos, ansiosos, covardes, impulsivos, etc., etc., todos estão lutando, constantemente, com suas pequenas ou grandes 'cruzes' particulares. Nós, entre eles... E, apesar disso, levamos nossas vidas como tantos outros.

O que nos diferencia é a maneira pela qual trabalhamos com a consciência de que carregamos características de nossa personalidade que precisam ser refeitas ou buriladas, e que demoram bastante para chegar ao ponto ideal, e a maneira pela qual lidamos com a consciência de que muitas vezes teremos 'recaídas', apesar de já havermos detectado a necessidade de não 'cair' mais.

Nada nos impede, mesmo não sendo perfeitos, de sermos pessoas dignas, disciplinadas, esforçadas e conscientes na luta diária para nosso autoaperfeiçoamento. Trabalhamos, convivemos, temos nossos amigos, familiares, estudamos, nos divertimos, etc...

Analisando por este ângulo, de certa maneira, a esmagadora maioria dos seres humanos está 'em dívida', é 'fraco' diante de Deus, como você disse, e às vezes 'cedemos às tentações'. 'Erramos' de vez em quando.

Existem, ainda, aqueles que resolvem escolher o caminho da irreverência e da inconsequência, agindo como bem entendem, sendo depois obrigados a colher o resultado de suas ações.

Nem por isso estamos condenados. Muito pelo contrário. Sabemos que temos nas reencarnações as oportunidades para nos melhorarmos.

Aliás, vale lembrar que uma das grandes coisas que caracterizam o verdadeiro cristão, o verdadeiro espírita, e generalizando, o verdadeiro homem de bem, é o esforço que ele faz para se melhorar a cada dia, de acordo com sua consciência.

Então, querido amigo, com a homossexualidade não é diferente!

Ninguém espera que possamos dar conta, de uma hora para outra, das arestas que precisam ser reparadas. Ninguém deveria condenar outras pessoas por serem nervosas, orgulhosas, deficientes físicas, intolerantes, medrosas, deprimidas ou ansiosas, não é mesmo? Todas podem levar suas 'vidas normais' enquanto aprendem, não é? O homossexual também!

É uma questão de consciência particular. Nós estaremos em relativa paz, desde que continuemos lutando para melhorar.

– Mas, espera aí:

QUEM FOI QUE DISSE QUE HOMOSSEXUALIDADE É ALGO PARA SER REPARADO?

– Como é que você compara homossexualidade com a intolerância, a covardia, a depressão, a ansiedade e a corrupção?!?

– Quem falou que eu preciso me preocupar em mudar a minha homossexualidade?

Bem, de fato, essas são coisas completamente diferentes. A situação que quisemos evidenciar foi a de que todas essas coisas podem ser reconhecidas como características relativamente comuns nos seres humanos, que não os tiram de circulação, nem os incapacitam para a vida e para as realizações pessoais.

Mesmo assim, são fatores que precisam ser melhorados, corrigidos, entendidos ou eliminados. É claro que uns serão considerados mais, outros menos graves pelos outros indivíduos.

Para nós, que estamos analisando os desafios do sexo, a homossexualidade está entre os fatores que precisam ser entendidos e melhorados, de acordo com nossas possibilidades.

Tudo o que expusemos anteriormente justifica este nosso modo de pensar.

Assim, diante da distonia transitória de polaridades sexuais, existe quem já se tenha conseguido conscientizar e encontrado motivo e razão suficientes para se disciplinar, enquanto aprende. Ótimo! Mérito adquirido. Mas quem optou pela vida sexual com companheiros do mesmo sexo, siga vivendo. Nem por isso será menos humano ou digno.

Em se falando de homossexualidade, a maioria de nós ainda não refletiu a respeito do que realmente a Providência Divina espera, de maneira muito prática, do comportamento quotidiano dos homossexuais.

Supomos que devam agir assim e assado, tomando como modelo nossas ideias e preconceitos.

Aqui neste nosso estudo, vamos deixar também nossas reflexões, como não poderia deixar de ser, a fim de contribuir com o conhecimento coletivo no movimento espírita.

Vamos lá, caro amigo leitor. Veja bem, vamos ser bem coloquiais:

A Providência Divina pega um cara que, por exemplo, está vivendo em corpos masculinos há centenas de anos, por algumas reencarnações, e põe esse cara para reencarnar abruptamente num corpo feminino.

É claro que os espíritos superiores possuem a sua razão, e o cara deve ter motivos para ter que passar por isso. Não vamos questionar. Vamos tentar compreender como é que esse cara vai enfrentar isso.

Vamos também supor que esse cara pode até ter pedido mesmo para reencarnar, assim de repente, num corpo feminino.

Desse modo, não interessam agora nem os débitos nem os méritos que levaram esse cara a ter que reencarnar com uma evidente distonia temporária de polaridades sexuais.

Mas precisamos saber como é que ele poderia se comportar nesta reencarnação.

Será que podemos, com os 'pés no chão', supor que esse cara vai esquecer tudo o que ele aprendeu, tudo aquilo que está acostumado a fazer e a sentir, todos seus mais íntimos valores e gostos, pelo fato de que acabou de reencarnar num corpo de mulher?

Será que nós abandonamos, de fato, tudo o que fomos e aprendemos durante a encarnação passada, pelo fato de termos mergulhado em outro corpo? Será que a influência material do corpo físico é capaz de bloquear totalmente nossas tendências do passado?

Nós, espíritas, bem sabemos que não.

Agora resta perguntar: quanto tempo ele vai demorar para assimilar sua nova condição?

Depois de ter vivido e agido como homem ao longo de 'apenas' duzentos anos, por exemplo – tempo que é pouco, se levarmos em conta nossas diferentes encarnações –, ele vai agir e pensar exatamente como uma mulher após, digamos, doze anos, quando sua libido despertar com mais vigor? Ou vai demorar uns dezoito anos, quando alcançar a maioridade e puder fazer o que quiser? Ou, talvez, venha a demorar uns vinte e cinco ou trinta anos, quando pensar em casar? Ou será que vai mudar de vez na meia-idade? É possível que se adapte na terceira idade, caso não sinta mais a 'pressão' da libido com tanta intensidade?

Quando é que a gente acha que ele já deverá ter aprendido e se moldado perfeitamente ao comportamento feminino?

Aliás, falando nisso, vamos refletir: Quanto tempo nós levamos para superar satisfatoriamente as tendências e comportamentos que precisamos mudar? Será que o processo é simples?

Pois é...

Todos sabemos que somente com muito autoconhecimento, conscientização e esforço contínuo é que poderemos alcançar algum progresso nas mudanças efetivas, que se fazem necessárias em nossas personalidades.

E então? O que a gente faz enquanto isso? Será que basta que nossos familiares, amigos e vizinhos pensem que deveríamos 'ter vergonha na cara' e 'tomar uma atitude firme', para mudarmos imediatamente?

Não vamos dizer que não existam raríssimos casos assim, mas serão, de fato, casos efetivos? A mudança exterior imediata de nosso comportamento acompanha a velocidade necessária para o aprendizado e conscientização reais?

Muito bem...

Diante dessa realidade, que retira nosso verniz social, quem somos de fato? O que a Providência Divina espera de nós, uma vez que sabe muito bem de nossas limitações? O que Ela espera desse cara do nosso exemplo?

Espera que sofra uma metamorfose completa em uma única vida material? Será que a imensa maioria de nós é capaz disso?

Bem, como não somos espíritos muito evoluídos, seremos inevitavelmente obrigados a aprender a conviver com as caraterísticas menos desejáveis de nossas próprias personalidades, não é mesmo? E evidentemente com as características menos desejáveis de nosso próximo. No entanto, nem por isso, em se falando de pessoas moralmente honestas, deixaremos de fazer o esforço contínuo para burilarmos nosso caráter, de acordo com o padrão moral que adotamos.

Aí está, caro amigo leitor, o que temos de compreender: o espírito que passa pela distonia temporária de polaridades sexuais enfrenta as mesmas realidades, limitações e dificuldades que todos os outros. E não é porque a sociedade resolveu se incomodar com ele que estes fatores vão mudar.

Trocando em miúdos: não adianta acharmos que os homossexuais são pessoas que poderiam mudar de comportamento de uma hora para outra, da mesma forma que nós também não podemos ultrapassar os desafios de nossa personalidade num estalar de dedos.

Estagiando numa encarnação com distonia temporária de polaridades sexuais, espera-se que o espírito vivencie, compreenda, aprenda e modifique seus valores mais íntimos a respeito do exercício da libido e da sexualidade.

Aprendizado! É isso que a Providência Divina espera de todos nós!

Agora, quanto tempo vai levar, por que processos particulares nos iremos conscientizar, o quanto iremos sofrer, tudo isso dependerá, naturalmente, de nossas condições evolutivas e de nosso livre-arbítrio, é claro.

O que estamos querendo mostrar, em última análise, é que um indivíduo homossexual não precisa, necessariamente, deixar de ser homossexual, para conseguir algum progresso moral, espiritual e afetivo. É isso que precisamos entender!

Queremos dizer para os próprios homossexuais em conflito que não precisam acreditar que Deus seria tão injusto quanto boa parte dos homens o é.

Contudo, devemos entender a homossexualidade como um desafio, um fenômeno que precisa ser compreendido como fonte de aprendizado. E quanto mais incômodo essa condição trouxer, mais estímulo nos dará, até que compreendamos as mudanças a serem levadas a efeito.

Portanto, achamos pouco provável que a Providência Divina possa esperar que aquele cara do nosso exemplo esqueça completamente sua polaridade sexual, que seja capaz de suportar, cem por cento, a frustração e o conflito, portando-se de maneira exemplar, abrindo mão, de vez, de suas necessidades afetivas e sexuais, a fim de entregar-se inteiramente às determinações da lei de causa e efeito, no período de uma única reencarnação terrena.

Veja bem, caro amigo leitor: parece-nos que o objetivo maior da distonia temporária de polaridades sexuais é estimular o espírito a compreender e valorizar os mecanismos da expressão mais nobre da libido, como o vínculo afetivo, a família, a maternidade ou a paternidade, as regras de convívio, a cidadania, a renúncia, além da fidelidade e do amor que os acompanham. Isto é conseguido, de um lado, pelo conflito, pelo desconforto, pela segregação e pelas limitações que nossa sociedade, infelizmente, ainda lhes impõe e, por outro lado, pelo interesse em se autoconhecer, compreender sua própria situação, ajustar-se o melhor possível, buscar ajuda em várias instâncias, procurar agir de acordo com propostas moralmente sadias.

De que adianta que o homossexual adote uma postura teatral, para ser melhor julgado e aceito pela sociedade, comportando-se de maneira artificial, sem conseguir perceber, de fato, a real importância de sua situação? Que progresso alcançará tal indivíduo, se fingir ao longo de toda uma reencarnação? É certo que em meio ao processo de reeducação ele pode tentar ajustar-se externamente o melhor possível, assim como qualquer pessoa ajusta máscaras temporárias, enquanto aprende a ser melhor. Mas pensarmos que, pelo simples fato de estar se 'comportando bem' diante dos outros, ele já conseguiu seus necessários méritos, é confessar que nós próprios estamos habituados a fingir que somos melhores, quando não o somos.

Assim, mesmo em meio à opção pela vivência homossexual, toda pessoa pode buscar compreender a si mesma, conviver, melhorar, criar vínculos, ser responsável e fiel, construir relações e afetos dignos e moralmente proveitosos. E isto significa, sem dúvida, progresso espiritual.

Enfim, mais vale a pessoa portadora da distonia temporária de polaridades sexuais que optou pela homossexualidade esclarecida, em pleno esforço de progresso moral, do que aquela que resolveu ser socialmente aceita por medo do preconceito, mas que intimamente não mudou, nem refletiu acerca de sua condição.

Ora, de todas as situações nascem oportunidade para melhorar, desde que nos esforcemos.

Vamos supor que eu, por exemplo, trago a ambição como minha cruz particular, que quanto mais ambicioso sou, pior para mim. Querendo ou não, estou trazendo consequências para meu futuro. Irei vivendo, até entender essa realidade e me modificar.

Ele, ainda no exemplo, traz um medo tão grande de se relacionar, que se isola socialmente, sofrendo enquanto não conhecer, identificar e anular este medo, ao longo de sua vida. É a sua cruz.

E aquele outro traz problemas de adaptação sexual, quanto ao gênero de seu corpo e de seu espírito: essa é sua cruz, como os outros têm as deles! Nem por isso deixa de tentar acertar o máximo que puder.

Ele tenta formar uma família, estabelecer um relacionamento estável e digno, mesmo que homossexual. É claro que não deixa de enfrentar os problemas íntimos, que essa condição particular acarreta todos os dias.

Alguns negam esses problemas, outros os disfarçam, há aqueles que os transferem para outrem, aqueles que simplesmente fingem que tais problemas não existem e, outros, ainda, procuram compreender essas questões e resolvê-las na medida do possível.

Então, procuremos encarar as coisas assim, caro amigo: as consequências conflitantes da homossexualidade, do nosso ponto de vista, são fatores a serem entendidos e superados ao longo do tempo, do mesmíssimo jeito que todas as pessoas fazem quando possuem seus problemas, deveres e obrigações morais particulares, permanecendo ocupadas com seus programas reencarnatórios pessoais.

Entretanto, como todas as características fortemente enraizadas em nossos espíritos, esses problemas demandam tempo, esforço, paciência, tolerância e aprendizado, para serem modificados.

E isto é uma questão de crença, conhecimento e vontade.

Outro ponto que fica, quase sempre, na obscuridade, toda vez que se discute esse assunto, é a 'posição' das Leis Divinas quanto à homossexualidade.

Devemos dizer, para sermos justos, que o relacionamento homossexual não é, de fato, 'contrário' às Leis Divinas. Mesmo porque, sendo elas que regem todo o funcionamento do Universo, e nada estando fora de seu controle, a simples existência de algo que não está previsto, ou que não obedeça a seus propósitos é meramente impossível.

Contrário às Leis Divinas seria lançarmos uma pedra ao chão e ela 'cair para cima'. No entanto, é bem possível que ela suba, se a amarrarmos em um balão de ar quente.

Neste caso, diríamos que encontramos um meio de 'desviar', ou 'fugir' à lei da gravidade. Contudo, ela permanece presente e sempre atuará sobre a pedra. No fim, seja lá quanto tempo passar, quem será que conseguirá manter sua atuação constante: o balão ou a gravidade?

Bem, deixando pedras e balões de lado, o que queremos dizer é que poderemos manter situações que aparentemente contrariam as Leis Divinas, mas que não passam de estados transitórios, ou adaptativos, criados por nós mesmos.

De certa maneira, a homossexualidade é uma destas situações, pelo menos em alguns aspectos, como a reprodução e o próprio exercício da sexualidade, por exemplo. Por mais que façam, casais homossexuais não conseguirão obter a gestação pelas vias biológicas costumeiras, nem experimentar as sensações físicas que os heterossexuais experimentam durante o ato sexual, a menos que recorram a outros subterfúgios.

Não podemos negar que os corpos geneticamente formados machos e fêmeas possuem suas funções muito bem delimitadas, e que as leis da biologia ainda agem constantemente sobre eles. É claro que hoje em dia essas 'programações originais' podem ser artificialmente alteradas. Contudo, tais alterações não modificam as leis da genética.

Mas de outras maneiras, comumente insuspeitadas, a homossexualidade enquadra-se perfeitamente às Leis Divinas: muitos outros propósitos da libido sublimada podem ser desenvolvidos no relacionamento homossexual, tanto quanto no heterossexual, como, por exemplo, os vínculos afetivos duradouros com o exercício da fidelidade, do respeito, da renúncia, do amor verdadeiro; a convivência no laboratório evolutivo familiar, com o exercício da fraternidade, da solicitude, do respeito a regras, da partilha; a superação ativa do egoísmo e do orgulho, incentivada pelos desafios e obstáculos; o desenvolvimento dos valores afetivos e morais que espiritualizarão o ser humano e mudarão a sociedade.

– Ei cara! É difícil acreditar nisso aí, hein?

Por quê?

– Porque o que a gente vê por aí não é tão certinho assim não!

E você já viu tudo?

– Como assim?

Você conhece a rotina de um casal homossexual estável, honesto e esclarecido?

– Ah, mas isso é coisa rara! A maioria não é assim não!

Sabe, querido amigo, eu mesmo poderia dizer que a maioria dos casais heterossexuais que eu 'vejo por aí' não é assim não. Mas eu não conheço as estatísticas mais reais, para poder afirmar que a maioria dos casais heterossexuais é instável, desonesta ou ignorante. Nem por isso desacredito na existência do vínculo heterossexual estável, honesto e esclarecido, pois conheço muitos indivíduos que os mantém.

Penso que isso vale igualmente para os casais homossexuais. Portanto, acho que sua observação é preconceituosa.

Sendo bastante formal e um tanto rigoroso, diremos que acreditar que a homossexualidade é um comportamento que está totalmente incluso nos objetivos finais das leis de evolução física, moral e espiritual é, do nosso ponto de vista, querer justificar um estado necessariamente temporário, por não conhecermos a vida imortal do espírito e suas diferentes reencarnações.

É querer 'normalizar' uma situação especial, por não encontrar nenhuma justificativa específica para sua existência. Agem assim, e é compreensível, aqueles de nós que escolhemos a filosofia materialista e imediatista da existência humana. Para estes, devemos entender, não existe realmente nenhuma finalidade preconcebida na ocorrência da homossexualidade, que lhes parece um fenômeno aleatório. E já que os seres humanos homossexuais não demonstram qualquer indício de anormalidades físicas ou mentais, por esse prisma, não há nada que possa ser feito, a não ser aceitar e lutar para conseguir seu 'lugar ao sol'.

Para nós, espíritas, contudo, a realidade é bem diferente. Conviver com a homossexualidade em nós, ou nos outros que nos são próximos, torna-se um desafio ao exercício da compreensão, do respeito e da fraternidade, da responsabilidade, do esforço e do aprendizado.

Não somos, por opção filosófica, daqueles que acham que 'está tudo normal' ou que 'nada está acontecendo'. Muito menos, pelo mesmo motivo, daqueles que radicalizam a situação, deixando apenas as opções de 'ou é' ou 'não é'.

Você, querido amigo ou querida amiga que optou pela homossexualidade, não precisa achar que o correto é 'virar homem' ou 'virar mulher', mas, sim, estudar seu estado íntimo e descobrir, a partir desse exercício de autodescobrimento e autoconhecimento, como agir de maneira nobre, digna e honesta, a fim de angariar aprendizado espiritual. Portanto, não se trata de assumir sem razão um comportamento aceitável, ou 'chutar o balde' de vez, mas, sim, de transformar-se intimamente, com base no entendimento e na contínua compreensão de novos valores.

Pode estar certo de que agindo do melhor jeito que pudermos, a partir do conhecimento que possuirmos, estaremos desempenhando perfeitamente nossa tarefa evolutiva, e seremos conduzidos, sem dúvida, a novos e contínuos aprendizados.

Equívoco é achar que seremos e nos comportaremos sempre do mesmo jeito!

Devemos nos lembrar de que dramas intensos e limitações severas existem aos montes, mas ninguém está abandonado por Deus.

Podemos encarar aqueles que não aceitam a homossexualidade como fator educativo, da mesma maneira como encaramos aqueles que tentam negar que possuem algo importante, que não permite que vivam como gostariam de viver e que, por mais que façam, não podem fugir a isso.

São casos realmente intensos, ímpares, importantes.

A homossexualidade não pode ser banalizada. Ela deve ser aceita, integrada e protegida. Nunca desprezada, nunca ignorada e, acima de tudo, jamais disfarçada, nem em sua intensidade, nem em suas causas, nem em sua finalidade.

Ainda assim, cada qual pode pensar e agir como quiser. Só não pode fugir às consequências de suas ações.

Nossos problemas giram em torno do fato de que cada porção da sociedade adota um sistema de crenças, ou paradigma, que às vezes são frontalmente discordantes, defendendo mais a interesses particulares do que se adaptando aos fatos.

Muitos acabaram por julgar, de maneira precipitada, a homossexualidade pela conduta desregrada de muitas pessoas homossexuais, que adotam a promiscuidade como hábito, os enfrentamentos públicos como estratégia de poder e a irreverência como bandeira equivocada de liberdade.

Assim como qualquer heterossexual que promove e exibe uma conduta social e moral desequilibrada, esses homossexuais prestam um desfavor à sociedade em geral, e não podem ser tomados como modelos para a construção de valores e respeito à homossexualidade.

Lembremo-nos de que nem todos adotam o comportamento homossexual pelos mesmos motivos, nem estão nas mesmas condições reencarnatórias, nem possuem o mesmo esclarecimento moral e espiritual. Cada caso deve ser entendido como único.

Assim sendo, o indivíduo homossexual não pode ser julgado de antemão, nem lhe podem ser imputadas as características depreciativas ou validadoras com as quais tendemos a rotular.

Sendo heterossexuais ou homossexuais, não estamos isentos da obrigação moral de agirmos de maneira digna e lutarmos com honestidade, a fim de conquistarmos posição social, moral e afetiva respeitável, pois todos estamos sob a jurisdição das Leis Divinas.

É claro que todos nós que vivenciamos os diversos 'desafios da sexualidade' nem sempre escolhemos os caminhos mais adequados. No entanto, o livre-arbítrio é sempre respeitado, desde que não lese os direitos dos semelhantes, uma vez que somente a experiência própria pode ser significativa o bastante para que nosso aprendizado e nossas decisões sejam seguros. Para tal contribuem não somente os acertos e sucessos, mas principalmente as desilusões, o sofrimento e a dor.

É da nossa condição humana.

A HOMOSSEXUALIDADE COMO MOVIMENTO SOCIAL

Todo movimento social tem uma história particular, geralmente multifatorial e complexa. No entanto, possui também, segundo sua categoria, características comuns, que podem ser mais facilmente percebidas.

Com a homossexualidade não é diferente.

Não poderemos discutir todos os detalhes do movimento social que envolve a homossexualidade, pois não somos especialistas no assunto, nem é este nosso objetivo. O que queremos é destacar alguns pontos que nos interessam, pois falam da intenção e do posicionamento moral ao redor da vivência sexual.

A LEGITIMIDADE

Uma das conquistas mais importantes do movimento homossexual foi a conquista da legitimidade. Legitimidade, acrescentamos, em diversos níveis, mesmo que não planejados: legitimidade da homossexualidade como fenômeno, envolvendo os estudos atuais sobre o transtorno de identidade de gênero e a existência da distonia transitória das polaridades sexuais; legitimidade do indivíduo homossexual e as razões do comportamento homossexual.

Junto com a legitimidade, apareceram a inclusão social e os direitos legalmente garantidos.

Todos pudemos acompanhar a evolução da inclusão social dos homossexuais, que partiram de longos anos de reclusão, passando por intenso preconceito e rejeição, até poderem ser aceitos como integrantes dos inúmeros grupos sociais. Ainda hoje estão em plena luta.

Muito importante para nós são as considerações a respeito de seus direitos sociais e de sua inclusão social. Isto porque elas determinam, indiretamente, o quanto aceitamos os indivíduos homossexuais sem julgamentos de valores, mas simplesmente como pessoas com características particulares como quaisquer outras reconhecidas como parte integrante da sociedade.

Para quem não vivencia ou não vivenciou diretamente o drama dos homossexuais durante os períodos mais agudos do preconceito, pode ainda ser difícil compreender o quanto foi importante, mesmo que à força de lei, conseguir que pudessem ter seus direitos básicos garantidos.

Somente quando refletimos acerca dos ensinamentos do Cristo, tais como a fraternidade, o fato de que somos todos espíritos irmãos, submetidos às mesmas Leis Divinas, com os mesmos direitos e deveres morais, espantamo-nos diante da exclusão social grotesca que os indivíduos homossexuais sempre sofreram e ainda sofrem.

A homofobia, tanto quanto o racismo, é indicador seguro da persistência de nossa ignorância, medo e orgulho, toda vez que nos deparamos com o que é diferente do que conhecemos. É também indicador, razoavelmente fiel, de como lidamos com os fatos que não aceitamos na própria vida pessoal.

Bem, para quem se deixa guiar pelo "Não julgueis, para não serdes julgados", o fato de que a homossexualidade e os homossexuais estão sendo integrados paulatinamente à sociedade, tem feito crer que, pelo menos, estamos buscando compreendê-los, em vez de discriminá-los.

Começamos a entender que os indivíduos homossexuais são pessoas que, como nós, precisam viver, trabalhar, ter seu espaço na sociedade, exercer seus direitos e considerar seus deveres. Começamos a ver o absurdo que significa julgá-los de maneira massificada, uma vez que possuem sua individualidade, como qualquer ser da espécie humana. São pessoas que vivem como as outras, possuindo as mesmas fraquezas e necessidades.

Foi difícil entender que a homossexualidade não transforma as pessoas em trânsfugas, em animais irracionais incapazes e brutalizados, muito embora existam homossexuais que agem dessa maneira, tanto quanto há heterossexuais que também agem assim. Foi difícil entender que a homossexualidade não leva obrigatoriamente a pessoa aos antros de prostituição, às doenças sexualmente transmissíveis ou à AIDS, embora existam homossexuais que optaram por este tipo de vida e tiveram que enfrentar essas dolorosas consequências, da mesma maneira que os heterossexuais que buscaram esse tipo de vida viram-se forçados a encarar seus efeitos.

– Ei! Espera aí! Agora sou eu quem pergunta: só porque os caras conseguiram legitimidade, os outros têm que tolerar tudo o que eles fazem?

– Concordo! Olha só que bagunça eles estão fazendo com o casamento e a paternidade! Fora o que eles extrapolam com esse negócio de liberdade total! Tem uns até defendendo o aborto e a legalização das drogas!

Está certo, pessoal. Temos mesmo que considerar estas coisas. A legitimidade não é licença para abuso de nenhuma condição.

Como espíritas, concordamos totalmente com a conquista da igualdade social, dos direitos garantidos por lei, da defesa contra o preconceito e a exclusão social.

Mas isso não quer dizer que, embora todos os espíritos tenham direito ao reconhecimento e ao acolhimento, possuam todos os mesmos méritos. Muito pelo contrário!

A lei de justiça existe, porque nem todos fazem as mesmas coisas e merecem os mesmos méritos. A lei de progresso existe, porque cada um está num momento evolutivo específico.

Todos temos o direito de avaliar moralmente cada ato e movimento individual ou coletivo, tendo nossas próprias opiniões e valores. Mas temos que fazer isso com justiça.

Não podemos nos esquecer de que muitos heterossexuais também estão 'bagunçando' o casamento, a paternidade, defendendo o aborto e a legalização das drogas. Mas não todos os heterossexuais. Do mesmo modo, não são todos os homossexuais que agem de maneira irresponsável e defendem argumentos equivocados.

Cuidado ao 'condenar': "Que atire a primeira pedra aquele que estiver sem pecado".

Mas isso não implica que a gente negligencie o dever de aprender, refletir, valorizar e agir de acordo com o que é moralmente correto, segundo nossos critérios individuais.

Ou seja, temos o dever de ser coerentes com aquilo em que acreditamos, mudando o mundo ao redor de nós, espalhando conceitos bons e sadios, segundo o que achamos correto. Por outro lado, é importante que respeitemos o direito do outro de falar daquilo que acredita ser o certo, pois também tem esse direito.

No entanto, somente o que é bom para todos acabará por prevalecer, não tenhamos dúvida.

Desse modo, sem agredir o direito moral dos outros, é importante que digamos, não estamos de acordo com uma série de reivindicações do movimento homossexual, uma vez que nos pautamos pelas diretrizes da doutrina espírita.

Senso moral

A História nos revela que nem sempre os movimentos sociais são coerentes, e que, não raro, os oprimidos se transformarão em opressores, assim que tiverem uma oportunidade para isso.

Foi assim com os alemães na Segunda Guerra, com os israelitas na atualidade, com a igreja na Idade Média. Foi assim com a Revolução Francesa e é assim com os inúmeros conflitos entre etnias sociais da África, etc., etc.

Outros fatos mostram que os oprimidos são... não mais do que oprimidos. Parece óbvio não é?

É. Na maioria das vezes, contudo, eles acreditam que se transformaram em heróis, como num passe de mágica, porque estão na condição de sofredores e, acontece também dos outros os transformarem magicamente nestes heróis.

Muitos de nós, que assistimos o drama dos oprimidos, e os próprios oprimidos em si, atribuem-se virtudes que às vezes não possuem. Temos uma forte tendência de esquecer o lado ruim, quando enaltecemos o lado bom.

É assim, por exemplo, que assistimos muitos daqueles que participaram ativamente do movimento para a liberação sexual da década de sessenta – e que foram transformados em heróis – mostrarem-se bastante perdidos e desorientados, passando a agredir com brutalidade aqueles que antes criticavam por serem brutos, passando a se comportarem de maneira indisciplinada e inconsequente, transformando-se, na verdade, em exemplos de má conduta e desordem social. Houve aqueles que cometeram suicídio abertamente, enquanto outros morriam por overdose.

Poderíamos citar muitos outros exemplos. Mas parece que já ficou claro que o simples fato de sermos integrantes de minorias sociais oprimidas e discriminadas não faz de nós pessoas melhores. Será preciso que aprendamos com esta condição e nos esforcemos por melhorar. Ninguém muda, magicamente, pelo fato de estar apoiando os que aparentemente estão com a razão.

Já deu para perceber onde estamos querendo chegar, não é?

Pois é...

Apesar da intensa propaganda pela aceitação na mídia, apesar de aceito como 'politicamente correto', apesar da lei contra a discriminação – que são todas elas conquistas legítimas –, o movimento homossexual não torna os seus adeptos melhores sem que eles queiram e se esforcem para que isso aconteça.

Nem todos os homossexuais são conscientes disso, e 'embarcam' na condição de oprimidos, a fim de fomentarem ideias moralmente descabidas e comportamentos ideologicamente desequilibrados, muito mais interessados em tentar legitimar sua própria maneira de viver do que em pensar na coletividade.

A soma da conscientização ética e social dos adeptos de um movimento determina sua orientação geral.

Portanto, analisando muitas das reivindicações do movimento homossexual, na condição de espíritas, não podemos concordar com todas elas, justamente por evidenciarem que a orientação geral do movimento, nesses aspectos, se distancia do que aceitamos como senso moral.

Percebemos claramente a infiltração de ideias que carecem deste senso moral, minando a legitimidade espiritual do movimento. Por trás de tais ideias está a presença de muitos espíritos desencarnados, ainda iludidos a respeito das finalidades de sua vivência sexual.

No entanto, estamos conscientes de que essas ideias não representam o todo. Mesmo porque somos testemunhas de opiniões de muitos homossexuais, que divergem claramente das mesmas.

Não podemos concordar, por exemplo, com a desejada liberdade irrestrita de ação e expressão.

– Credo! Isso tem a ver com ditadura e opressão, não é não?

Pense um pouco, querido amigo. Quem você conhece que possui liberdade irrestrita de ação e expressão, hein?

Vivemos em sociedade e, portanto, uma noção básica de cidadania é o claro entendimento de que nossos direitos acabam, quando esbarram nos direitos dos outros; que nossa liberdade acaba, quando esbarra na liberdade alheia. Ultrapassar esses limites é cultivar o orgulho, o egoísmo e seus derivados. É perverter a ordem.

O único lugar em que podemos ser totalmente livres em relação aos outros é no campo das ideias e ideais. Mas assim que passarmos à ação, não estaremos mais livres das Leis Divinas, que atuam sobre o nosso estágio evolutivo, forçando-nos a colher os resultados de nossas ações.

Temos também ampla liberdade para julgar e atribuir os valores que quisermos às situações e coisas. Entretanto, somos obrigados a conviver com as consequências dos valores que escolhemos. Muitos deles nos cegam para a realidade; outros nos desviam de caminhos melhores; outros ainda nos podem ajudar a evoluir. De qualquer maneira, somos escravos dos valores que adotamos.

Portanto, querido amigo, aprendemos com a doutrina espírita que a verdadeira liberdade provém da sabedoria, e não da falta de limites. Aliás, todos os limites que nos são impostos são fruto da Grande Sabedoria.

Sabendo de tudo isso, perguntamos: "Como é que os homossexuais podem querer liberdade irrestrita para seu comportamento? São, de fato, todos eles mais sábios que os demais?"

– Qual é, cara! Você está dizendo que somos todos burros?

Calma aí, melindrado amigo. Estas considerações servem para todos, sejam homossexuais ou heterossexuais.

Continuando...

Junto com as reivindicações de liberdade total, algumas facções do movimento homossexual apoiaram ou apoiam a legalização irrestrita do aborto e do uso de drogas ilícitas, como foi mencionado há pouco.

Como podemos concordar com isso, moral e espiritualmente falando, sendo espíritas, quando defendemos o direito universal à vida e conhecemos os danos à saúde e à espiritualidade que as drogas ilícitas provocam?

– É, mas o corpo é meu, e eu faço com ele o que eu quiser!

Então você vai simplesmente 'passar a borracha' no lado ruim dessas atitudes? Ou acha que pode se livrar das consequências?

Bem, se ficarmos aqui argumentando sobre essas diferenças de opinião, vamos nos distanciar de nossos reais objetivos.

O que gostaríamos de destacar, com tudo isso que dissemos, é que o movimento social da homossexualidade ainda não é maduro nem homogêneo, como tantos outros movimentos também não o são. Falta também à massa de seus adeptos o que Kardec chamou de 'maturidade do senso moral', que traduz a capacidade adquirida pela evolução moral, no sentido de compreender e se ajustar ao movimento geral do universo, regido por leis imutáveis e sábias.

E é por isso que não podemos concordar com tudo que o movimento social da homossexualidade propõe. Não que já nos encontremos no estado de perfeita maturidade deste senso moral. Longe disso! Mas é que procuramos nos guiar, pelo menos, pelas noções mais básicas da observação e finalidades evolutivas de nossas existências.

Além disso, notamos que, como em vários outros movimentos, entre os homossexuais existem correntes de pensamentos que 'mascaram' interesses egoístas e inconsequentes, dos quais a doutrina espírita diverge.

Ideologia e filosofia

É notório que todos os movimentos sociais são constituídos de um conjunto de ideias a serem defendidas, ou impostas; de estratégias, para que se alcance esse objetivo e, finalmente, dos efeitos gerados pela vivência de tais ideias nos campos social, afetivo, familiar, profissional, religioso, etc.

Esse conjunto nos informa a respeito da ideologia e da filosofia que motivam os movimentos sociais.

Faz parte deste nosso estudo analisar, ainda que rapidamente, a ideologia e a filosofia que somos capazes de perceber no movimento social da homossexualidade. Naturalmente que estaremos fazendo isso pelos parâmetros espíritas, e de maneira muito limitada ao nosso estudo, é importante que voltemos a frisar.

Nosso intuito, repetimos, é contribuir com mais informação e reflexão sobre importantes posicionamentos morais inevitáveis que deveremos ter, já que a homossexualidade não pode mais ser afastada dos desafios sexuais de nosso cotidiano.

Respeitando a condição e o entendimento de cada leitor, reiteramos que não temos a intenção de agredir, mas de informar. Mesmo porque nada temos a ganhar com as críticas, ao passo que muito temos a ganhar, informando.

Como não acreditamos pessoalmente na imutabilidade do caráter moral das pessoas, também não temos o hábito de rotulá-las de maneira indelével. Por isso, não temos a preocupação de estar 'condenando' ou 'absolvendo' a quem quer que seja, já que todos somos livres para mudar de opinião.

Então, querido amigo, sinta-se livre para discordar, concordar, ou mudar de opinião.

Segundo os parâmetros que escolhemos dentro da vivência cristã da sexualidade, descobrimos que a libido direcionada possui funções mais importantes do que antes supúnhamos, e que sua finalidade ultrapassa nossos interesses puramente pessoais. Aliás, a libido direciona nossos interesses pessoais para finalidades universais.

Recordamos que sem a libido, ainda hoje estaríamos nos estágios mais primitivos de evolução, e que teríamos nos atrasado muito no desenvolvimento das construções afetivas e sociais.

Por isso, sempre tentamos colocar em foco, nas análises que estamos fazendo, os motivos mais nobres e espiritualizados possíveis, a fim de que sirvam de padrão para nossas comparações inevitáveis.

Logo, isso vem a facilitar a avaliação de qualquer proposta comportamental que nos seja apresentada.

E é assim que faremos, igualmente, com a avaliação da filosofia e ideologia do movimento social da homossexualidade.

De antemão, sabemos que nem todos os homossexuais gostariam de ser incluídos entre os integrantes deste movimento, pois pensam de forma diferente.

Tudo bem. Estamos cientes disso. Vamos analisar o conjunto, sabendo que este é relativo.

Pois bem. Quando presenciamos na mídia, nas conversas e nos acontecimentos sociais, as manifestações pró-homossexualidade, ficamos a pensar no que estarão, de fato, defendendo.

A mensagem que passam nem sempre é explícita e o comportamento dos personagens desses acontecimentos diz mais que suas palavras. Algumas evidências são boas, outras nem tanto.

Os organizadores das 'paradas gay', por exemplo, lutam pelo reconhecimento social e pelo espaço no quotidiano. Uma boa parte dos integrantes da 'parada', entretanto, empenha-se em apresentar comportamentos irreverentes, exóticos e impudicos, por vezes, aproveitando para romper limites, que rotineiramente seriam respeitados.

Tudo bem. É um movimento para mostrar liberdade mesmo.

Mas a mensagem subliminar é bem outra, e qualquer pessoa que pare para observar mais detidamente saberá distingui-la, ou percebê-la.

Concordamos perfeitamente com as intenções de inclusão social e reconhecimento. Sabemos, é claro, que não estão perturbando a ordem e não estão querendo agredir a quem quer que seja, além de estarem exercendo um direito legal, democrático e de cidadania.

– Então, o que há de errado?

De errado, mesmo, não há nada. Nada 'indecente', nada ilegal.

Mas o que salta aos olhos é que a liberdade tão defendida por alguns não é apenas a liberdade civil, social, mas também a liberdade para poderem fazer qualquer coisa, sem os limites morais, sem propósitos socialmente úteis, como quem deseja e acredita firmemente que é correto esquecer qualquer limite ou regra.

A liberdade de expressão e de ser como querem deve mesmo ser respeitada, e está garantida por leis. Isto não significa, contudo, que esta forma de exercer e expressar a liberdade seja moralmente correta perante as Leis Divinas.

Parece-nos que, na ânsia de serem reconhecidos, muitos homossexuais – falando de maneira geral, é claro – ultrapassaram algumas barreiras morais, que servem para qualquer pessoa. Usam o movimento como desculpa, a fim de legitimar comportamentos que, de forma alguma, seriam aceitos.

Portanto, temos de fazer ressalvas quanto à ideologia divulgada e a ideologia vivida, mostrando filosofias de viver muito diversas.

E isso é comum entre todos nós, que falamos da boca para fora sobre um monte de coisas que gostaríamos de acreditar, mas que agimos de maneira antagônica.

Os espíritas conhecem também muito de perto este fenômeno, já que temos entre as nossas fileiras os que falam de amor e justiça e agem com orgulho e egoísmo.

Nada mais comum entre nós, humanos.

O que não podemos é deixar de estar conscientes de que isso existe, e compreender que estamos nos esforçando para melhorar.

Dizemos frequentemente: "Existe o espiritismo..., e existem os espíritas".

Assim temos de dizer também que "existe o movimento de defesa e legitimação dos homossexuais..., e existem os homossexuais".

Para fazermos justiça, temos de nos tornar conscientes de que os movimentos coletivos nem sempre fazem propaganda dos reais interesses de seus adeptos. Portanto, preferimos ainda insistir que os homossexuais, assim como qualquer outra pessoa, devem ser reconhecidos individualmente. Desta forma, estaremos evitando julgamentos errôneos, advindo de observações inexatas.

É notório que, muitas vezes, os movimentos de massa são utilizados para fins escusos, por inteligências invulgares, sobretudo as desencarnadas.

Os espíritas sabem que as ações para o incremento da sexualidade brutalizada são, atualmente, bastante intensas, advindas das inteligências do mundo espiritual inferior, no interesse de bloquear o esclarecimento moral, que leva ao comportamento espiritualizado. Essas inteligências transviadas sabem que perderão seus domínios e sua influência, à medida que os espíritos se esclareçam e se libertem dos comportamentos que os ligam à vida material e às sensações da matéria.

Todos os movimentos sociais em torno da sexualidade, que surgiram desde os anos sessenta do século XX, têm sofrido assédio constante da grande massa dos que colaboram com os dirigentes mal-intencionados do plano espiritual inferior, lutando contra o progresso moral da humanidade.

Sabemos que o movimento social da homossexualidade tem sido, também, alvo dessas mentes.

Então, fazemos aqui nosso alerta e nossa síntese. É inegável que o movimento homossexual está embasado em propostas legítimas e humanas, com as quais concordamos sem ressalvas, fazendo-lhe honras e integrando-nos aos seus esforços, em respeito aos nossos irmãos em humanidade.

Mas somos conscientes de que, individualmente, os integrantes deste movimento nem sempre pensam e agem de acordo com suas propostas mais nobres. Temos consciência, igualmente, de que os próprios dirigentes e organizadores desse movimento divergem entre si, o que é uma das razões pela qual ele é tão heterogêneo. Portanto, nem sempre os eventos que este movimento organiza refletem ideologias e filosofias que podemos, como espíritas, aceitar.

Como observadores atentos, não podemos deixar de considerar a existência de influências espirituais, isto é, de espíritos desencarnados, sobre todos os aspectos do movimento homossexual, reconhecendo que existem aquelas que exercem induções dignificantes e aquelas que exercem induções brutalizantes.

Por último, entendemos que os homossexuais devem ser reconhecidos individualmente, como qualquer ser humano, pois a realidade particular varia ao extremo, em relação à ideologia e filosofia coletivas.

QUESTÃO DE CONSCIÊNCIA

Bem, de posse destas informações, caberá tomarmos posição um pouco mais definida diante de nossa própria consciência.

Pode ser que as informações que passamos não sejam novas para algumas pessoas, mas, para aquelas que estão analisando pela primeira vez considerações como estas, seria útil pensarem um pouco no assunto.

Naturalmente que as pessoas que estão felizes com seu modo de ser, não encontrarão aqui nada mais que informações adicionais e, talvez, até curiosas ou dispensáveis. Tudo bem.

Mas nos dirigimos principalmente àqueles que estão buscando informações para reformarem valores, condutas, entendimentos, para enriquecerem suas ideias e ampliarem sua capacidade de compreensão e, especificamente para aqueles que, de alguma maneira, sofrem por vivenciarem conflitos de difícil solução.

Para você, querido amigo, que se incomoda com os apontamentos de sua consciência, ou que se encontra em posição ainda desconfortável diante das próprias ideias, é provável que este estudo faça alguma diferença. Portanto, gostaríamos de lembrá-lo de alguns argumentos importantes.

Em primeiro lugar, veja que a homossexualidade é um fenômeno realmente previsto durante a evolução dos seres. Então, se este for o seu caso, comece por considerar que você está longe de ser uma aberração. Veja que os homossexuais não estão excluídos do plano divino, nem condenados pelas Leis Divinas.

Depois, atente para o fato de que o conflito de identidade sexual é real, e não 'frescura' de seu portador.

Lembre-se do que dissemos a respeito da distonia temporária das polaridades sexuais e você compreenderá, mais profundamente, a sua condição reencarnatória.

Então, considere que nada está ao sabor do acaso, já que nossas reencarnações são invariavelmente planejadas para nossa evolução.

E se você acha que sua situação é desagradável e traz limitações à felicidade, não pode ser simplesmente esquecida e considerada como obra da 'falta de sorte'.

Portanto, não pergunte "por que eu?", nem diga "não pedi para nascer assim", já que, estudando o espiritismo, você já deve ter informação suficiente para não acreditar mais nisso.

O difícil é admitir que somos realmente espíritos em fase intensiva de educação, no caso, de educação da sexualidade. Depressa deduzimos que, se nossa situação não é das mais confortáveis, é porque temos muito a aprender. E se temos muito a aprender é porque, ou erramos no passado, ou ainda permanecemos na ignorância, sem evoluir.

Sem levar em consideração essas questões, para início de qualquer processo de entendimento da sexualidade, não há como obter consolo. Sem isso, você ficará pensando que é um 'abandonado por Deus', um 'marcado pelo destino', um 'produto anômalo da genética' ou 'um capricho dos acontecimentos evolutivos mecânicos'. E isso o levará a pensamentos do tipo: "que se dane esse Deus", "a vida não tem nada de inteligente", "vou chutar o balde e fazer o que me der na telha, senão fico louco". Pior ainda, se não aguentar a 'pressão' e não tolerar mais fugir, poderá optar pelos caminhos da depressão permanente, do cepticismo irônico, da descrença total na vida e, por fim, do suicídio.

Então, meu amigo, aqui está uma forma diferente de encarar esta sua situação: pelo enfoque da doutrina dos espíritos. Nela, os homossexuais são sempre incluídos no mecanismo justo das leis divinas evolutivas, com as características especiais de que necessitam, assim como qualquer outro grupo social.

Com ela nós entendemos que não somos destituídos da 'sorte' ou dos 'favores' do céu. Muito pelo contrário, pois é pelo favor do Alto que recebemos os desafios reencarnatórios mais difíceis para nossa educação.

Ao invés de se ver como alguém excluído, obrigado a carregar um fardo que sempre é muito pesado, você poderá ver a si mesmo como um espírito como tantos outros, assistido pelo carinho sábio das Inteligências Superiores, que hoje carrega uma tarefa específica, toda preparada para ser o mais eficiente possível, segundo sua forma de ser.

Então, querido amigo, o problema maior não é mais saber o motivo pelo qual somos assim, mas entender, aceitar, adaptar-se e progredir com essa situação.

Acabaremos por descobrir que somos mais rebeldes do que gostaríamos de admitir. Que o caso é muito mais de 'orgulho ferido' do que de injustiça divina. E que nos colocamos como julgadores da Providência Divina, muito mais do que nos submetemos às suas determinações perfeitas.

Ficamos 'dando murros em ponta de faca', lutando contra nossos aguilhões, quando poderíamos lucrar com eles. Passamos décadas dando ouvidos a outros que estão revoltados com a própria situação, difundindo ideologias anárquicas, que na verdade escondem fugas fantásticas ao entendimento de nossa situação real e que nos reduzem a crianças espirituais, que desejariam 'brincar' para sempre, quando, na verdade, estamos sendo chamados a 'arrumar nossa bagunça'.

Enfim, de posse deste primeiro entendimento, você já não vai mais se sentir tão perdido ou discriminado pela própria vida.

Resta agora saber como viver, como progredir, como 'ser'.

Não devemos nos enganar, menosprezando a delicadeza, a importância e o desafio que envolvem a distonia transitória de polaridades sexuais, pensando que ela será facilmente 'vencida'. Para começo de conversa, ela será um fator presente por toda uma reencarnação! Portanto, não vai 'passar'. Você realmente reencarnou com essa condição.

Admitir essa realidade, que pode ser perturbadora, é um começo imprescindível para a tomada de futuras decisões. Não pense que o Espiritismo vai 'curar' isso. Ele vai ensinar você a lidar com a questão da homossexualidade, a se adaptar a ela e, sobretudo, a usá-la como instrumento para um aprendizado eterno dentro de sua própria evolução.

Depois, vamos lembrar que a homossexualidade, como já dissemos, é mesmo uma questão de opção: você escolhe manter ou não uma vivência sexual com pessoas do mesmo sexo. Não se esqueça de que homossexualidade é diferente da distonia transitória de polaridades sexuais, ou transtorno de identidade sexual, como se diz em medicina. Podemos ser portadores destes últimos, sem optarmos pela homossexualidade.

– Já sei o que você vai dizer: que o certo é 'segurar' os impulsos e não optar pela homossexualidade.

Não. Vamos dizer que isto seria realmente o ideal, mas muitas das coisas que fazemos estão fora do padrão ideal. Aliás, a maioria delas.

Não podemos ser hipócritas quanto a isso, nem com relação a outras questões: sabemos que a homossexualidade não é um comportamento ideal frente à situação atual das leis biológicas de nosso planeta. Acontece, porém, que a libido nos seres humanos atende a outras prerrogativas de natureza muito mais moral, afetiva e espiritual, como tantas vezes já informamos.

O que temos que perceber é que poderemos atender, pelo menos em parte, a essas prerrogativas, se não pudermos atendê-las por inteiro.

Todas as pessoas carregam múltiplos 'problemas' morais a serem corrigidos, inclusive os homossexuais, sendo a homossexualidade apenas um deles. E todos nós estamos nos esforçando por resolvê-los, pelo menos os que já possuem a consciência desperta. Estamos longe de nos encontrar em situação ideal, portanto.

Então, meu amigo, você não deveria se considerar diminuído, se não conseguiu fugir ao forte apelo da opção homossexual, mas precisa estar consciente de que há algo a ser mais bem compreendido.

Mas também é hipocrisia, na visão espírita, acreditar que não há nada a ser feito. E, neste caso, adotaremos o 'caminho do meio'. Ou seja, sabendo que temos algo importante a ser modificado, e sabendo que somos intensamente influenciados por este algo, procuraremos nos portar da maneira mais correta possível, evitando que a negligência em relação ao processo de reeducação espiritual acabe por se transformar em causa de destruição.

Pense bem nisso, caro amigo, pois é muito importante.

Não podemos nos entregar ao fanatismo, ao radicalismo, ao idealismo totalitário. Somos o que somos: estamos longe de ser perfeitos. E, que eu saiba, com grande chance de estar certo, ninguém na Terra pode fugir a essa condição.

Tão certo quanto as conquistas espirituais nos beneficiam, é que as agressões autoinfligidas acabam por matar nossas iniciativas. Portanto, lutar para compreender a própria homossexualidade não pode ser um processo imposto, e jamais um processo de autoagressão. Precisa ser um processo que envolva a aprendizagem significativa, isto é, a aprendizagem voluntária, interessada, prazerosa, confiante. E isso demora mais do que se pensa. Frequentemente mais de uma encarnação.

Enquanto isso, o que faremos com nossas questões morais, que estão pendentes e nos acompanham em todo lugar? Vamos conviver com elas! Aceitar nossa condição e não julgar os outros pelas condições nas quais eles se encontram. Isso é o básico.

Como viver a homossexualidade de maneira 'correta', ou seja, de maneira que não estejamos, nem nos agredindo, nem deixando de lado o aprendizado moral e os ajustes comportamentais que ela impõe?

Para isso é preciso coordenar nossa maneira de ser e o modo como nos apresentamos, com a maneira como desejamos ser, definida pela nossa compreensão do que nos parece correto. É importante que não percamos este foco, o dos objetivos melhores que queremos atingir.

Estando conscientes de quem somos, fica fácil determinar um ponto de partida, sem nos iludirmos, nem nos deixarmos enganar por um 'status' enganoso. Por isso é tão importante que nos analisemos com honestidade, antes de tomarmos qualquer atitude.

Do outro lado estarão os ideais eleitos, que significarão nosso progresso geral. E esse outro lado deve ser igualmente situado com prudência, a fim de que não cultivemos ilusões.

Veja então, meu amigo, que é necessário trabalhar no processo de autoconhecimento constantemente, a fim de nos situarmos melhor. É necessário, igualmente, determinar um objetivo a ser alcançado. Depois precisaremos determinar o melhor modo de alcançar esse objetivo. Que tipo de mudanças perseguiremos? Qual a filosofia de vida que adotaremos?

Alguém que esteja assim consciente e determinado, não agirá de maneira leviana e desonesta para consigo mesmo, nem para com as propostas evolutivas das leis divinas. Portanto, este deve ser o ponto de partida: procurar informação e fazer sua autoanálise.

Não somente os indivíduos homossexuais, mas todas as pessoas podem e devem agir dessa forma em relação a si mesmas.

E na prática, o que acontecerá? Isso vai depender, naturalmente, de sua condição atual. Entretanto, de maneira geral, vamos considerar o seguinte:

Lembremo-nos, mais uma vez, de que a libido modificada pela evolução humana hoje é utilizada pela espiritualidade superior como instrumento de indução à aproximação humana, à concretização de vínculos e suas responsabilidades, à convivência e sua ética, envolvendo o comportamento social, leis e cidadania. E não apenas isso: ela induz a família a funcionar como laboratório do desenvolvimento afetivo, moral e espiritual. Ela possibilita as experiências exclusivas do gênero, como a paternidade, a maternidade e a gestação, a manutenção e vivência em um corpo masculino ou feminino, com suas possibilidades e limites, influenciando e corrigindo nossas tendências.

Pois, então, quem é que disse que os homossexuais não podem viver estas experiências, embora com os óbvios particularismos?

Naturalmente que o corpo masculino não poderá produzir óvulos e não trará fisiologicamente a experiência da gestação, nem proporcionará a experiência da sensação feminina durante as relações sexuais, da mesma forma que o corpo feminino não poderá produzir espermatozoides, experimentar a ereção e outras sensações exclusivamente masculinas. É claro que a reprodução natural não poderá ocorrer dentro dos moldes convencionais. É esperado, também, que os homossexuais experimentem a dificuldade de serem reconhecidos e integrados quanto ao gênero, caso optem por se comportar e agir de maneira contrária ao que mostra seu corpo físico, gerando certo constrangimento social, ainda que momentâneo.

Por mais que venham a adaptar o corpo, o ambiente social e a mente, mesmo que de maneira artificial, os homossexuais sempre estarão submetidos às limitações características de sua posição. Por enquanto, pelo menos, esta é a realidade de nosso planeta.

Por outro lado, porém, a homossexualidade também possibilita a aproximação humana, a fim de criar laços afetivos. Os laços homossexuais estáveis apresentam, igualmente, seus desafios e obrigações morais, proporcionando vínculos duradouros e honestos, com a responsabilidade inerente a eles.

Os homossexuais também podem se sentir vinculados à sociedade, obedecendo à lei e contribuindo para a cidadania, agindo de forma ética no convívio e no comportamento social. Podem constituir famílias diferenciadas e estáveis, onde o laboratório evolutivo da convivência no lar funcionará da mesma forma, estimulando o desenvolvimento do afeto, do respeito, da moralidade e espiritualidade.

Notem que a homossexualidade, apesar de não ser o 'comportamento ideal' esperado na reencarnação dos espíritos que sofrerão a distonia temporária das polaridades sexuais, também não impede que esses espíritos continuem progredindo, se souberem se conduzir dentro de suas experiências particulares.

Vivenciarão, sem dúvida, os conflitos e limitações dessa condição, que não podem mesmo ser disfarçados. Na verdade, devem ser considerados e reconhecidos como sinal de algo que sempre precisará ser ajustado.

Mesmo assim, podem os indivíduos homossexuais aproveitar suas experiências, a fim de se educar, adquirindo aprendizados especiais e significativos, que muito contribuirão para suas necessidades de disciplina sexual.

Mesmo dentro da homossexualidade, observemos bem, há condições de evoluir psíquica, afetiva, moral e espiritualmente.

O problema é que não costumamos reconhecer isso, movidos pelo preconceito. Muitos homossexuais também não enxergam essa possibilidade, o que muito prejudica seu julgamento e suas decisões.

Aí está.

No fim, descobrimos que a distonia temporária de polaridades sexuais é igual a qualquer outra condição reencarnatória que nos impõe disciplina:

temos de conviver com elas, aceitá-las, estudá-las e viver a vida pelo colorido delas, compreendendo-as como instrumentos de evolução pessoal. No entanto, não devemos esquecer que adaptação não significa acomodação.

A homossexualidade é, inegavelmente, frente às características atuais do planeta Terra, uma posição que reflete a opção voluntária dos espíritos que estão submetidos a uma condição reencarnatória especial, repetimos.

E esses espíritos devem estar conscientes de que precisam aproveitar a chance de se educarem durante sua reencarnação. Até onde conseguirão chegar e o mérito que adquirirão por esse esforço dependerá de sua consciência e de seu livre-arbítrio.

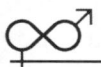
C omo será a vida sexual no plano espiritual, quer dizer, depois que desencarnamos?
No meio espírita, já tivemos muitas informações a respeito, sobretudo através de psicografias diversas, que chegam ao público através de livros.

Vai aqui, de nossa parte, mais outra informação. Não que possamos realmente fazer diferença, mas, para quem busca, toda informação acaba por ter sua importância. E já que desejamos, antes de tudo, colaborar para a formação e a informação de nossos leitores, aqui está nosso estudo a respeito do assunto.

A sexualidade no plano espiritual depende, primordialmente, do estado evolutivo do desencarnado. Já que estaremos sem o corpo físico, sem a ação hormonal e sem os estímulos dos sentidos materiais, o que nos restará serão os hábitos, impulsos e necessidades de natureza espiritual, que criamos com o exercício de nossa sexualidade.

Será que a libido 'fala' diretamente ao nosso espírito? Ela não é impulso que atua apenas no plano físico, visando a conservação dos corpos? Quanto dela permanece conosco depois da desencarnação?

De novo, dizemos: depende do estado evolutivo do desencarnado.

Esse estado evolutivo compreende sua vivência dentro da sexualidade até o momento presente, os valores que a pessoa elege como parâmetros e o aprendizado que já existe ao longo do tempo, armazenado em sua longa memória.

Atente para o fato de que esses elementos são todos de natureza imaterial, isto é, não ficaram com o corpo, quando este morreu. Foram conosco para o plano espiritual que encontramos após a desencarnação.

Uma coisa muito interessante a se considerar é que a libido é 'carregada' conosco ao plano espiritual. Nós mesmos é que continuamos sentindo seus efeitos sobre nós, quando mudamos de ambiente existencial. Nós é que levamos a 'materialidade' de nossas existências para o plano fluídico da vida, devido aos nossos hábitos, costumes e apego, devido aos nossos vícios, por causa de nossa ignorância e inadaptação às necessidades puramente espirituais. Normal.

Assim, do mesmo jeito que a sede, a fome, o sono, sensações de dor física, de cansaço e outras, o desejo do exercício sexual também nos acompanha na existência espiritual.

À medida que nos vamos adaptando à vida em meio ao ambiente fluídico, mais longe da matéria densa, muitas dessas necessidades vão aos poucos se 'refinando', até desaparecerem. No entanto, cada uma delas segue um processo e leva um tempo particular, até ser superada.

Ao contrário do que se pode supor ao lermos os diversos livros sobre a vida nos planos espirituais, a libido não é superada com a mesma facilidade que a fome, a sede e o sono, por exemplo, que por si só já dão bastante trabalho.

Nossos estágios em períodos de erraticidade, isto é, entre uma encarnação e outra, não nos permitem desligarmo-nos totalmente das necessidades materiais, pois teremos que retornar à experiência terrestre. Nem nossa pouca evolução espiritual nos permite que nos elevemos aos planos mais sublimes, onde a vida segue moldes e padrões muito distantes da matéria densa. Além do mais, grande parte de nossas atividades e preocupações no plano espiritual continuam a girar em torno dos encarnados e do planejamento de nossas futuras reencarnações.

Por isso, grandes comunidades espirituais, mesmo fora dos planos umbralinos, ainda vivem e pautam-se por muitos dos costumes que tínhamos na Terra.

Quando surge na vida comum do desencarnado, o afeto entre duas pessoas ainda pode ser revestido das expectativas de namoro, noivado e casamento, com as respectivas experiências sexuais que os acompanham.

Naturalmente que mesmo nos planos de evolução mediana o desequilíbrio, o abuso, a irreverência e a irresponsabilidade já não estão tão fortemente presentes quanto na Terra, razão pela qual os relacionamentos são mais estáveis, compromissados e dão frutos mais enobrecidos.

Relembramos que estes frutos são sempre subordinados ao grau de adiantamento moral e intelectual dos espíritos.

Enquanto a sensação, a paixão, o apego e a necessidade imperam nos planos mais próximos à Terra, a sublimação da libido impera nos planos mais superiores, onde o afeto, o amor, o respeito e o ideal superior os substituem respectivamente.

As comunidades que habitam os planos umbralinos – domínio da sombra moral e espiritual – seja na própria crosta planetária, seja nas suas imediações superiores ou inferiores, cultivam a vivência sexual primitiva e brutalizada, característica de seus habitantes, que ainda conservam o desequilíbrio, a fixação mental e a animalidade em suas ações.

As comunidades de relativo adiantamento, que primam pelo esclarecimento e esforço contínuo para melhora íntima, exercem a sexualidade já com características mais sutilizadas.

A consciência de que as forças sexuais da alma trabalham também para a evolução humana faz com que ali exista a preocupação de entender, observar e modificar os hábitos sexuais. Mesmo porque muitos dos espíritos de evolução mediana ainda vivenciam ou vivenciaram recentemente dificuldades e problemas na área sexual, interessando-lhes marcadamente o progresso mais efetivo nesta mesma área.

No entanto conservam ainda as ligações estreitas com os reflexos sensoriais longamente condicionados pela prática sexual na Terra, razão pela qual a maioria ainda não pode furtar-se às relações sexuais, mesmo estando desencarnados.

E como ocorre na Terra entre pessoas que mantêm relacionamentos dignificados pelo afeto, responsabilidade e compromisso, eles reconstroem também suas famílias e vínculos afetivos no plano espiritual, e quando não, esperam ou reencontram seus velhos afetos, com os quais darão sequência às suas aspirações íntimas.

Nos planos de evolução mais superior, onde o condicionamento vinculado à vida material já não existe, o efeito da libido é bastante limitado, já que seus habitantes possuem consciência e aprendizado suficientes para agir de acordo com as Leis Divinas nos campos da afetividade, do amor, do afeto, da moral e da espiritualidade, sem necessidade da indução da libido.

De um lado já estão completamente livres dos apetites e necessidades materiais, de outro já não sentem mais as sensações e estímulos específicos dos órgãos sexuais nem dos hormônios, pois sua estrutura perispiritual frequentemente já não mais conserva os campos fluídicos correspondentes a estes órgãos. Suas motivações prendem-se a objetivos muito diversos daqueles da vida orgânica e eles almejam conquistar capacidades diferentes e superiores. E para que essa conquista se concretize, a libido já se faz inútil.

Desse modo, teríamos que esperar nada mais que uma provável continuidade de nossa vivência sexual terrena logo depois que desencarnarmos, pois apesar de perdermos o corpo, seremos ainda os mesmos, levando conosco o comportamento sexual de costume.

Mas acontece que as novas condições da vida que encontraremos quase nunca serão as mesmas que vivenciávamos na Terra.

Portanto, as marcantes diferenças de ambiente, consciência e conhecimento, haverão de levar-nos a modificações importantes, mais ou menos profundas e rápidas, dependendo de nossa compreensão e capacidades.

Da mesma forma que a herança que carregáramos das existências passadas nos influenciara ao reencarnar, a experiência passada na Terra nos influenciará na nova vida espiritual. Da mesma maneira que fomos capazes de identificar necessidades de educação e mudanças durante a vida na Terra, a fim de conquistarmos harmonia e progresso na vivência sexual, seremos defrontados com novas necessidades de aprendizado e adaptações no plano espiritual, lutando para manter nosso progresso evolutivo.

A luta pelas conquistas, visão e merecimento continua a mesma. A diferença mais marcante é que essa luta é de caráter eminentemente emocional, afetivo e moral, e já não poderemos mais contar com o corpo físico para disfarçar nossas tendências e impulsos.

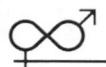

Muito embora saibamos que satisfação e felicidade andam quase sempre juntas, não são exatamente a mesma coisa. A satisfação é a recompensa de uma necessidade. A felicidade é o estado da alma construído com a satisfação.

Dentre outros modos de defini-las, escolheremos estes para o nosso estudo.

A satisfação é em si mesma passageira, mais ou menos duradoura, de acordo com a frequência das recompensas que recebemos pelas nossas necessidades atendidas.

A felicidade decorre de um processo construtivo mais complexo e longo, que engloba nossa realidade espiritual e nossa consciência de valores, bem como nosso aprendizado e sua aplicação, com seus respectivos resultados.

Pode-se estar satisfeito, mas não exatamente feliz, ou mesmo estar infeliz.

Pode-se estar feliz, mas momentaneamente insatisfeito.

No campo da sexualidade, a satisfação e a felicidade representam o objetivo máximo a ser alcançado por todos nós, que vivemos experiências nos laboratórios dos relacionamentos.

Seja no afeto, no compromisso, na família ou no próprio exercício da sexualidade, queremos obter tanto a satisfação como a felicidade.

Parece fácil e óbvio, não é? Mas a prática nos diz que não é tão fácil assim.

Buscar a satisfação e a felicidade no campo da sexualidade é, tanto quanto nos outros campos da vida, um processo mais complexo do que parece.

Simples e fácil é a capacidade de sentirmos o impulso que nos move a buscá-las, e, dentro de nossos estudos, a libido é a grande responsável por esse impulso.

Mas todos sabemos que nem sempre nossas experiências nos levam a bom termo. Aliás, boa parte de nossas experiências sexuais e afetivas não alcançam os resultados que gostaríamos.

Por que será?

Parece que existe um conceito de satisfação e felicidade que é nosso, e outro que pertence à realidade da vida, isto é, às leis divinas.

O conceito que pertence às leis divinas baseia-se no fato de que teremos os resultados, segundo o que fizermos, segundo o que alcançarmos e segundo o que nos tornarmos.

Já o nosso conceito geralmente se baseia no que lucraremos com as experiências, segundo nossa concepção do que é agradável.

Diferentes não?

Pois é...

Por isso é que a gente não acerta sempre!

Nós pensamos que a felicidade e a satisfação são coisas que podemos 'agarrar', 'fabricar', 'perseguir'. Mas acontece que os fatos provam, para quem quiser, que elas, sobretudo a felicidade, 'não estão à venda', nem à disposição de todos.

Às vezes, fazemos de tudo, com toda a força e vontade de que somos capazes, mas elas não aparecem! O que prova que não as podemos 'fabricar', por mais que queiramos.

No entanto – e todos sabem disso – nós podemos 'recebê-las' de uma fonte doadora.

Quando as pessoas percebem que a satisfação e a felicidade podem ser, então, 'conseguidas', vão logo à caça dessa 'fonte doadora'.

E por não compreendermos a realidade, transferimos a fonte da felicidade e da satisfação para objetos, situações e pessoas.

Por exemplo:

"– Ah...! Com ele – ou ela –, eu sou realmente feliz!"

"– Nossa! Deste jeito eu estou satisfeito!"

Mas nós nos esquecemos, ou não conseguimos enxergar, que 'o realmente feliz' e o 'estou satisfeito', dos exemplos acima, são sempre condicionais, não é mesmo?

Você diz: estou feliz com essa pessoa. E ela diz: também estou feliz com você. Mas, são vocês realmente que se 'dão' felicidade, um ao outro? Ou a felicidade só apareceu devido às condições particulares de suas maneiras de agir, reagir e se relacionar?

– Ué? Mas não é a mesma coisa?!?

Será?

Muitas vezes tentamos fazer o outro feliz e deixá-lo satisfeito, mas não conseguimos! Tentamos dar felicidade e satisfação a esse alguém, mas ele não aceitou! Por que será?

– Deve ser porque estava chateado, ou magoado, ou simplesmente não estava bem. Ou até mesmo porque não me quer mais! Ai! Ai!

Outras vezes, agimos de maneira contrária, isto é, tentamos irritar e incomodar a outra pessoa, mas, veja só, ela continua satisfeita e feliz!

– É..., vai entender...

Bem, seja qual for o motivo, existem condições que precisam ser satisfeitas!

E esta é a realidade na qual os seres humanos vivem: estamos sempre à busca de satisfação e felicidade; já percebemos que elas não 'caem do céu' e, por isso, estamos constantemente à busca de sua fonte.

Com essa ideia a respeito de satisfação e de felicidade nos metemos em muitas 'encrencas', pois, às vezes, estamos dispostos a pagar o preço que for para obtê-las.

Outras vezes passamos a vida toda na corda bamba, isto é, sempre vacilando de um lado para o outro, tentando acertar sem conseguir, ou perdendo a satisfação e a felicidade logo depois que supúnhamos tê-las encontrado. Aí vem a decepção, a depressão, o cepticismo, o pessimismo, etc.

Veja que essa busca pela felicidade e pela satisfação às vezes transforma a pessoa num verdadeiro zumbi, que perde todas as outras faculdades de discernimento, para focar-se apenas naquela que acredita ser sua maior necessidade.

Muitos de nós nos escravizamos a condições tiranas de aparente satisfação e felicidade, anulando-nos e submetendo-nos ao controle de parceiros ou familiares dominadores. Passamos anos nesse estado, sem nos incomodarmos com nossa condição, acreditando que isso é felicidade e satisfação.

E por aí vai...

O comportamento humano mostra que, na verdade, a sensação de felicidade ou satisfação é coisa toda particular, toda pessoal!

Parece que felicidade e satisfação não podem ser dadas, nem podem ser recebidas de outras pessoas e coisas. Portanto, ao contrário do que podemos pensar, a felicidade e a satisfação não dependem delas!

– Ôpa! Aí complicou! Está na cara que alguém pode dizer que é feliz e está satisfeito só com esta ou aquela pessoa! Só quando está com ela! Então, nesses casos, a felicidade e a satisfação não dependem desta outra pessoa?

Boa colocação.

Por que será, então, que grande parte dos relacionamentos onde os envolvidos juravam de pés juntos que sempre estariam satisfeitos e felizes, uns com os outros, de repente, deixam de ter prazer? Ou se desfazem?

As mesmas pessoas não continuam presentes e juntas?

Pois é, só que deixaram de ser fonte de satisfação e felicidade.

– Bem, isso acontece mesmo, é normal! E se o outro mudou? E se não é mais gentil, respeitoso e fiel? E se aconteceram outras coisas, que mudaram o relacionamento? Não pode?!?

Claro que pode! E é isso que acontece na prática, não é?

– Então?

Então que, se a felicidade e a satisfação dependessem somente da presença da pessoa ou dos objetos que passam a ser fonte de satisfação e felicidade para nós, elas nunca iriam embora enquanto estivéssemos junto delas! Não é?

– ...Boa essa!

Como estávamos dizendo antes, a felicidade e a satisfação dependem de uma série de condições. O importante, porém, é entender que somos nós quem escolhemos e impomos essas condições. E, veja bem, esperamos encontrá-las nos outros e nas nossas experiências.

Então, sentir-se feliz e satisfeito depende só de nós mesmos e, no entanto, colocamos condições para que isso aconteça! E o mais interessante é que transferimos a responsabilidade por estas condições aos outros e às situações que vivenciamos!

Depois a gente passa a apreciar esses outros e essas situações, e somente se eles se enquadrarem nas nossas condições é que nos consideraremos felizes e satisfeitos!

Veja que bate e volta!

Por isso nos confundimos tanto com relação às verdadeiras fontes de satisfação e felicidade!

Mas vamos falar claro: nós é que escolhemos se estaremos felizes e satisfeitos, e também escolhemos a maneira como isso será conseguido, impondo condições que dependem inteiramente de nossas próprias noções do que é ser satisfeito e estar feliz.

Agora vamos considerar o seguinte: quanto tempo perdemos, esperando que os outros ou as coisas se ajustem às nossas condições de satisfação e felicidade?

E quem garante que estas condições são realmente confiáveis?

Quem garante que a nossa satisfação e felicidade não são a ruína e a infelicidade de outros?

E pensar que estas coisas dependem apenas de nós, hein?

As condições que escolhemos

Bom, fica então evidente que, nas considerações a respeito da felicidade e satisfação na sexualidade, a escolha de nossas condições para sermos felizes e satisfeitos ganha muita importância.

E é aí que passaremos a compreender porque é tão difícil consegui-las.

Já que é um desejo de todos, por que será que não encontramos a satisfação e a felicidade em qualquer lugar? Se todos tentam agir para conquistá-las, por que não as acharíamos com qualquer pessoa?

A resposta, é claro, está no fato de que as condições para estarmos felizes e satisfeitos são diferentes para cada um; no fato de que esperamos encontrar estas condições nos elementos externos, para podermos 'explorar' a satisfação e a felicidade ao nosso bel-prazer; e, sobretudo, no fato de que não percebemos que podemos compartilhar a satisfação e a felicidade, contribuindo muito mais para que todos encontrem essas condições tão desejadas.

Então, vejamos:

Todos compreendemos que nossas escolhas sempre dependem de nossos valores e expectativas, que ditam as necessidades que imperam sobre nós.

E sabemos que esses elementos são determinados, em grande parte, pela vivência e pelo aprendizado de cada um de nós, isto é, pela evolução moral, emocional, afetiva e espiritual que já conquistamos.

Dado o estado evolutivo de nossa humanidade, é previsível que as condições que escolhemos para sermos felizes e satisfeitos reflitam muito de nosso egoísmo, orgulho, e primitivismo, com relação às manifestações da libido.

Só por isso já é possível entender que dificilmente acharemos condições comuns para a felicidade e satisfação; condições que pudéssemos compartilhar sem impedimentos.

A realidade mostra que estamos quase sempre sozinhos em nossas escolhas, e que tendemos a nos fechar num mundo particular, onde somente nós mesmos compreenderemos totalmente nossas condições de satisfação e felicidade.

Normal. Esta é nossa condição atual.

Mas ela reflete o quanto estamos longe de possuir um entendimento homogêneo e mais completo sobre o que realmente nos deixa felizes e satisfeitos.

No fim, muitas das condições agradáveis a uns, são desagradáveis a outros, e passamos a competir, ao invés de colaborar.

E se quase sempre as condições que adotamos dependem do que apreciaríamos no modo de agir dos outros, quase sempre nos frustraremos, pois os outros não compreendem a felicidade e a satisfação como nós as compreendemos.

Teoricamente, se continuássemos sempre caminhando no sentido exclusivista, insistindo sempre nos mesmos valores, acabaríamos por destruir uns aos outros, porque uns seriam explorados, e outros iludidos, e todos seriam frustrados. E adeus satisfação e felicidade.

Simples assim.

Desde a gestação intrauterina dos mamíferos, até a necessidade de leis para a convivência coletiva, as consequências das manifestações da libido têm nos conduzido a mudanças e aprendizados comuns, que passam a ter sucesso, quanto mais universalizados estejam.

Assim, a Providência Divina nos guia para o entendimento das leis divinas, a fim de que as adotemos como valores principais, representativas que são da verdadeira realidade existencial. Quando nos apoderarmos delas e as compreendermos realmente, poderemos todos escolher condições comuns para a felicidade e a satisfação. Neste ponto, todos estaremos agindo e pensando de comum acordo.

Isto significa que os outros encontrarão em nós as condições que desejam para serem felizes e estarem satisfeitos, já que pensaremos e agiremos como eles, ao menos nas escolhas dos valores mais importantes.

Pensemos nisso.

E, enquanto este momento não chega...

Construindo a felicidade e a satisfação sexuais

Embora nossa felicidade e satisfação sexuais não dependam diretamente dos outros, passamos a compreender que a ajuda mútua colabora, de maneira insubstituível, para que elas aconteçam.

Quando compartilhamos nossas condições de satisfação e felicidade, temos uma chance razoavelmente maior de consegui-las, desde que o outro concorde em satisfazê-las.

E está aí a chave do sucesso!

Vejam que coisa sábia:

Para que a libido seja totalmente satisfeita, neste ponto de nossa evolução, é necessária a participação do outro! Quando passarmos a compreender isso, faremos todo esforço para que este outro também colabore.

No entanto, para que o outro colabore, também teremos que colaborar com ele. É lógico!

E nascem aí as raízes do compromisso, da família, do afeto, da convivência coletiva, da cidadania, das leis sociais, etc., etc.

É a libido desempenhando seu papel principal.

Mas, quantos de nós já identificamos essa condição?

Muitos ainda participamos da vida sexual, como se a satisfação e a felicidade dependessem apenas da mecânica dos acontecimentos por si sós; como se a participação ativa e construtiva de nossa parte não fosse necessária.

Se deu certo, ótimo, sorte! Se deu errado, péssimo, azar! Vamos partir para outra.

Mas quando percebemos que as condições para sermos felizes e estarmos satisfeitos podem ser atendidas, planejadas e ajustadas mutuamente, nossas possibilidades de sucesso são enormes.

Se aceitarmos e compreendermos este fato, estaremos aderindo voluntariamente às propostas evolutivas da libido sublimada.

Para que o outro colabore conosco, e para que colaboremos com ele na vivência sexual, precisaremos estabelecer bases muito mais complexas do que as que conseguimos nos relacionamentos casuais.

É claro que em certos tipos de relacionamentos pontuais poderemos 'combinar como vai ser'. Mas essas combinações não passam de ajustes imediatos, quase sempre teatrais, a fim de conseguirmos sensações físicas mais estimulantes. Poderemos, então, conseguir alguma satisfação momentânea. Felicidade, porém, é outra coisa.

Estabelecendo vínculos afetivos estáveis, estaremos ampliando nossa satisfação e nossa felicidade, pois elas serão atendidas em níveis muito mais profundos e completos.

É claro que demandarão diálogo, convívio, atenção, respeito e carinho, mas são justamente estes ingredientes que necessitam ser desenvolvidos em nós, a fim de 'acertarmos o passo' nos caminhos evolutivos.

Achamos que não é preciso ser mais específicos, para que todos compreendamos a finalidade da libido bem expressada, não é?

Lembram-se de que, nos primeiros capítulos, dissemos que a libido nos conduziria à evolução espiritual?

Pois está aí expresso o mecanismo mais prático, pelo qual ela faz isso conosco: a busca pela satisfação e felicidade, condicionada pela participação e construção mútua da vivência sexual.

Os que já acordamos para as diretrizes naturais da evolução, concordamos e buscamos participar ativamente de tal construção, desfrutando dos resultados relativamente mais perfeitos que podemos alcançar em nosso estágio evolutivo.

Os que ainda fugimos da prática da renúncia, reajuste pessoal, perdão, tolerância, partilha e fidelidade, alegando serem 'imposições inaceitáveis' e 'sofrimentos que nos escravizam e anulam diante da vida bela', continuamos tangenciando a verdadeira fonte da satisfação e da felicidade, sentindo sua proximidade, farejando sua presença, mas sem nunca saciarmos completamente nossa sede.

É pena...

Mas todos ainda haveremos de compreender isso. É inevitável.

Portanto, querido amigo:

Você que está vivenciando a sexualidade na condição de quem ainda não assumiu compromissos mais estáveis, mas está procurando estabelecer bases seguras para que isso aconteça, atente para estas informações:

Não espere vivenciar a sexualidade mágica, que tanto divulgam pela mídia, tão ilusória, quanto artificial. Procure se preparar para a construção mútua de alicerces seguros, sobre os quais sua casa sexual possa ser assentada; e que ela possa ser moradia de mais alguém, que não seja somente você.

Mas não esqueça:

Toda construção dá trabalho.

Tem o pedreiro que não aparece...

... o material que está tão caro...

... o marceneiro que demora na entrega...

... o servente que bebe de final de semana...

... os palpites de toda gente...

... Nossa! Até parece vida sexual!...

Recuperando a satisfação e a felicidade sexuais

Se formos daqueles que sentíamos mais satisfação antigamente, mas que já não a conseguimos mais; daqueles que achávamos que a felicidade estava sempre ali adiante e hoje está a perder-se de vista... bem, então, provavelmente, alguma coisa mudou no nosso jeito de apreciar a vida sexual.

Na maioria das vezes o que acontece é que a gente 'acorda'.

Nas outras vezes, o outro é quem 'acordou'.

Jovens e inexperientes, uns; iludidos, outros; cegos pelo prazer egoico, muitos outros; entregues às noções de satisfação egoísta, quase todos nós.

O certo é que, um dia, todos acordaremos do transe no qual nos encontramos, despertados pelas consequências inevitáveis da vivência sexual mal direcionada que, mais cedo, ou mais tarde, virão.

Como já pudemos perceber, a libido e seu exercício existem com uma finalidade muito bem definida, e nós, com nosso livre-arbítrio, somos livres para exercê-la como quisermos, colhendo os inevitáveis resultados. Se estivermos no caminho certo, a colheita será prazerosa, mas se nos desviarmos do caminho esperado, os resultados acabarão por nos frustrar.

Na vida prática, ninguém é mesmo perfeito, é claro. Pelo menos, aqui na Terra. Portanto, é natural que alguma coisa sempre fique por ser feita, a incomodar mais ou menos intensamente, de acordo com a nossa consciência.

Já vimos, também, que a satisfação e a felicidade dependem de alguns fatores pessoais e de alguns fatores mútuos, a serem ajustados. Como não nos conhecemos inteiramente, e muito menos aos outros, é evidente que, à medida que vamos constatando mudanças em nosso íntimo e no íntimo de nosso companheiro, deveremos ajustar nossas condições de satisfação e felicidade.

Essas mudanças surgirão com nosso crescimento afetivo, moral e espiritual, quando, então, elegeremos outros valores onde ancorar nossas metas mais íntimas.

É por isso que, um dia ou outro, todos estamos sujeitos a perceber que a vida sexual já não é como era antes.

– Ora! Mas isso não é normal? Todo mundo fica velho e 'despenca', não é mesmo?

É, todo corpo fica velho e 'despenca', sim. Por mais que muitos tentem disfarçar.

Mas o espírito não. Pelo contrário. Quanto mais velho, melhor.

A gente vive se lamentando do fato de ter ganhado experiência na vida e já não poder mais usá-la, pois o corpo já não corresponde aos nossos ideais sexuais.

Mas ainda bem que é assim! Pelo menos do ponto de vista espiritual.

Todos nós somos forçados a rever os valores transitórios, materiais, e alicerçar os valores duradouros, de caráter mais afetivo, moral e espiritual. Do contrário, estaremos fadados à frustração, mesmo.

Considerando apenas a vida material, muitas vezes nos esquecemos de que as expressões materiais da libido só existem para a reprodução e conservação da espécie, favorecendo apenas os indivíduos mais saudáveis, jovens e com mais chance de perpetuar a espécie.

Esta é, de fato, a realidade.

Mas acontece que a libido não existe somente para objetivos materiais.

Mesmo durante a vida do corpo, não podemos nos esquecer de que a vida do espírito permanece, sendo a que vai durar para sempre. E nesta, esse espírito é sempre passível de saúde, pois não será afetado pela idade. Entretanto, será afetado pela vivência, experiência, aprendizado e realizações!

Então, perguntamos: será que a decadência do corpo físico é a grande culpada pela insatisfação e infelicidade que nos acometem na vida sexual, depois de alguns anos?

Ou será que somos nós a escolher a beleza física como condição permanente para a satisfação e felicidade sexuais?

Por isso, querido amigo, quando dizemos que todos perceberão a necessidade de ajustar as condições para a satisfação e a felicidade, não estamos nos referindo apenas às condições materiais, mas, principalmente às condições afetivas, morais e espirituais.

Para recuperarmos a satisfação e a felicidade nos campos sexuais da vida, primeiro precisamos identificar, o mais exatamente possível, os motivos que as impedem de acontecer, sob nosso próprio ponto de vista.

Será que são nossas condições que não estão sendo atendidas? E, se não estão, será porque nós mesmos mudamos nossas necessidades, ou o outro deixou de atendê-las, ou ambos?

Quando identificarmos as causas, será necessário promover o reajuste indispensável das nossas expectativas.

E lá vem o diálogo. Muito diálogo.

Sem diálogo, o outro não participa, não toma conhecimento, não ajuda a resolver. Já pensou nisso?

Parece óbvio, mas quanta gente fica cultivando o ressentimento e colocando a fonte da culpa no outro, sem que este saiba exatamente o que está acontecendo? Quantos ficamos esperando que o outro adivinhe? Não é mais fácil falar?

É, mas cuidado: falar é uma coisa, cobrar é outra.

Precisamos discutir nossa vida sexual como se fosse um projeto, uma construção.

Serão necessárias 'auditorias' conjuntas, a fim de identificarmos quais são as necessidades íntimas e as condições que cada qual espera da vida sexual, para que seja satisfatória e feliz.

Ainda assim, pode ser que existam diferenças muito grandes de valores e noções, a respeito das finalidades e objetivos da sexualidade.

Pode acontecer que um de nós tenha mudado bastante nosso entendimento sobre a sexualidade, e já não queira mais receber o que antes recebia.

O passo seguinte, depois do diagnóstico e do reajuste das condições mútuas, é a concretização da recuperação, que exige novas posturas.

Estaremos de fato colaborando para que as condições que o outro projeta sobre nós estejam sendo atendidas?

Olha só!

Apesar de ser o outro quem define como se sentirá satisfeito e feliz, nós poderemos colaborar, e muito, para que estas condições sejam cumpridas.

Isso poderá envolver um novo aprendizado, novos valores, talvez algumas renúncias, disciplina, contenção ou, pelo contrário, desprendimento, espontaneidade, etc.

São todos processos bastante pessoais, que nos levarão inevitavelmente ao progresso afetivo, moral e espiritual, desde que embasados nas propostas evolutivas da sexualidade orientada pelas leis divinas.

Mas não se iluda querido amigo. Durante e depois de cada conversa, ainda seremos obrigados a trabalhar intimamente para a aceitação e mudanças que sejam necessárias, fazendo considerações muito pessoais, sozinhos, diante de nós mesmos.

Apesar de ser uma construção em conjunto, ainda somos nós que decidimos se vamos participar ou não.

Quer recuperar sua satisfação e felicidade sexuais?
Relembre:
Reavalie seus valores e padrões morais.
Reajuste sua conduta íntima.
Escolha condições de satisfação e felicidade mais compatíveis com sua realidade pessoal e familiar.
Compartilhe-as sempre com o parceiro.
Prepare-se para colaborar também.
Mudanças serão sempre necessárias.
Aceite o projeto educativo, que a situação lhe oferece.
Melhore seus padrões de valores e conhecimentos da área sexual.
Não coloque a satisfação física acima da felicidade do vínculo afetivo.
Procure se ajustar às propostas evolutivas da libido.

Somente então nós perceberemos que sexo não é só estímulo e sensação.
Que a sexualidade equilibrada gera sempre progresso afetivo, moral e espiritual.
Que satisfação e felicidade dão trabalho, mas compensam.
Então..., seja feliz!

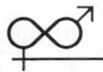

Seja feliz, meu querido amigo!

Só Deus saberá o quanto de esforço você despenderá para isso. Só Ele poderá recompensá-lo, de fato, por isso.

Por este motivo pautamos todo este nosso estudo pelo alcance do entendimento das Suas leis, em relação à vivência sexual, reconhecendo que o sexo e o extraordinário poder da libido são importantes instrumentos, com os quais o carinho do Divino tem nos pastoreado.

E, ai de nós, que como humanidade ainda bem pouco alcançamos desta compreensão, utilizando os prazeres do sexo de maneira egoísta, vindo a nos deblaterar depois, enredados pela trama impiedosa dos reflexos inditosos de nossas ações equivocadas.

Todos nos reconheceremos meros alunos incipientes na classe da libido.

Todos lutamos pela aprovação da consciência.

Todos queremos a formatura em matéria de amor.

Matriculados na escola da Terra, já passamos com relativo sucesso pelo berçário das experiências que caracterizam os seres inferiores; fomos conduzidos com infantil expectativa em direção às primeiras tentativas da civilização; despertamos, surpresos, para a atual adolescência espiritual, embevecidos pelos recursos intermináveis do educandário generoso; e, agora, estamos aprendendo a utilizar com responsabilidade, no universo das causas e efeitos, as faculdades que conquistamos.

No futuro, desejamos ser espíritos capacitados, formados na faculdade da Vida.

Oh, querido amigo leitor, que nos acompanhou até o final:

Esperamos de coração que nossos esforços, ainda que incompletos, tenham sido, ao menos, suficientes para contribuir com sua felicidade.

Dirigimo-nos a todos, mas especialmente a você, cuja aflição não pôde ainda ser compartilhada; cuja esperança desfalece, cedendo lugar à descrença; que está à beira do descontrole; cuja sensação de abandono sufoca as tentativas de reerguimento; que teve as portas fechadas aos pedidos de socorro; que se vê sozinho com seus conflitos secretos; cujos sonhos já se esvaneceram, junto com a pureza que se quebrou ao choque da realidade deturpada dos meios por onde andou.

Você pôde sentir, querido amigo?

Que a esperança está de volta, oferecendo outros caminhos?
Que a escuridão cedeu lugar à luz, devagarzinho?
Que uma mão forte, sábia, poderosa e amiga
Te restitui a chance valorosa à Vida?

Sentiu?...SENTIU?...
Ah, bom Deus... Sentiu!
Deus te abençoe, meu irmão querido!

Eis que a Vida volta e te abrilhanta novamente.
Já em teu coração, que agora bate compassado,
Vejo aquela flor, que tinha de ter desabrochado
Em pétalas de Amor e de Pureza, finalmente.

Dê chance à mudança, meu amigo.
Seja de novo um aplicado aprendiz.
O meu muito obrigado vai contigo...
E meus votos de que... ENTÃO..., SEJA FELIZ!

CONHEÇA TAMBÉM ESSES LIVROS:

Existe vida... depois do casamento?
Francisco Cajazeiras
Doutrinário • 14x21 • 214pp.

Trata-se de uma obra com temas atuais e palpitantes, para os quais Cajazeiras traz as suas reflexões de médico, espírita e cidadão, neste início de milênio tão conturbado e tão carente de orientação espiritual. Fica claro que, num mundo, em que os conflitos se agigantam e a perplexidade moral gera intensa angústia existencial, o espiritismo é a chave para a compreensão dos problemas que nos afligem e para a solução dos enigmas que nos torturam.

Vida a dois
Jamiro dos Santos Filho
Contos e Crônicas • 14x21 • 146pp.

Os contos de *Vida a Dois*, num total de 13, são de leitura agradável. Se houver alguma semelhança com fatos de sua vida, não se impressione: é mera casualidade.

Livro importante na construção de um verdadeiro lar, fraterno e cristão, é obrigatório para os solteiros, que devem lê-lo o mais cedo possível, e altamente recomendável aos casados.

Peça e receba - O Universo conspira a seu favor
José Lázaro Boberg
Autoajuda • 16x22,5 • 248pp.

Neste livro, José Lázaro Boberg vem demonstrar, narrando fatos reais, que é possível realizar qualquer sonho que seja realmente perseguido e trabalhado por aquele que deseja vê-lo tornar-se realidade.

Mas, também, nos adverte que isso é possível tanto para quem deseja o bem ardentemente quanto para aqueles que, equivocadamente, permanecem atrelados ao mal.

Conheça também esses livros:

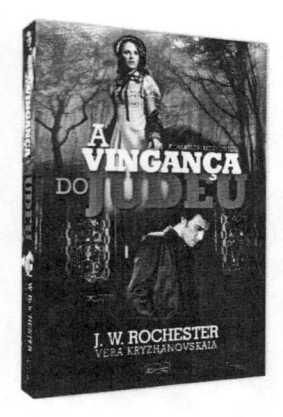

A vingança do judeu
Vera Kryzhanovskaia / J. W. Rochester (espírito)

Romance mediúnico • 16x22,5 • 424pp.

Escrita num estilo forte, vivo e nobre, esta obra conta a história de um rico banqueiro judeu que se apaixona por uma condessa cristã, mas que, por sua origem e religião, é impedido de ficar com sua amada.

O desenrolar da trama nos mostra a influência benéfica que uma nova visão de mundo, o espiritismo, à época ainda em seu início, pode trazer para as relações entre as pessoas e para as grandes decisões que a vida requer.

Getúlio Vargas em dois mundos
Wanda A. Canutti / Eça de Queirós (espírito)

Romance mediúnico • 16x22,5 • 344pp.

Getúlio Vargas realmente suicidou-se? Como foi sua recepção no mundo espiritual? Qual o conteúdo da nova carta à nação, escrita após sua desencarnação? Saiba as respostas para estas e outras perguntas, agora em uma nova edição, com nova capa, novo formato e novo projeto gráfico.

Perispírito - O que os Espíritos disseram a respeito
Geziel Andrade

Estudos e Cursos • 16x23 • 216pp.

Por meio de uma linguagem fácil, Geziel consolidou neste livro, tudo o que os espíritos disseram a respeito do perispírito. Além de utilizar-se das informações contidas nas Obras Básicas e na Revista Espírita, Geziel visita também a vasta bibliografia de Léon Denis, Delanne, Emmanuel/Chico Xavier, Manoel Philomeno de Miranda/Divaldo Franco. Não se esquecendo do consagrado repórter do Além, mergulhou fundo também na extensa obra de André Luiz, dedicando-lhe uma das quatro partes deste trabalho.

Conheça também esses livros:

Seja você mesmo – o desafio do autodomínio
José Lázaro Boberg
Estudo • 14x21 • 200pp.
Para ajudar o leitor a se conscientizar de sua força interna e buscar dentro de seu mais profundo eu os elementos para sua ascensão espiritual.

Leila, a filha de Charles
Denise Corrêa de Macedo /
Arnold de Numiers (espírito)
Romance mediúnico • 16x22,5 • 272pp.
História arrebatadora e emocionante revela todo drama vivenciado pelos que fogem da vida e das responsabilidades assumidas, julgando assim se livrar de suas dores e sofrimentos.

O faraó Merneftá
Vera Kryzhanovskaia / J. W. Rochester (espírito)
Romance mediúnico • 16x22,5 • 304pp.
A vida de Moisés sob a visão de três personagens, todos ligados à Merneftá: Thermutis, a irmã; Pinehas, um mago do reino e Necho, soldado do faraó.

Não encontrando os livros da EME na livraria de sua preferência,
solicite o endereço de nosso distribuidor mais próximo de você através de
Fones: (19) 3491-7000 / 3491-5449 / (claro) 99317-2800 / (vivo) 99983-2575 📞
E-mail: vendas@editoraeme.com.br – Site: www.editoraeme.com.br